UM POUCO DA REPERCUSSÃO DESTE CLÁSSICO

"Este é o melhor livro sobre Educação que eu li nos últimos tempos. Palmer fornece um forte argumento quanto à necessidade de passar do nosso excesso de confiança na técnica para um ambiente de aprendizagem que respeita e realmente desenvolve as capacidades humanas mais profundas nas crianças e nos professores. Já era tempo de nos lembrarmos de que o aspecto intenso de um professor é o mais importante na Educação, e Palmer faz uma defesa eloquente disso."

— *Revista Teacher*

"Se ensinar é apenas uma obrigação e você está satisfeito em 'cumprir obrigações', este livro não é para você. Você será desafiado a ir além do mínimo e buscar a excelência. Mas, ao invés de abordar o ensino como algo que toleramos, Parker Palmer oferece a promessa de ser algo que podemos celebrar."

— *Academy of Management*

"Livros épicos nos trouxeram *insights* importantes ao longo do tempo. Quem pensou de forma mais profunda sobre o ensino-aprendizagem do que Alfred North Whitehead? Eu releio *The aims of Education*, de Whitehead, a cada dois ou três anos. Também penso nos maravilhosos livros sobre Educação de Gilbert Highet e Kenneth Eble. E tão bom quanto qualquer um desses é *A coragem de ensinar*, de Parker Palmer."

—*Theodore J. Marchese, vice-presidente da Associação Americana de Educação Superior (American Association for Higher Education)*

"Parker Palmer é um professor dos professores, e é quando ele escreve como professor que este livro é excepcionalmente inspirador, quase que um guia para qualquer um que já tenha dado aulas ou esteja pensando no magistério como a jornada vocacional de uma vida. Este livro pode mudar a sua vida se você for professor."

— *Religious Education*

"Recomendo este livro... Sempre que a palavra 'professor' aparecer no livro, basta substituir por 'consultor de gestão'. Com isso, a maior parte dele funciona e é útil... É um livro de filosofia, sobre o caráter, sobre o tipo de pessoa que é necessário ser para se tornar um grande consultor de gestão. Nada de chavões; mais propriamente, trata-se de uma exploração séria do coração e da alma do magistério por um mestre eloquente e ponderado. Sério, contudo compreensível e fascinante."

— *Journal of Management Consulting*

"Por meio de uma série de relatos breves, Palmer encoraja a reflexão e procura reforçar a iniciativa e a confiança do leitor. *A coragem de ensinar* é um toque diretivo, suave, de tomada de consciência, que abrange professores de todos os níveis e idades."

— *Childhood Education*

"Este livro proporciona muitos *insights* e novas ideias sobre a boa prática docente, que não pode ser reduzida a técnicas porque vem da identidade e da integridade dos professores. O livro pondera as preocupações com a rede de conexões... A dimensão espiritual é explorada de forma única por sua relação com outras áreas de estudo."

— *International Journal on World Peace*

"Com *A coragem de ensinar*, Parker Palmer nos desafia a lembrar dos motivos que nos levaram originalmente a nos tornarmos professores, e ele procura nos guiar no processo de recuperar o senso de vocação capaz de nos apoiar nessa busca."

— *Transformations*

"É preciso coragem para dar aula nas escolas de hoje. Mas que tipo de coragem? Essa pergunta é feita poucas vezes e, quando é feita, é estruturada em termos de prevenção de violência, lidando com pais excessivamente zelosos e defendendo a profissão contra a maldade do governo. Então, ler que a coragem educacional é um assunto do coração é uma mudança bem-vinda. Pois, como Parker Palmer discute em *A coragem de ensinar*, o ensino tem a ver com compromisso e conexões. Tem a ver com as relações entre os alunos e as matérias e o mundo que os conecta. Tem a ver com viver e aprender. Por fim, tem a ver com o tipo de comunidade necessária na sala de aula para que uma Educação autêntica aconteça. E a chave para esse tipo de educação é a essência humana."

— *Catholic New Times*

De líderes, professores, pensadores e escritores...

"Seguir nessa jornada com Parker Palmer ao inexplorado território da 'individualidade' no magistério não é apenas ver a prática docente a partir de uma perspectiva nova e emocionante. É também estar na presença de um grande professor que, ao se compartilhar de forma tão aberta e honesta, envolve-nos no próprio tipo de prática docente que descreve com tanta eloquência."

— *Russell Edgerton, diretor de programas educacionais na Pew Charitable Trusts e antigo presidente da Associação Americana de Educação Superior*

"Uma articulação profundamente comovente, absolutamente apaixonada e inspirada do chamado para — e da dor e da alegria de — ensinar. É leitura obrigatória para todo e qualquer professor, em qualquer nível."

— *Jon Kabat-Zinn, autor de Wherever You Go, There You Are e coautor de Everyday Blessings*

"Este livro é uma boa notícia — não apenas para professores e educadores na sala de aula, mas para todos nós, que estamos comprometidos em melhorar o mundo."

— *Joanna Macy, autora de World as Lover, World as Self*

"Parker Palmer me ensinou mais sobre o ensino-aprendizagem do que qualquer outro. *A coragem de ensinar* é para todos nós — líderes, funcionários públicos, conselheiros e professores. Ele, compassiva e insistentemente, pede que reconheçamos que nossa capacidade de fazer um bom trabalho nasce do ato de reconhecermos quem somos."

— *Margaret J. Wheatley, autora de Leadership and the New Science e coautora de A Simpler Way*

"Este livro é um banquete profundamente agradável — escrito com uma rara mistura de elegância e rigor, paixão e precisão — um presente para todos que amam o ensino-aprendizagem."

— *Diana Chapman Walsh, presidente do Wellesley College*

"Evoca a essência do que os professores realmente fazem, e a evoca de uma forma vívida, envolvente e comovente."

—*Robert Coles, University Health Services da Universidade de Harvard*

Série PROFESSOR: TODA A DIFERENÇA!

Nossos livros de educação apresentam técnicas e reflexões para que os professores aprimorem o seu desempenho e levem seus alunos adiante.

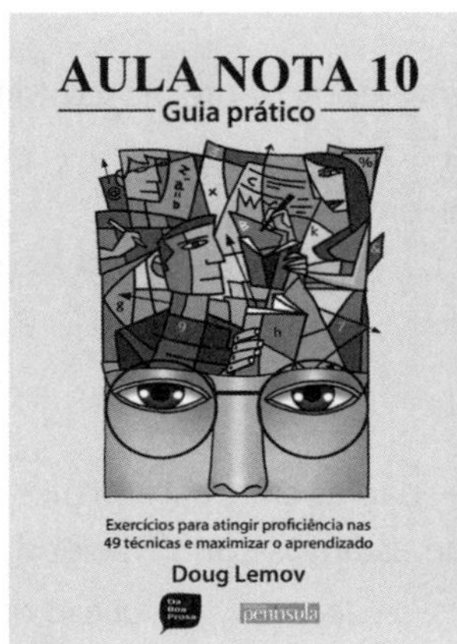

AULA NOTA 10
Doug Lemov As 49 técnicas apresentadas por Lemov são resultado de muita pesquisa e observação em sala de aula. O autor primeiro identificou os professores que faziam a diferença para os alunos e daí mapeou técnicas capazes de transformar a relação de aprendizado na sala de aula.

AULA NOTA 10 - GUIA PRÁTICO
Doug Lemov Totalmente baseado nas 49 técnicas, este livro identifica as ações capazes de servir como um guia para o autodesenvolvimento de cada uma delas por cada professor. O caminho é uma avaliação dos pontos fortes e fracos e a definição e exercícios para aprimorar-se.

A CORAGEM DE ENSINAR
Parker J. Palmer O livro trabalha a motivação e a necessidade do professor agir de forma integrada. Convida os mestres a avaliarem e refletirem sobre o caminho nem sempre fácil da tarefa de ensinar, apontando as recompensas e os passos para se estar no pleno potencial diante dos alunos.

Livros que não podem faltar na biblioteca pessoal dos bons professores.

A CORAGEM DE ENSINAR

A CORAGEM DE ENSINAR

A vocação, as dificuldades e o potencial transformador de um professor

Parker J. Palmer

Tradução: Aline Storto Pereira

Do original The courage to teach

Tradução publicada de acordo com o contrato entre as partes.

Gerente de produção: Marcela M. S. M. Dias
Revisão: Thaís Iannarelli e Valeuska de Vassimon
Capa: Adriana Melo
Foto do autor: Dan Kowalski
Diagramação: Kathya Yukary Nakamura

Dados Internacionais de Catalogação na Publicação (CIP)
(Câmara Brasileira do Livro, SP, Brasil)

Palmer, Parker J.
A coragem de ensinar: explorando a paisagem interior da vida de um professor / Parker J. Palmer; [traduzido por Aline Storto Pereira]. São Paulo: Editora Da Boa Prosa, 2012.

Título original: The courage to teach.

1. Aprendizagem 2. Ensino - Finalidades e objetivos 3. Prática de ensino 4. Professores - Formação profissional I. Título.

12-10744 CDD-370.733

Índices para catálogo sistemático:

1. Professores: Práticas docentes: Educação 370.733

Da Boa Prosa um selo da: livros de Safra

Alguns têm algo a dizer. Outros a vontade do saber

A gente aduba, planta e colhe palavras!

FSC www.fsc.org MISTO Papel produzido a partir de fontes responsáveis FSC® C012418

Livros de Safra
tel 55 11 3094-2511
www.livrosdesafra.com.br
Rua Simão Álvares, 663
cep 05417-030 São Paulo - S.P.

SUMÁRIO

PREFÁCIO À EDIÇÃO BRASILEIRA

Uma das alegrias de ser escritor é ver meus livros criarem vida própria, irem a lugares e fazerem coisas que eu não poderia ter imaginado para eles. Nesse sentido, ser escritor se assemelha um pouco a ser pai: você faz o melhor que pode, criando seu filho ou escrevendo um livro, e então solta-o no mundo e o observa seguindo seu próprio destino.

Desde sua publicação original, em 1997 — uma edição de décimo aniversário foi publicada em 2007 —, o livro alcançou muito mais do que os leitores universitários que eu tinha em mente quando o escrevi. Foi usado por professores dos ensinos fundamental e médio, professores de escolas de negócios, diretores de Residência Médica, formadores de *coaches*, docentes, inclusive de cursos online, e tantos outros. O livro também cruzou fronteiras nacionais, tendo sido traduzido para o japonês, o coreano, o chinês tradicional, o chinês simplificado, o indonésio, o eslovaco, e agora para o português.

Enquanto observava este livro cruzar as várias fronteiras, lembrei-me de que, no mundo todo, em todos os níveis educacionais, professores e líderes da área da Educação têm muito em comum. Eles compartilham a aspiração de fazer um bom trabalho com seus alunos, não apenas para dar-lhes o domínio de um conjunto de conhecimentos ou técnicas, mas para inspirá-los com o amor pela aprendizagem e ajudá-los a viver vidas mais bem-sucedidas. Infelizmente eles também têm obstáculos em comum para alcançar suas aspirações.

Alguns desses obstáculos são exteriores – por exemplo, condições sociais que fazem os alunos chegarem à escola despreparados ou incapazes de aprender, ou condições institucionais que minam a moral dos professores com regulamentos que têm muito mais a ver com política do que com realizar um bom trabalho com os alunos. E alguns desses obstáculos à boa prática docente são internos – por exemplo, medos que nos afasta de correr riscos pedagógicos criativos ou o impulso competitivo que nos impede de nos unirmos aos colegas em um "grupo de ação" cheio de recursos.

Como o subtítulo deste livro sugere – explorando a vocação na vida de um professor –, minha ênfase aqui está nos obstáculos interiores aos quais temos acesso imediato e poder para superá-los. Mas essa abordagem não ignora as condições exteriores que nos atrapalham. Ao contrário, superar esses obstáculos exteriores depende de qualidades interiores, como a coragem: a coragem de confrontar as condições que demasiadas vezes frustram os bons professores e tiram dos alunos oportunidades vitais de aprender, crescer e ser útil ao mundo.

Dou as boas-vindas aos meus novos leitores brasileiros nesta expedição pelas condições internas e externas da antiga busca humana chamada ensino-aprendizagem.

Parker J. Palmer
Madison, Wisconsin
Agosto de 2012

AGRADECIMENTOS

Em 1983 publiquei *To Know as We Are Known* ("Conhecer como somos conhecidos: a educação como jornada espiritual"). Esse livro me deu oportunidades de me encontrar e trabalhar com professores em diversas circunstâncias por todo o país: faculdades e universidades, escolas públicas, programas de educação continuada, centros de estudos, instituições religiosas e "organizações de ensino" de muitos tipos: empresas, fundações e grupos trabalhando pela mudança social.

Conversando com esse extraordinário conjunto de educadores, fui desafiado a escrever um livro que fosse além de *To Know as We Are Known* em dois aspectos: ele teria um foco constante na prática do ensino e uma abordagem da vida interior aberta aos variados caminhos dos devotados professores que conheci. A coragem de ensinar é este livro. E agradeço aos espíritos afins que me encorajaram ao longo desse percurso.

Agradeço especialmente a Robert F. Lehman, presidente do *Fetzer Institute*, onde sou conselheiro sênior. Por meio de uma série de projetos da instituição, ele possibilitou que eu interrompesse minhas viagens por tempo suficiente para terminar o livro. Ainda mais generosa foi sua fiel companhia na jornada interior da qual surge este livro. Rob Lehman entende a vida interior e seu impacto no mundo da ação com uma profundidade rara e encorajadora. Por seu *insight*, sua amizade e seu testemunho, sou extremamente grato.

Trabalhar com o *Fetzer Institute* ampliou minha experiência com a Educação. Minha prática docente ocorreu, em princípio, em universidades e programas de educação de adultos, e a maioria das histórias deste livro vem desses mundos. Mas, entre 1992 e 1997, tive alguns *insights* sobre as vidas dos professores da educação fundamental e média ao ajudar o *Fetzer Institute* a criar o Programa de Formação de Professores, uma sequência de dois anos de programas de renovação para professores de escolas públicas. Hoje em dia o programa está presente em Illinois, Maryland, Michigan, Carolina do Sul e no Estado de Washington. No momento em que este livro é publicado, o *Fetzer Institute* está estabelecendo um Centro Nacional para a Formação de Professores para desenvolver mais sedes para professores de educação fundamental e média.[1]

De 1994 a 1996, liderei o primeiro grupo de formação de professores. Minha gratidão vai para os professores da escola pública de Michigan, que me inspiraram e tornaram esse experimento tão bem-sucedido: Maggie Adams, Jack Bender, Mark Bond, Lauri Bowersox, Margaret Ells, Richard Fowler, Linda Hamel, Eleanor Hayward, Marianne Houston, Katherine Kennedy, Cheri McLoughan, Michael Perry, Linda Powell, Toni Rostami, Rick Serafini, Gerald Thompson e Marcia Weinhold.

Sou grato também às pessoas responsáveis pela ampliação e continuação do Programa para Formação de Professores. Entre essas pessoas estão Judy Brown, Tony Chambers, Charlie Glasser, Eleanor Greenslade, Sally Hare, Marianne Houston, Marcy Jackson, Rick Jackson, Mickey Olivanti, Megan Scribner, David Sluyter e Penny Williamson, meus amigos e talentosos companheiros no desenvolvimento do programa; os funcionários do *Fetzer Institute*, cuja devoção e trabalho árduo — atender ligações, escrever memorandos, emitir cheques, limpar salas, cuidar da área toda e colocar comida na mesa — têm mantido o programa em funcionamento; e os administradores do instituto, que acreditam nesse trabalho e que o respaldaram: Janis Claflin, Bruce Fetzer, Wink Franklin, Lynne Twist, Frances Vaughan, Jeremy Waletzky e Judith Skutch Whitson (administradora emérita).

No decorrer da última década, tenho trabalhado de forma independente. Embora eu sempre dê aulas — em seminários, *workshops*, programas de estudo e "salas de aula" de vários tipos —, não as dou mais em ambientes tradicionais com os mesmos alunos durante um ou mais semestres, como eu fazia no início da minha carreira em Beloit College, na Universidade de Georgetown e em Pendle Hill, a comunidade *quaker* de aprendizado e convívio.

Então, fiquei muito grato de ser nomeado professor visitante da bolsa Eli Lilly na faculdade Berea College, em Berea, Kentucky, no ano acadêmico de 1993-1994. Durante aquele ano, fui reapresentado à realidade da docência no ensino superior e escrevi os primeiros rascunhos deste livro. Agradeço em especial a Phyllis Hughes, Libby Jones, Larry Shinn, John Stephenson (*in memorian*) e aos membros do *Berea Friends Meeting* ("Encontro de Amigos do Berea") por me encorajarem a crescer na minha vocação.

Obrigado também aos meus amigos da Associação Americana de Educação Superior (*American Association of Higher Education* - AAHE), de onde sou

---

1 Porque sua missão se expandiu para incluir profissionais de outras áreas que não a educação, o Centro para Formação de Professores mudou de nome, para Centro para Coragem e Renovação. Informações mais detalhadas sobre seus programas podem ser encontradas no site http://www.couragerenewal.org.

associado sênior: Russ Edgerton (antigo presidente da associação, agora diretor de programas educacionais na *Pew Charitable Trusts*), Lou Albert, Pat Hutchings e Ted Marchese. Durante dez anos ou mais, eles me encorajaram e ajudaram a dar forma ao meu trabalho, dando-me acesso a uma comunidade de diálogo que eu não poderia ter descoberto sozinho.

A maior parte do trabalho deste livro foi feita em 1996 e 1997, e durante esse tempo fui abençoado com quatro editores esplêndidos. Todos eles ajudaram a torná-lo melhor do que ele teria sido se eu o tivesse escrito sozinho.

Sarah Polster e Sheryl Fullerton foram minhas editoras na *Jossey-Bass Publishers*. Sou grato a elas por me apoiarem e me desafiarem na medida e no momento certos.

Mark Nepo é um poeta, ensaísta, professor e editor sem igual. Ele leu cada palavra que escrevi com cuidado, fez comentários sobre a maioria delas com paixão, os prós e os contras, e tentou evocar minha voz ao invés de tentar impor a sua. Por me ajudar a encontrar recipientes para guardar o tesouro e por me mostrar tesouros que eu não tinha visto, meus eternos agradecimentos.

Sharon Palmer carinhosamente compartilhou os altos e baixos deste projeto e, com seu olhar perspicaz e bom coração, trabalhou para manter minha prosa lúcida e meu espírito inteiro. Dedicar este livro a ela apenas sugere a profundidade da minha gratidão. E ao meu pai, o melhor homem que já conheci.

Parker J. Palmer
Madison, Wisconsin
Setembro de 1997

INTRODUÇÃO

ENSINAR A PARTIR DE DENTRO

"Ah, não ser isolado,
nem pela menor divisão
excluído da lei das estrelas.
O íntimo — o que é?
se não céu intensificado,
tomado de aves, profundo
com os ventos do regresso."

— *Rainer Maria Rilke, "Ah, not to be cut off"*
("Ah, não ser isolado")[2]

ENSINAMOS QUEM SOMOS

Eu sou professor de coração, e há momentos na sala de aula em que mal consigo conter a alegria. Quando meus alunos e eu descobrimos territórios desconhecidos a explorar, quando conseguimos encontrar uma saída, quando nossa experiência é iluminada pela vida-relâmpago da mente, então ensinar é o melhor trabalho que conheço.

Mas, em outros momentos, a sala de aula é algo tão sem vida, doloroso ou confuso — e me sinto tão impotente para mudar — que a minha certeza sobre ser um professor fica completamente abalada. Nesse momento, o inimigo está em toda parte: naqueles alunos de outro planeta, na matéria que eu pensei que sabia e nessa minha doença que me faz continuar ganhando a vida dessa forma. Que tolo fui de imaginar que havia dominado essa ciência oculta — mais difícil de adivinhar do que borra de café e quase impossível de ser ao menos aceitavelmente bem executada pelos mortais!

Se você nunca teve dias ruins, ou se não se importou com eles, este livro não é para você. Ele é para professores que têm dias bons e ruins, e cujos dias ruins trazem aquele tipo de sofrimento que surge apenas de algo que se ama. É para professores que se recusam a endurecer seus corações porque amam os aprendizes, o aprendizado e a vida na área da Educação.

---

2 Tradução de "Ah, Not to Be Cut Off". In: MITCHEL, S. Ahead of All Parting: The Selected Poetry and Prose of Rainer Maria Rilke New York: Modern Library, 1995. p. 191.

Quando se ama o trabalho dessa maneira — e muitos professores amam — o único modo de resolver o problema é ir além. Devemos nos interessar pelas complicações, e não evitá-las, a fim de compreendê-las melhor e negociá-las com mais boa vontade; não só para resguardar nossos espíritos, mas também para fazer um bom trabalho com nossos alunos.

Essas complicações do magistério têm três fontes importantes. As duas primeiras são lugares-comuns. À terceira, e mais fundamental delas, raras vezes se dá a devida atenção. Em primeiro lugar, as matérias que ensinamos são tão grandiosas e complexas quanto a vida; então, nosso conhecimento sobre elas é sempre imperfeito e parcial. Não importa o quanto nos dediquemos à leitura e à pesquisa, a prática docente requer um domínio que sempre escapa à nossa compreensão. Em segundo lugar, os alunos a quem ensinamos são grandiosos e ainda mais complexos. Vê-los de forma clara e completa e responder a eles de forma sábia naquele momento exato requer uma fusão de Freud e Salomão que poucos de nós alcançam.

Se os alunos e as matérias fossem os responsáveis por toda a complexidade do magistério, o modo como costumamos enfrentá-lo seria o bastante: manter-se tão atualizado quanto possível sobre a sua área e aprender técnicas suficientes para permanecer um passo à frente da mente dos alunos. Mas há outra razão para essa complexidade: ensinamos quem somos.

O magistério, como qualquer atividade verdadeiramente humana, emerge da subjetividade de cada um, para o bem ou para o mal. Enquanto eu ensino, projeto a condição da minha alma nos meus alunos, na minha matéria e em nossa maneira de estarmos juntos. As dificuldades que vivencio na sala de aula, em geral, não são mais do que as convoluções da minha vida interior. Vista por esse ângulo, a prática docente coloca um espelho diante da alma. Se eu quiser olhar para esse espelho sem sair correndo do que vejo, tenho uma chance de adquirir autoconhecimento — e conhecer a mim mesmo é tão essencial à boa prática docente quanto conhecer aos meus alunos e à minha matéria.

De fato, conhecer meus alunos e minha matéria depende, em grande parte, do autoconhecimento. Quando não me conheço, não consigo saber quem são meus alunos. Eu os verei através de um espelho, entre as sombras da minha vida sem sentido — e quando não consigo vê-los de forma clara, não ensino bem. Quando não me conheço, não consigo conhecer a minha matéria — não nos níveis mais profundos do significado pessoal e corporificado. Eu a conhecerei apenas de forma abstrata, de longe, um amontoado de conceitos tão distantes do mundo quanto eu estou da verdade pessoal.

O trabalho necessário para "conhecer-se" não é nem egoísta nem narcisista. Qualquer autoconhecimento que alcancemos enquanto professores será útil aos nossos alunos e à nossa erudição. A boa prática docente requer autoconhecimento: é um segredo escondido à vista de todos.

AS PAISAGENS INTERNA E EXTERNA

Este livro explora a vida interior de um professor, mas também levanta uma questão que vai além do isolamento de sua alma: como a individualidade dele pode se tornar um tópico legítimo na Educação e em nossos diálogos públicos sobre a reforma educacional?

O ensino-aprendizagem é crucial para a nossa sobrevivência individual e coletiva e para a nossa qualidade de vida. O ritmo da mudança tem nos enredado nas complexidades, confusões e conflitos que nos diminuirão, ou que acabarão conosco, se não ampliarmos nossa capacidade de ensinar e aprender. Ao mesmo tempo, criticar os professores se tornou um esporte popular. Apavorados com as exigências de hoje em dia, precisamos de bodes expiatórios para os problemas que não conseguimos resolver e para os pecados com os quais não conseguimos arcar.

Os professores são alvo fácil, já que são uma espécie tão comum e impotente para contra-atacar. Culpamos os professores por não serem capazes de curar os males da sociedade que ninguém sabe tratar; insistimos para que eles adotem instantaneamente qualquer que seja a mais recente "solução" inventada; e, no processo, desmoralizamos, e até mesmo paralisamos, aqueles que poderiam nos ajudar a encontrar o caminho.

Em nosso ímpeto pela qualidade educacional, esquecemo-nos de uma simples verdade: ela nunca será alcançada renovando orçamentos, reestruturando escolas, reescrevendo currículos e revisando textos se continuarmos rebaixando e desanimando o recurso humano chamado professor, de quem tantas coisas dependem. Os professores devem ser melhor remunerados, libertados do assédio burocrático, ter um papel na governança acadêmica e ter à sua disposição os melhores métodos e materiais. Mas nada disso transformará a Educação se deixarmos de nutrir — e de desafiar — a essência humana, que é a fonte da boa prática docente.

Estamos envolvidos em um diálogo público crucial sobre os destinos da Educação, mas a qualidade do diálogo se mede pelas questões que são levadas em conta. Este livro levanta uma questão que ainda não foi tratada — e, em geral, não foi posta nos lugares onde os professores são formados e trabalham. Mas deveria ser feita onde quer que a boa prática docente estivesse em jogo, pois ela respeita e desafia a essência do professor e convida a uma investigação mais profunda do que as nossas tradicionais questões permitem:

- A pergunta que fazemos com mais frequência é a do tipo "que" — que matérias devemos ensinar?
- Quando a conversa se aprofunda um pouco mais, fazemos perguntas do tipo "como" — quais métodos e técnicas são necessários para dar uma boa aula?
- Eventualmente, quando nos aprofundamos ainda mais, fazemos perguntas do tipo "por que" — por qual objetivo e para qual finalidade damos aula?
- Mas raras vezes, se é que acontece, fazemos perguntas do tipo "quem" — quem é o eu que ensina? Como a qualidade da minha individualidade forma — ou deforma — o modo como me relaciono com meus alunos, minha matéria, meus colegas, meu mundo? Como as instituições educacionais podem apoiar e aprofundar a individualidade de onde vem a boa prática docente?

Não tenho nenhum problema com as perguntas do tipo "que", "como" ou "por que" — exceto quando são colocadas como as únicas perguntas que valem a pena serem feitas. Todas elas podem oferecer *insights* importantes para o ensino-aprendizagem. Mas nenhuma descortina o território que quero explorar neste livro: a vocação do eu que ensina.

Para mapear essa paisagem por completo, deve-se tomar três caminhos fundamentais — o intelectual, o emocional e o espiritual — e nenhum pode ser ignorado. Reduza o magistério ao intelecto e ele se tornará uma abstração fria; reduza-o a emoções e ele se tornará algo narcisista; reduza-o ao aspecto espiritual e ele perderá sua ligação com o mundo. O intelecto, a emoção e o espírito dependem uns dos outros para atingir a plenitude. Eles estão entrelaçados na individualidade humana e na Educação na sua melhor forma, e precisamos entrelaçá-los ao nosso discurso pedagógico também.

Por *intelectual* refiro-me ao modo como pensamos sobre o ensino-aprendizagem — a forma e o teor dos nossos conceitos sobre como as pessoas sabem e aprendem, da natureza dos nossos alunos e das nossas matérias. Por *emocional* quero dizer o modo como nós e os nossos alunos nos sentimos quando ensinamos e aprendemos — sentimentos que podem aumentar ou diminuir as trocas entre nós. Por *espiritual* refiro-me às diversas maneiras como lidamos com nosso eterno desejo de estarmos conectados à grandiosidade da vida — um desejo que dá vida ao amor e ao trabalho, principalmente a esse trabalho chamado magistério.

Rainer Maria Rilke dá voz a esse anseio no poema do início desta introdução: "Ah, não ser isolado...". Ele sugere que a busca espiritual pelo estabelecimento de conexões, se entendida de forma correta, irá nos conduzir para fora da essência escondida, para um mundo vasto e visível: "O íntimo — o que é?/ se não céu intensificado/ tomado de aves, profundo/ com os ventos do regresso".

Com imagens surpreendentes, Rilke nos oferece o mapa de plenitude de um místico, onde a realidade interior e a exterior fluem continuamente uma para a outra como as superfícies da faixa de Möbius em eterna fusão, infinitas vezes criando-nos e criando o mundo que habitamos em conjunto. Embora este livro se baseie na questão do professor interior, ele está em constante transição para as formas exteriores de comunidade que o ensino-aprendizagem requer. A busca interior por comunhão se torna uma busca por um relacionamento exterior: sentindo-nos à vontade em nossas almas, ficamos mais à vontade com os outros.

Minha preocupação com essas questões internas do magistério pode parecer indulgente, e até mesmo irrelevante, em uma época na qual muitos professores estão lutando para sobreviver. Às vezes me perguntam se não seria mais prático oferecer dicas, truques ou técnicas para sobreviver em sala de aula, coisas que professores comuns pudessem usar no dia a dia.

Essa pergunta me intriga, pois, por vinte anos, tenho feito uso prático da abordagem adotada neste livro, conduzindo *workshops* e programas de estudo para educadores de todos os tipos. Trabalhei com inúmeros professores e muitos deles confirmaram o que sei por experiência: por mais que os métodos sejam importantes, a coisa mais prática que podemos conseguir em qualquer tipo de trabalho é perceber o que está acontecendo dentro de nós quando trabalhamos. Quanto mais familiarizados estivermos com nosso espaço interior, mais segura se torna nossa prática docente — e nossa vida.

Ouvi dizer que na formação de terapeutas, que envolve muita técnica prática, há um ditado: "Técnica é o que se usa até o terapeuta chegar". Bons métodos podem ajudar um terapeuta a percorrer os caminhos que conduzam ao dilema do paciente, mas uma boa terapia não começa até que o terapeuta da vida real se reúna à vida real dele.

A técnica é o que os professores usam até o verdadeiro professor chegar. E este livro pretende ajudar esse professor a se mostrar. Contudo, mesmo que seja verdade que o trabalho interior tenha resultados práticos para os indivíduos, a questão do aspecto surge de outra forma: como as instituições educacionais podem dar apoio à vida interior do professor? E deve-se esperar que elas façam isso?

Essa pergunta merece uma resposta ponderada. Por isso, o capítulo 6 é dedicado a ela. Por ora, vou reformular a pergunta: como as escolas podem educar os alunos se não conseguem oferecer apoio à vida interior do professor? Educar é guiar os alunos em uma jornada interior em direção a um modo mais sincero de ver e estar no mundo. Como as escolas podem cumprir sua missão sem encorajar os guias a explorarem esse espaço interior?

UM CAMINHO QUE RARAMENTE SEGUIMOS

Meu foco no professor pode parecer antiquado às pessoas que acreditam que nunca haverá reforma na Educação enquanto não pararmos de nos preocupar com o ensino e nos focarmos na aprendizagem.

Não tenho dúvidas de que o ensino se relaciona a alunos que aprendem, e não a professores que representam: os alunos que aprendem são o melhor resultado que os professores que ensinam podem alcançar. Tampouco duvido que os alunos aprendam de maneiras diversas e maravilhosas, inclusive por meios que dispensem o professor na sala de aula ou que não exijam nem sala de aula nem professor!

Mas para mim também é evidente que em anfiteatros, salas de seminário, ambientes de trabalho, laboratórios e até salas de aula com recursos eletrônicos — locais onde a maioria das pessoas recebe a maior parte de sua educação formal — os professores possuem o poder de criar condições que ajudam os alunos a aprenderem bastante — ou os impedem de aprender muita coisa. Ensinar é o ato intencional de criar essas condições, e a boa prática docente exige que entendamos as fontes interiores tanto dessa intenção quanto desse ato.

A maior parte da minha prática docente se deu em faculdades e programas para alunos adultos. Porém, nos últimos anos, enriqueceu-me o trabalho com professores de escola pública desde o jardim de infância até o último ano do ensino médio. Aprendi muitas coisas com esses colegas, inclusive estas duas: professores de todos os níveis educacionais têm mais em comum do que pensamos. E não deveríamos falar de forma tão superficial sobre qual nível deveríamos chamar de "superior".

Professores de jardim de infância entendem melhor o ofício do que os que fizeram doutorado. Talvez porque os alunos das séries iniciais sejam como a criança de "A roupa nova do rei". Eles não se importam em saber qual faculdade você frequentou, quem presidiu sua banca de doutorado ou quantos livros você escreveu, mas percebem rapidamente se você está sendo verdadeiro e reagem de acordo com isso. A inocência sagaz das crianças pequenas intensifica minha convicção de que, em qualquer nível de Educação, a individualidade do professor é um elemento fundamental.

"Quem é o eu que ensina?" é a questão central deste livro — embora respondê-la por escrito tenha sido mais difícil do que eu imaginava. Ao escrever e reescrevê-lo muitas vezes nos últimos cinco anos, aprendi o quão tentador é ficar com os "que", "comos" e "por ques": essas questões são respondidas de modo mais fácil em prosa e traduzidas em propostas para programas com financiamento!

Mas eu persisti com a questão do tipo "quem" porque ela marca um caminho poucas vezes seguido na busca pela reforma educacional: um caminho em direção à recuperação dos recursos interiores que a boa prática docente sempre requer. Uma verdadeira reforma é tão necessária — e reestruturamos a Educação com tanta frequência sem alcançar esse sonho distante — que deveríamos enviar expedições para explorar cada caminho que conseguirmos encontrar.

Persisti por um motivo mais pessoal: "quem é o eu que ensina?" é a questão central da minha vocação. Acredito que é a pergunta mais elementar que podemos fazer sobre a prática docente e aqueles que ensinam — a bem da aprendizagem e daqueles que aprendem. Dirigindo-nos a ela de forma aberta e honesta, a sós ou em grupo, podemos oferecer aos alunos um trabalho mais sincero, aumentar nosso bem-estar, defender uma causa comum com os colegas e ajudar a Educação a trazer mais luz e vida ao mundo.

I

O CORAÇÃO DE UM PROFESSOR:
IDENTIDADE E INTEGRIDADE NO ENSINO

"Agora sou eu mesmo. Passado
muito tempo e muitos lugares
Destruído e abalado
me vesti de outros olhares..."

— *May Sarton, "Now I Become Myself"*
("Agora eu me torno eu mesmo")[3]

ENSINAR ALÉM DA TÉCNICA

Não muito antes de começar este livro, enquanto o verão se transformava lentamente em outono, entrei em uma sala de aula de uma faculdade e comecei minha terceira década de magistério.

Fui para a aula naquele dia grato por outra oportunidade de ensinar. O magistério envolve minha alma mais do que qualquer trabalho que conheço. Mas voltei para casa convencido mais uma vez de que nunca dominaria essa vocação problemática. Irritado com alguns alunos e envergonhado pelos meus próprios erros, eu refletia sempre sobre a mesma pergunta: seria impossível, na minha idade, encontrar uma nova linha de trabalho, talvez até algo que soubesse fazer?

Na primeira parte da aula, os alunos estavam em silêncio total. Apesar de fazer súplicas sem a mínima vergonha, não consegui nenhuma reação deles. E logo comecei a mergulhar em uma das minhas fobias mais antigas: devo ser muito chato para anestesiar, em tão pouco tempo, esses jovens que alguns momentos antes estavam tagarelando no corredor.

Na segunda parte eles conversaram, mas a conversa se transformou em conflito quando um aluno insistiu que as preocupações de outro aluno eram "insignificantes" e não mereciam atenção. Disfarcei minha irritação e os estimulei a ouvir

3 Tradução de "Now I Become Myself"In: SARTON, M. Collected Poems, 1930–1973. Nova York: Norton, 1974. p. 156. Copyright © 1993, 1988, 1984, 1947 by May Sarton. Reimpressão autorizada por W. W. Norton & Company, Inc.

abertamente diferentes pontos de vista. Mas o ar já estava poluído e o diálogo morreu. É claro que isso me fez mergulhar em outra angústia antiga: como sou desajeitado ao lidar com conflitos quando meus alunos decidem começar a falar!

Já dei aula a milhares de alunos, frequentei vários seminários sobre ensino, assisti às aulas de outros, li sobre o assunto e refleti sobre minha própria experiência. Meu estoque de métodos é considerável. Porém, quando entro em uma nova sala de aula, é como se estivesse recomeçando. Meus problemas são perenes e familiares a todos os professores. No entanto, eles me pegam de surpresa, e minha reação — embora esteja mais branda por fora a cada ano — parece quase tão atrapalhada quanto quando eu era um principiante.

Após três décadas tentando aprender o meu ofício, toda aula se reduz a isso: meus alunos e eu, cara a cara, envolvidos em uma antiga e difícil troca chamada Educação. As técnicas que dominei não desaparecem, mas tampouco bastam. Face a face com os alunos, domino apenas um recurso — minha identidade, minha individualidade, minha noção desse "eu" que ensina, sem o qual não tenho noção do "tu" que aprende.

Este livro se baseia em uma premissa simples: *a boa prática docente não pode ser reduzida a técnicas; ela vem da identidade e da integridade do professor.*

A premissa é simples, mas suas implicações não são. Vai levar um tempo para eu revelar o que quero ou não dizer com essas palavras. Mas aqui está uma maneira de dizer isso: em toda classe em que dou aula, minha capacidade de estabelecer uma conexão com os alunos e de conectá-los com a matéria depende menos dos métodos que uso do que do meu grau de conhecimento e confiança quanto à minha personalidade — e do meu desejo de torná-la disponível e vulnerável ao serviço do ensino.

Minha evidência para essa afirmação vem, em parte, de anos pedindo aos alunos para falarem sobre bons professores. Ouvindo essas histórias, torna-se impossível afirmar que todos os mencionados pelos alunos usem técnicas semelhantes: alguns falam sem parar e outros falam muito pouco, alguns se prendem ao material e outros soltam a imaginação, alguns ensinam com incentivos e outros com castigos.

Mas, em todas as histórias que já ouvi, os bons professores têm uma característica em comum: seu trabalho está impregnado de um forte senso de identidade pessoal. "A professora A está ali de corpo e alma quando dá aula", um aluno me diz, ou "o professor B tem tanto entusiasmo pela matéria", ou "dá para ver que isso é realmente a vida do professor C".

Uma aluna disse que não conseguia descrever seus bons professores porque eles eram muito diferentes uns dos outros, mas conseguia descrever os maus, pois eram todos iguais: "suas falas flutuam em algum lugar diante deles, como diálogos de uma tirinha em um balão de texto".

Com uma imagem extraordinária, ela disse tudo. Maus professores se distanciam das matérias que ensinam — e, no processo, distanciam-se dos alunos. Bons professores unem individualidade, matéria e alunos no tecido da vida.

Bons professores têm a capacidade de estabelecer conexões. Conseguem tecer uma complexa rede de conexões entre eles mesmos, suas matérias e seus alunos, de forma que esses últimos possam aprender a tecer um mundo para si próprios. Os métodos usados por esses tecelões variam muito: palestras, diálogos socráticos, experimentos em laboratório, solução de problemas de forma colaborativa, caos criativo. As conexões estabelecidas por bons professores não se realizam em seus métodos, mas sim em seus corações — *coração* no seu sentido antigo, o lugar onde o intelecto, a emoção e o espírito convergirão na individualidade humana.

Quando os professores entrelaçam o tecido que os une aos alunos e à matéria, o coração é o tear em que os fios são atados, a tensão é contida, a lançadeira trabalha incessantemente e o tecido da vida é estirado. Então, não é de se admirar que o magistério toque, abra e até parta o coração — e quanto mais se ama ensinar, mais doloroso o ensino pode ser. A coragem de ensinar é a coragem de manter o coração aberto nesses momentos em que se pede que ele comporte mais do que é capaz, de modo que o professor, os alunos e a matéria possam ser entrelaçados no tecido que o ensino — e a vida — requer.

Se a boa prática docente não pode ser reduzida a uma técnica, então temos uma boa e uma má notícia. A boa notícia é que não precisamos passar pelo tédio que muitos de nós sentimos quando o ensino é abordado como uma questão de "como fazer isso". Raras vezes estabelecemos um diálogo de qualquer nível uns com os outros sobre a prática de ensinar — e por que deveríamos, se não temos nada além de "dicas, truques e técnicas" para discutir? Esse tipo de diálogo não toca a essência da experiência de um professor.

A boa notícia vai ficando ainda melhor. Se a prática docente não pode ser reduzida à técnica, não preciso mais sofrer por ter um dom peculiar como professor e estar preso pelas amarras do método de outra pessoa e os padrões que esse método prescreve. Essa dor é a que se sente em tudo o que envolve a Educação hoje, já que insistimos no método *du jour* — deixando que as pessoas que ensinam de forma diferente sintam-se desvalorizadas, forçando-as a estar à altura de normas que as suas.

Nunca me esquecerei de um professor universitário que, momentos antes de eu começar um *workshop* sobre ensino, descarregou em mim anos de hostilidade reprimida contra *workshops*: "Sou químico orgânico. Você vai passar os próximos dois dias me dizendo que eu deveria ensinar química orgânica através de dramatizações?". Sua pergunta sarcástica estava relacionada não só à natureza particular da sua disciplina, mas também à natureza particular da sua individualidade: devemos encontrar uma abordagem de ensinar que respeite a diversidade de professores, bem como a de disciplinas, o que o reducionismo metodológico deixa de fazer.

A boa notícia é muito boa, mas a má é assustadora. Se a identidade e a integridade são mais essenciais à boa prática docente do que a técnica — e se queremos crescer como professores — devemos fazer algo estranho à cultura acadêmica: conversar uns com os outros sobre a nossa vida interior, algo arriscado em uma profissão que teme o pessoal e procura segurança no que é técnico, distante, abstrato.

Lembraram-me desse medo recentemente, quando ouvi membros do corpo docente de uma faculdade discutindo o que fazer quando os alunos compartilham experiências pessoais em sala de aula — experiências relacionadas aos temas do curso, mas que alguns professores universitários consideram "mais adequadas a uma sessão de terapia do que a uma sala de aula do ensino superior".

O grupo logo se dividiu em linhas previsíveis. De um lado estavam os eruditos, insistindo que a matéria é essencial e não deve ficar comprometida por conta da vida dos alunos. Do outro estavam pessoas centradas nos alunos, insistindo que a vida dos estudantes sempre deve vir em primeiro lugar, mesmo que isso signifique o prejuízo da matéria. Quanto mais vigorosamente esses grupos promoviam suas ideias polarizadas, mais antagônicos eles se tornavam — e menos aprendiam sobre a pedagogia e si mesmos.

A lacuna entre esses dois pontos de vista parece intransponível — até entendermos o que a origina. Na realidade, esses professores universitários não estavam debatendo técnicas de ensino, e sim revelando a diversidade de identidades e integridades entre eles, dizendo de várias formas: "Aqui estão meus limites e potenciais quando se trata de lidar com a relação entre a matéria e a vida dos meus alunos".

Se parássemos de rebater pontos pedagógicos e falássemos sobre quem somos como professores, uma coisa extraordinária poderia acontecer: a identidade e a integridade poderiam crescer dentro de nós e entre nós, ao invés de enrijecer, como acontece quando defendemos posições fixas a partir das trincheiras das guerras da pedagogia.

O MAGISTÉRIO COMO O VERDADEIRO EU

A afirmação de que a boa prática de ensino vem da identidade e da integridade do professor pode parecer um truísmo, e um truísmo consciencioso: a boa prática de ensino vem de pessoas boas.

Mas ao mencionar "identidade" e "integridade" não estou me referindo só às nossas características nobres, às nossas boas ações ou à aparência de coragem que adotamos para esconder nossas confusões e complexidades. A identidade e a integridade estão tão relacionadas às nossas sombras e limites, às nossas feridas e medos, quanto aos nossos pontos fortes e potenciais. Por *identidade* refiro-me a um elo em desenvolvimento em que todas as forças que constituem minha vida convergem no mistério da individualidade: minha composição genética, a natureza do homem e da mulher que me deram a vida, a cultura na qual fui criado, as pessoas que me deram apoio e as que me prejudicaram, as coisas boas e ruins que fiz aos outros e a mim mesmo, a experiência de amar e sofrer — e muito, muito mais. Em meio a essa área complexa, a identidade é uma intersecção em movimento das forças interiores e exteriores que me fazem ser quem eu sou, convergindo no mistério irredutível de ser humano.

Por *integridade* eu me refiro a qualquer plenitude que conseguir encontrar dentro desse elo enquanto seus vetores organizam e reorganizam o padrão da minha vida. A integridade requer que eu distinga o que é intrínseco à minha personalidade, o que se adapta e o que não se adapta — e que eu escolha uma maneira revigorante de me relacionar com as forças que convergem dentro de mim: eu as acolho ou as temo, adoto-as ou as rejeito, movimento-me com elas ou contra elas? Ao escolher a integridade, eu me torno mais pleno. Embora plenitude não signifique perfeição. Significa tornar-me mais real ao reconhecer o todo que eu sou.

Identidade e *integridade* não são o mármore a partir de onde os heróis ficcionais são esculpidos. São dimensões sutis do complexo, difícil e perpétuo processo de autodescobrimento. A *identidade* se encontra na intersecção das diversas forças que constroem a vida, e a *integridade* se encontra na relação com essas forças de um modo que elas me tragam plenitude e vida em vez de fragmentação e morte.

Essas são as minhas definições — mas por mais que eu me esforce em refiná-las, elas acabam sendo sempre convenientes. Identidade e integridade nunca podem ser completamente especificadas ou conhecidas por ninguém, inclusive pela pessoa a que se referem. Elas constituem aquela estranheza familiar que levamos conosco para o túmulo, realidades ilusórias que só podem ser captadas por acaso pelo canto do olho.

Contar histórias é o melhor modo de retratar realidades desse tipo, então aqui está um relato de dois professores — baseado em pessoas que conheci, cujas vidas me dizem mais sobre as sutilezas da identidade e da integridade do que qualquer teoria jamais o faria.

Alan e Eric nasceram em diferentes famílias de habilidosos artesãos, habitantes da zona rural com pouca escolaridade, mas talentosos nas artes manuais. Ambos os garotos demonstraram esse talento desde a infância, e cada um desenvolveu a habilidade de trabalhar com as mãos e um senso de individualidade no qual o orgulho pelo artesanato era central.

Os dois tinham outro dom em comum: ambos se destacaram na escola e tornaram-se os primeiros em suas famílias de classe trabalhadora a irem para a faculdade. Ambos se saíram bem durante a graduação, foram aceitos na pós-graduação, obtiveram doutorado e escolheram carreiras acadêmicas.

Mas aqui seus caminhos divergiram. Embora o dom do artesanato fosse central no senso de individualidade dos dois homens, Alan conseguiu entrelaçar esse dom à sua vocação acadêmica, enquanto o tecido da vida de Eric se desfiou muito cedo.

Catapultado de sua comunidade rural para uma faculdade particular de elite aos dezoito anos de idade, Eric sofreu um forte choque cultural — e nunca o superou. Ele se sentia inseguro entre seus colegas e, depois, entre os colegas da Academia, que tinham origens que ele via como mais "cultas" do que as suas. Ele aprendeu a falar e agir como um intelectual, mas sempre se sentiu uma fraude entre pessoas que eram, a seu ver, nascidas em berço de ouro.

Mas a insegurança não alterou o rumo de Eric, nem o levou à autorreflexão. Ao contrário, ele forçou sua entrada na vida profissional baseado na teoria de que a melhor defesa é um bom ataque. Fazia declarações em vez de investigações. Ficava atento aos pontos fracos, e não aos fortes, daquilo que os outros diziam. Discutia com qualquer um sobre qualquer coisa — e respondia com desprezo velado ao que quer que lhe fosse dito.

Em sala de aula, Eric criticava e julgava; era rápido em reprimir uma "pergunta estúpida", adepto de preparar armadilhas para os alunos com suas perguntas difíceis e impiedoso ao zombar das respostas erradas. Ele parecia motivado por uma necessidade de infligir a seus alunos a mesma ferida que a vida acadêmica tinha infligido a ele — a ferida de sentir-se constrangido devido a uma parte essencial da própria individualidade.

Porém, quando Eric ia para casa, para a sua mesa de trabalho, e se perdia no artesanato, ele também se encontrava. Tornava-se generoso e acessível, sentindo-se à vontade no mundo e feliz em receber os demais com hospitalidade. Reconectado às suas raízes, centrado em seu verdadeiro eu, ele conseguia recuperar sua silenciosa e confiante essência — a qual ele perdia rapidamente assim que voltava ao campus.

A história de Alan é diferente. Sua passagem do campo para a faculdade não induziu ao choque cultural, em parte porque frequentou uma universidade do tipo *land-grant*[4], onde muitos alunos tinham origens semelhantes à sua. Ele não se sentiu motivado a esconder seu dom, mas foi capaz de respeitá-lo e transformá-lo, aproximando-o do lado acadêmico: ele levou para o estudo, e depois para a sua prática docente e para a pesquisa, o mesmo senso de artesanato que seus ancestrais levaram ao trabalho com o metal e a madeira.

Observar uma aula de Alan era como observar um artesão trabalhar — e se você conhecesse sua história, entenderia que essa sensação era mais do que uma metáfora. Durante as aulas, cada movimento de Alan estava permeado pela atenção ao detalhe e pelo respeito aos materiais à mão; ele conectava ideias com a precisão de um encaixe de uma peça e terminava o trabalho com um polido resumo.

Mas o poder da prática docente de Alan ia bastante além de uma hábil representação. Os alunos sabiam que ele estaria generosamente disponível a qualquer um que quisesse se tornar um aprendiz em sua área, da mesma forma como os mais velhos da família tinham estado à disposição para ajudar o jovem Alan a crescer em seu ofício original.

Ele ensinava a partir de uma individualidade sem divisões, estado integral do ser, fundamental para a boa prática docente. Em uma individualidade sem divisões, cada um dos principais fios da experiência da vida de uma pessoa é respeitado, criando uma tecedura de tal coerência e força que pode sustentar tanto os alunos e a matéria como a individualidade. Essa individualidade, integrada por dentro, é capaz de fazer as conexões exteriores das quais a boa prática docente depende.

Mas Eric não conseguiu entrelaçar o fio central de sua identidade à vocação acadêmica. Sua individualidade era dividida e ele estava enredado em uma

---

4 Nota da Tradutora: nos Estados Unidos, as chamadas *land grant universities* receberam, em princípio, terras como benefício do governo federal para oferecer uma formação prática nas áreas de agricultura, engenharia e na área militar. Com o tempo, os tipos de benefícios e de cursos foram se modificando.

guerra civil. Ele projetava esse conflito no mundo exterior e sua prática docente transmitia combate ao invés de arte. A individualidade dividida sempre se distancia dos outros e pode até tentar destruí-los para defender sua frágil identidade.

Se Eric não tivesse sido alienado durante a graduação — ou se a alienação o tivesse levado à autorreflexão ao invés de levá-lo à autodestruição — é possível que ele, como Alan, pudesse ter encontrado integridade em sua vocação acadêmica e entrelaçado os principais fios de sua identidade ao seu trabalho. Mas parte do mistério da individualidade é que o que serve para um pode não servir para outro: o que é integral para uma pessoa não tem integridade para outra. Durante sua vida, houve pistas persistentes de que a Academia não era uma escolha vivificante para Eric; não era um contexto em que o seu verdadeiro eu pudesse surgir de forma saudável e plena; não era uma vocação intrínseca à sua natureza única.

A individualidade não é infinitamente elástica: ela tem potenciais e limites. Se falta integridade ao trabalho que fazemos, então nós, o trabalho e as pessoas com quem trabalhamos sofreremos. A individualidade de Alan foi ampliada por sua vocação acadêmica e o trabalho que ele fazia era uma alegria para os olhos. A individualidade de Eric foi diminuída com o encontro com a Academia e escolher uma vocação diferente poderia ter sido a única maneira de recuperar a integridade perdida.

Gandhi dizia que sua vida era um conjunto de "experimentos com a verdade", e fazer experimentos no complexo campo de forças que afetam nossas vidas é uma forma de aprendermos mais sobre nossa integridade[5]. Aprendemos, por meio da experimentação, que nos beneficiamos com algumas conexões e outras nos fazem definhar; que elevamos a nossa integridade escolhendo conexões que nos dão vida e a violamos quando consentimos com aquelas que não nos dão vida.

A experimentação é arriscada. Raramente sabemos o que vai nos dar vida e o que vai enfraquecê-la. Mas, se quisermos ampliar nossa compreensão sobre a nossa integridade, devemos experimentar — e depois estar dispostos a fazer escolhas quando virmos os resultados desses experimentos.

"Toda vida real é um encontro", disse Martin Buber, e o ensino é um eterno encontro[6]. Permanecer abertos a novos encontros e tentar distinguir aqueles que têm integridade daqueles que não têm é uma tarefa cansativa e assustadora. Em geral, eu tentava proteger meu senso de individualidade atrás das barricadas do meu *status* ou do meu papel e recuar diante de colegas, alunos e ideias e do conflito que teremos.

---

5 GANDHI, M. K. *An Autobiography, or the Story of My Experiments with Truth*. Ahmedabad, India: Navajivan Press, 1927.

6 Citado em Earl Schwartz, "Chronic Life", *Creative Nursing*, Fevereiro de 1992, p. 58.

Quando sucumbo a essa tentação, minha identidade e minha integridade ficam diminuídas — e eu perco o ânimo de ensinar.

QUANDO O PROFESSOR PERDE O ÂNIMO

Nós nos tornamos professores por razões do coração, animados pela paixão por alguma matéria ou pela possibilidade de ajudar as pessoas a aprender. Mas muitos de nós perdemos o ânimo no decorrer dos anos de magistério. Como podemos recobrá-lo para ensinar mais uma vez, de forma que possamos fazer o que os bons professores sempre fazem: encorajar os alunos?

Perdemos o ânimo, em parte, porque o magistério é um exercício diário de vulnerabilidade. Não preciso revelar segredos pessoais para me sentir nu diante de uma classe. Só preciso analisar uma frase ou a resolução de um problema na lousa enquanto meus alunos cochilam ou trocam bilhetinhos. Não importa quão técnica ou abstrata seja a matéria que leciono, as coisas que ensino são aquelas com as quais me importo — e aquilo que me importa ajuda a definir minha personalidade.

Diferentemente de muitas profissões, o magistério sempre ocorre em uma perigosa junção da vida pessoal com a vida pública. Um bom terapeuta deve trabalhar de forma pessoal, mas nunca pública: o terapeuta que revela o nome de um paciente que seja é negligente. Um bom advogado com experiência em julgamentos deve trabalhar em um fórum público, mas sem se deixar levar pela opinião pessoal: aquele que permite que seu sentimento quanto à culpa de seu cliente enfraqueça sua defesa é culpado de negligência.

Mas um bom professor deve permanecer onde o pessoal e o público se encontram, lidando com o fantástico fluxo de trânsito em uma intersecção em que "entrelaçar uma rede de conectividade" se parece mais com uma tentativa de atravessar uma rodovia a pé. Quando tentamos estabelecer uma conexão entre nós, nossa matéria e os alunos, tornamo-nos, bem como a nossa matéria, vulneráveis à indiferença, ao juízo de valores, ao ridículo.

Para reduzir a nossa vulnerabilidade, desconectamo-nos dos alunos, da matéria e até de nós mesmos. Construímos um muro entre a nossa verdade interior e a nossa representação exterior, e representamos o nosso papel de professores. Nossas palavras, ditas de forma distante de nossos corações, tornam-se as "falas nos balões de texto das tirinhas", e nós nos tornamos caricaturas de nós mesmos. Distanciamo-nos dos alunos e da matéria para minimizar o perigo — esquecendo-nos de que a distância torna a vida mais perigosa ainda ao isolar a individualidade.

Essa divisão autoprotetora entre personalidade e prática é encorajada por uma cultura que desconfia da realidade interior. Embora a Academia alegue valorizar várias formas de conhecimento, ela respeita apenas uma — um modo "objetivo" de conhecimento que nos leva ao mundo "real", guiando-nos para "fora de nós mesmos".

Nessa cultura, os fatos objetivos são considerados puros, enquanto os sentimentos subjetivos são suspeitos e maculados. Nessa cultura, a individualidade não é uma fonte a ser explorada, mas um perigo a ser reprimido. Nela, a patologia do discurso desconectado da individualidade é considerada e recompensada como virtude.

Se meu esboço da tendenciosidade acadêmica contra a personalidade parece exagerado, eis a história de uma aula que dei em uma grande universidade há alguns anos.

Pedi aos meus alunos uma série de breves ensaios analíticos envolvendo temas dos textos que íamos ler. Depois, pedi também uma série de esboços autobiográficos, relacionados a esses temas, de forma que eles pudessem ver conexões entre os conceitos dos livros didáticos e suas próprias vidas.

Depois da primeira aula, um aluno me disse:

— Nesses ensaios autobiográficos que o senhor pediu que escrevêssemos pode-se usar a palavra "eu"?

Eu não sabia se deveria rir ou chorar — mas entendia que minha resposta teria um impacto considerável em um jovem que tinha acabado de se expor ao ridículo. Eu disse a ele que não só podia usar a palavra "eu", mas que esperava que ele a usasse de forma livre e com frequência. Então, perguntei o que o tinha levado a fazer essa pergunta.

— Estou fazendo especialização em História — ele disse —, e cada vez que uso "eu" em um texto acadêmico descontam meio ponto.

A tendenciosidade acadêmica contra a subjetividade não apenas força os alunos a uma escrita pobre ("acredita-se..." ao invés de "eu acredito..."), como também deforma o modo de pensar dos estudantes sobre si mesmos e seu mundo. Em um único golpe, levamos nossos alunos a acreditar que uma prosa mal escrita transforma opiniões em fatos e os alienamos de suas próprias vidas interiores.

As faculdades em geral reclamam que os alunos não têm nenhuma consideração pela dádiva do *insight* e da compreensão, que são a verdadeira recompensa da educação — eles se importam apenas com resultados em curto prazo no mundo "real": "Essa especialização vai me garantir um emprego?", "De que forma essa atividade acadêmica será útil na vida 'real'?".

Mas essas não são as perguntas que estão no fundo do coração dos alunos. São apenas aquelas que não só os pais, que pagam pelo curso e querem que seus filhos sejam empregáveis, mas também uma cultura acadêmica que desconfia da realidade interior (e a desvaloriza) ensinaram os estudantes a fazer. É óbvio que nossos alunos são céticos quanto aos resultados internos da Educação: nós ensinamos a eles que a individualidade subjetiva é irrelevante, até mesmo irreal. Esse cinismo apenas prova que quando a cultura acadêmica menospreza a realidade interior e exalta apenas o mundo exterior, tanto os alunos quanto os professores perdem o ânimo.

Como nós, que ensinamos, podemos recuperar nossa conexão com os alunos, nós mesmos e a reforma educacional? Essa simples questão desafia a suposição que orienta grande parte das reformas — a de que uma mudança significativa vem não da essência humana, mas de fatores externos a nós, de orçamentos, metodologias, currículos e reestruturação institucional. De um modo ainda mais profundo, essa questão desafia as suposições sobre realidade e poder que orientam a cultura ocidental.

A base de qualquer cultura está no modo como se responde à pergunta: "onde residem a realidade e o poder?". Para algumas culturas, a resposta é nos deuses; para outras, é na natureza; e para outras, ainda, é na tradição. Na nossa, a resposta é clara: a realidade e o poder residem no mundo exterior dos objetos e dos acontecimentos e nas ciências que estudam esse mundo, enquanto o domínio interior do "coração" é uma fantasia romântica — uma fuga de realidades sombrias, talvez, mas com certeza não uma fonte de influência sobre "o mundo real".

Somos obcecados em manipular as coisas exteriores porque acreditamos que elas nos darão algum poder sobre a realidade e alguma liberdade face às suas coerções. Hipnotizados por uma tecnologia que parece ter feito exatamente isso, menosprezamos o mundo interior. Transformamos cada pergunta que encaramos em um problema objetivo a ser resolvido — e acreditamos que, para cada problema objetivo, existe algum tipo de conserto técnico. É por isso que preparamos médicos para consertarem o corpo, mas não para respeitarem o espírito; os líderes religiosos para serem diretores executivos, mas não para serem guias espirituais; os professores para dominarem técnicas, mas não para envolverem os corações dos alunos — ou o seu próprio coração.

No entanto, neste momento da História deveria estar claro que esses "consertos" exteriores não chegarão a tempo de oferecer apoio às paixões mais profundas das pessoas que se importam com o ensino. As reformas institucionais ocorrem de maneira lenta e, enquanto esperamos, dependendo de que "eles" façam o trabalho por nós — esquecendo-nos de que "nós" também somos a instituição —, apenas adiamos a reforma e continuamos a cair lentamente no ceticismo que caracteriza muitas carreiras no magistério.

Há um caminho alternativo à espera: podemos recuperar nossa crença no poder daquilo que vem de dentro para transformar nossa vida e nosso trabalho. Tornamo-nos professores porque um dia acreditamos que ideias e *insights* são, pelo menos, tão reais e poderosos quanto o mundo que nos rodeia. Agora devemos nos lembrar que a realidade interior nos dá força no domínio dos objetos e eventos.

O testemunho de Václav Havel, poeta e homem prático, líder da Revolução de Veludo que libertou a Tchecoslováquia do regime soviético, lembra-nos disso. Foi uma revolução bem-sucedida diante de obstáculos bem mais assustadores do que aqueles que existem contra a reforma educacional.

Havel, presidente da República Tcheca de 1989 a 1992, escreve sobre passar anos "sob uma rocha" de opressão institucional que caiu sobre o povo tcheco com o golpe comunista de 1968. Depois, ele fala da semente interior de consciência humana e de como ela se tornou uma flor, da reforma, que rompeu e fragmentou o granito que era o totalitarismo apenas vinte anos depois: "A experiência da qual estou falando me deu uma certeza: a salvação deste mundo está no coração humano, no poder do homem de refletir, na brandura e na responsabilidade humana, e em mais lugar nenhum. Sem uma revolução global na consciência humana, nada mudará para melhor, e a catástrofe para a qual o mundo está caminhando será inevitável[7]".

Havel ajudou o povo tcheco a recuperar sua essência, lembrando-os de que eles, e todos nós, não são vítimas de forças exteriores, mas pessoas possuidoras de um poder interior que ninguém pode tirar, embora possam se desfazer dele, e o façam com frequência.

Relembrarmo-nos de nós mesmos e de nosso poder pode conduzir uma revolução, mas requer mais do que recordar alguns fatos. *Re-constituir* lembranças exige que nos recomponhamos, recuperemos nossa identidade e nossa integridade e reivindiquemos a plenitude em nossas vidas. Quando nos esquecemos quem somos, não perdemos apenas algumas informações. *Des-membramo-nos*, com consequências desafortunadas para a nossa política, o nosso trabalho e a nossa essência.

---

7 Václav Havel, discurso feito na sessão comum do congresso dos Estados Unidos, citado em: *Time*, 5 de março de 1990, p. 14–15.

Os acadêmicos sofrem, frequentemente, a dor do desmembramento. Na superfície, essa é a dor de pessoas que pensaram que estavam reunindo uma comunidade de estudiosos, mas se encontram em relações distantes, competitivas e indiferentes com colegas e alunos. No fundo, essa dor é mais espiritual do que sociológica: ela advém do fato de estarmos desconectados de nós mesmos, das paixões que nos levaram ao magistério e da essência que é a fonte de todo trabalho bem-feito.

Se perdemos o ânimo para ensinar, como podemos recobrá-lo? Como podemos 're-constituir' a lembrança de quem somos por nós mesmos e por aqueles com quem trabalhamos?

MENTORES QUE NOS INSPIRARAM

Se a identidade e a integridade se encontram na intersecção das forças que convergem em nossas vidas, revisitar algumas das convergências que nos atraíram ao magistério pode nos permitir recuperar a individualidade de onde vem a boa prática docente. Neste capítulo e no próximo quero refletir sobre dois desses encontros: com os mentores que nos inspiraram e com as áreas de estudo que nos escolheram.

O poder de nossos mentores não está necessariamente nos modelos de boa prática docente que eles nos fornecem, modelos que podem não ter muito a ver com quem somos enquanto professores. Seu poder está na capacidade de despertar uma verdade dentro de nós, uma verdade que possamos recuperar anos mais tarde, recordando de seu impacto em nossas vidas. Se descobrirmos uma essência de professor dentro de nós ao encontrarmos um grande professor, recordar esse encontro pode nos ajudar a recobrar o ânimo de ensinar de novo.

Nos *workshops* em faculdades, costumo pedir às pessoas que se apresentem falando de um professor que fez a diferença em suas vidas. Quando essas histórias são contadas, elas nos lembram de muitos fatos relativos à boa prática docente: lembramo-nos de que ela aparece de várias formas, que os bons professores deixam uma marca que permanece por muito tempo depois que os fatos aconteceram, e é importante agradecer nossos mentores, mesmo que tarde — em parte, porque lhes devemos gratidão e, em parte, porque seria um contraponto cósmico à aparente ingratidão de nossos alunos!

Então, faço a pergunta que leva ao objetivo mais profundo deste exercício: não "o que fazia daquele um grande mentor?", mas "o que em *você* permitiu que esse processo acontecesse?". Encontrar um mentor é uma ação recíproca que exige mais do que encontrar o professor certo: o professor deve encontrar o aluno certo. Nesse encontro, não apenas as qualidades do mentor são reveladas, mas as do aluno são extraídas de um modo igualmente revelador.

Um dos meus mais notáveis mentores era um homem que parecia infringir todas as "regras" da boa prática docente. Ele falava sem parar e com tal entusiasmo que deixava pouco espaço para perguntas e comentários. Preocupado com o mundo do pensamento, ele quase não ouvia os alunos, não porque os desdenhasse, mas porque estava ansioso para ensiná-los da única forma que conhecia: compartilhando seu conhecimento e suas paixões. Suas aulas eram, na maior parte das vezes, monólogos, e os alunos raras vezes desempenhavam um papel que não fosse o de plateia.

Pode parecer que ele era um pesadelo pedagógico, mas, por motivos que não conseguia explicar na época, eu me sentia muito atraído pelo seu modo de ensinar — de fato, ele mudou a minha vida. Somente alguns anos mais tarde compreendi essa atração. E, com essa compreensão, vieram algumas pistas que levavam à minha identidade.

Eu fui o primeiro da minha família a ir para a faculdade. Meus pais valorizavam a Educação, mas não ofereciam exemplares da vida intelectual que revelou ser o meu dom por direito. Mantive esse dom lacrado por todo o ensino médio, formando-me com uma nota um pouco abaixo da média em atividades extracurriculares. Só no segundo semestre da faculdade é que o dom foi revelado. Fiquei entusiasmado com ele e comecei a me sair bem nos trabalhos da graduação, passando para a pós-graduação e para uma vida acadêmica.

Aquele loquaz professor da faculdade me ofereceu uma primeira noção dessa parte de mim mesmo. Meu entusiasmo ao ouvi-lo não tinha tanto a ver com o que ele dizia — embora suas ideias fossem empolgantes —, mas sim com a descoberta de uma dimensão latente da minha identidade. Não me importava que ele infringisse a maioria das regras de uma boa dinâmica de grupo, e mesmo algumas regras das relações pessoais atenciosas. O que me importava era que abria generosamente a vida de sua mente para mim, dando plena voz ao dom do pensamento. De alguma forma eu sabia que esse dom era uma dádiva para mim também, embora tenham se passado anos até que eu pudesse confiar por completo nesse conhecimento.

Por muito tempo em minha carreira abriguei uma sensação secreta de que pensar, ler e escrever, por mais que eu amasse essas atividades, não podiam ser classificados como "trabalho de verdade". Eu dava aulas e escrevia, mas me "justificava" trabalhando como administrador para várias instituições e projetos — um trabalho prático e, portanto, nobre, como aquele feito por honrados membros da minha família. Só aos quarenta e poucos anos consegui, por fim, reivindicar a vida da mente como suporte principal da minha vocação e confiar no chamado da minha alma. Uma confiança que se aprofundou quando consegui decifrar essa experiência precoce de ter um mentor.

Quando nos lembramos dos nossos mentores, nem todos os *insights* que temos sobre nós mesmos são tão afortunados quanto o que acabei de descrever. Às vezes aprendemos as lições erradas dos mentores que nos chamam a atenção quando somos jovens e impressionáveis.

Testemunhei um caso desses em um *workshop* que dei em uma faculdade há alguns anos. Meu anfitrião no campus empenhou-se em me advertir sobre o Professor X, que era rabugento e impopular, embora brilhante em sua área acadêmica. Das quarenta pessoas no *workshop*, disse meu anfitrião, era provável que o Professor X tivesse feito a inscrição não para aprender sobre a prática docente, mas para ridicularizar o que estávamos fazendo.

Com receio, comecei com algo "leve", convidando as pessoas a se apresentarem falando sobre seus mentores. Quando chegou a vez do Professor X, de seis a oito pessoas já tinham falado, muitos com *insights* e sentimento, e a sala estava tomada por um espírito de sinceridade. Eu estava tenso quando ele começou a falar, com medo de que esse espírito estivesse prestes a acabar. Mas logo ficou claro que ele também tinha ficado sensibilizado com a qualidade da troca.

Contou a história de seu mentor com a hesitação que surge ao falarmos das coisas sagradas e, enquanto falava sobre o quanto ele tinha tentado seguir como modelo a carreira dele, surpreendeu a todos, e com certeza a si mesmo, ao ser tomado pela emoção.

Mais tarde, em uma conversa particular, soube o porquê de sua emoção. Durante vinte anos, o Professor X havia tentado imitar o modo como seu mentor dava aula, e tinha sido um desastre. Ele e o mentor eram pessoas muito diferentes, e a tentativa de X de copiar o seu estilo havia distorcido sua própria identidade e integridade. Ele tinha se perdido em uma identidade que não era sua — uma reflexão dolorosa que requeria coragem para abraçar, mas que oferecia uma promessa de crescimento.

A história do Professor X me deu algum *insight* sobre mim mesmo, um exemplo da iluminação mútua que ocorre quando estamos dispostos a explorar nossas dinâmicas interiores um com o outro. No início da minha carreira, também tentei copiar meu mentor falando sem parar, até perceber que meus alunos estavam ainda menos fascinados com a minha imitação barata do que alguns dos meus colegas tinham ficado com o original. Comecei a procurar um modo de ensinar que fosse mais intrínseco à minha natureza, um modo que teria tanta integridade para mim quanto aquele tinha para ele — pois a chave do poder do meu mentor era a coerência entre o método e ele mesmo. Comecei o longo processo de tentar entender minha natureza como professor e aprender técnicas que pudessem ajudá-la.

Embora às vezes eu precise falar por bastante tempo durante a aula, e até goste disso, usar esse método o tempo todo me deixa entediado: costumo saber o que vou dizer e já ouvi tudo isso antes. Mas métodos dialógicos de ensino ajudam a me manter vivo. Forçado a ouvir, responder e improvisar, tenho mais chances de ouvir algo inesperado e perspicaz de mim mesmo ou dos outros.

Isso não quer dizer que dar aula falando sem parar seja a maneira errada de fazê-lo. Quer dizer apenas que a minha identidade, diferente da do meu mentor, sente-se mais realizada com o diálogo. Quando eu era jovem e não sabia quem era, precisava de um modelo de dom intelectual que poderia ser meu. Mas agora que estou na meia idade e me conheço melhor, minha identidade exige que eu use meu dom em interação e interdependência com os outros.

Aqui está, creio eu, o papel poderoso e apropriado da técnica: *quando aprendemos mais sobre nós mesmos, podemos aprender técnicas que revelam, ao invés de ocultar, a personalidade de onde vem a boa prática docente.* Não precisamos mais usar a técnica para mascarar a individualidade subjetiva, como a cultura do profissionalismo nos encoraja a fazer. Agora podemos usar a técnica para manifestar de forma mais completa o dom da individualidade de onde vem nossa melhor atuação como professores.

O autoconhecimento que vem dessas reflexões é essencial à minha prática docente, pois revela uma complexidade dentro de mim que está dentro dos meus alunos também. No meu caso, o "eu" que ensina é intimidado e atraído pela vida da mente. Por muito tempo, ele foi atormentado por uma sensação de que o trabalho intelectual - sua vocação - era, contudo, uma fraude. Esse "eu", apesar de sua fascinação pelas ideias, já foi tão inseguro de si mesmo que deu as boas-vindas a um mentor cuja atuação impedia a participação. Mas hoje esse mesmo "eu" acha sua própria atuação chata e precisa ser alimentado pelo diálogo.

Quando me esqueço da minha multiplicidade interior e da minha longa e contínua jornada em direção à individualidade, minhas expectativas quanto aos alunos se tornam excessivas e irreais. Se eu puder me lembrar do pluralismo interior da minha alma e do ritmo lento da minha própria emersão, terei mais capacidade de trabalhar com o pluralismo entre os meus alunos, no ritmo de suas jovens vidas. Ao nos lembrarmos de nossos mentores, lembramo-nos de nós mesmos — e ao nos lembrarmos de nós mesmos, lembramo-nos de nossos alunos.

Recordando o passado, percebo que fui abençoado com mentores em cada etapa crucial da minha vida, quando eu era jovem, em cada ponto em que minha personalidade precisava crescer: na adolescência, na faculdade, na pós-graduação e no início da minha carreira profissional. Mas algo curioso aconteceu no meio do caminho para a vida adulta: os mentores pararam de aparecer. Por vários anos, esperei em vão pelo próximo, e por vários anos também meu próprio crescimento esteve suspenso.

Então, percebi o que estava acontecendo. Eu não era mais um aprendiz, portanto, não precisava de mentores. Era a minha vez de me tornar mentor de outra pessoa. Eu precisava olhar ao meu redor em busca de uma nova vida que estava surgindo e oferecer aos jovens a dádiva que me deram quando eu era jovem. Quando fiz isso, minha identidade e integridade tiveram novas oportunidades de evoluir a cada novo encontro com a vida dos meus alunos.

Mentores e aprendizes são parceiros em uma antiga dança humana. E uma das maiores recompensas do ensino é a chance diária que ele nos dá de voltar à pista de dança. É a dança das gerações em espiral, na qual os mais velhos fortalecem os mais jovens com sua experiência e os mais jovens fortalecem os mais velhos com vida nova, urdindo de novo o tecido da comunidade humana enquanto eles se tocam e se movem.

AS DISCIPLINAS QUE NOS ESCOLHERAM

Muitos de nós recebemos o chamado para ensinar ao encontrar não apenas um mentor, mas também uma área de estudo em particular. Somos atraídos por um conjunto de conhecimentos porque ele lançou uma luz sobre as nossas identidades e o mundo. Não encontramos meramente uma disciplina para ensinar — ela também nos encontra. Podemos recobrar o ânimo para ensinar lembrando-nos de como aquela disciplina despertava um senso de individualidade que estava dormente antes de encontrarmos a maneira como essa disciplina nomeia e estrutura a vida.

Alice Kaplan é uma professora de língua e literatura francesa, e ela fez esse tipo de recordação em um livro chamado *French lessons* ("Lições de francês"). "Por que as pessoas querem adotar outra cultura?", pergunta ela ao resumir sua jornada no magistério e na vida. "Porque há algo em sua própria cultura de que elas não gostam, que não as identifica."[8] A cultura francesa deu a Kaplan uma forma de reivindicar uma identidade e uma integridade que ela não pôde encontrar na cultura em que nasceu.

Recordando um curso que ela deu, no qual um jovem preconceituoso aprendeu a apreciar o que lhe era estranho encontrando outro povo em outra língua, Kaplan reflete: "Momentos como esse me fazem pensar que falar uma língua estrangeira é uma oportunidade de crescimento, liberdade e libertação da feiura das nossas mentalidades e das nossas ideias recebidas"[9].

Mas Kaplan também entende o lado sombrio de uma identidade emprestada: "Aprender francês me prejudicou um pouco ao me dar um lugar para me esconder. Se a vida ficasse confusa demais, eu podia ir para o meu segundo mundo". Mas, ela diz: "Escrever sobre isso me fez expor minhas suspeitas, minha raiva e meus anseios a pessoas para as quais essa revelação foi uma grande surpresa"[10]. O autoconhecimento que ela obteve por perguntar por que se sentia atraída por sua área de atuação ajudaram-na a se reconectar e lutar com eventos e relações inquietantes em sua vida, e mesmo a redimi-los, renovando sua essência de professora.

Ao ler as reflexões de Kaplan (de longe, mais ricas em luz e sombra do que a minha breve resenha sugere), senti-me encorajado a refletir também. Minhas áreas de formação durante a graduação foram filosofia e sociologia, e muitos dos detalhes que eu sabia sobre essas áreas foram esquecidos há tempos. Mas ainda me lembro, trinta e cinco anos depois, do momento em que descobri a ideia da "imaginação sociológica"[11] de C. Wright Mills. Eu não estava apenas encantado, estava obcecado por ela.

A essência dessa ideia era simples, mas me parecia radical: não conseguimos ver o que está "lá fora" apenas olhando ao nosso redor. Tudo depende das lentes por meio das quais vemos o mundo. Ao colocar novas lentes vemos coisas que, de outra forma, teriam permanecido invisíveis.

Mills me ensinou a ver o mundo por meio das lentes da teoria social, e quando dei a primeira olhada, o mundo saltou diante de mim como se eu tivesse colocado os óculos 3-D que Hollywood estava vendendo na época. Vi as estruturas invisíveis e os sinais secretos que dão forma às nossas vidas sociais, que têm um poder sobre nós que eu pensava estar presente apenas nas relações cara a cara. Fiquei admirado com essa nova visão da vida na qual as pessoas caminhavam, não livremente, como

---

8 KAPLAN, A. *French lessons: a memoir*. Chicago: University of Chicago Press, 1993. p. 209.

9 Ibid. p. 210–211.

10 Ibid. p. 216.

11 MILLS, C. W. *The Sociological Imagination*. Nova York: Oxford University Press, 1959.

eu pensava, mas controladas por fios ligados às suas mentes e aos seus corações por titeriteiros invisíveis.

Por que me sentia tão atraído pela ideia da imaginação sociológica? Por que ela se tornou uma característica da minha visão de mundo? Refletindo sobre essas questões, reconstitui a memória de algumas das características centrais da minha personalidade.

Intelectualmente, identifiquei-me com a ideia de imaginação sociológica porque, aos dezoito anos de idade, eu tinha começado a entender que nem tudo é o que parece. Eu era criança nos anos 1950, com várias ficções sociais. Então, levou um tempo para eu perceber que a atuação visível dos indivíduos e dos grupos era apenas o aspecto "de palco" das coisas, e que a realidade tem dinâmicas de bastidores bem mais influentes do que a representação que vemos em cima do palco.

Mas o meu interesse pelo conceito de Mills era mais do que intelectual — ele me ajudou a confrontar alguns dos meus medos mais profundos. Quando eu era jovem, achava sedutor e intimidador o mundo representado no palco. Era um espaço de visibilidade no qual eu queria atuar e me tornar conhecido, mas também um espaço no qual minha competência seria testada e, com certeza, considerada deficiente. Quando comecei a entender as realidades de bastidores reveladas pela imaginação sociológica, consegui me livrar de alguns dos meus medos de atuar.

Olhando nos bastidores e vendo quão humanos, desajeitados e comuns são, na verdade, os mecanismos da representação — quão diversos do luxo e do glamour da representação no palco em si —, pude me perguntar: "Se eles podem fazer isso, por que não eu?". Esse conhecimento sobre os bastidores me deu o conforto de saber que todos os heróis têm pé de barro; ele teve o efeito tranquilizador daquele conselho dado a oradores públicos que estão nervosos: "imagine a plateia nua".

Mas meu interesse pela imaginação sociológica era ainda mais profundo. Ia além do interesse intelectual, dos medos da representação, até um buraco na minha alma. A distinção de Mills entre o show no palco e a realidade dos bastidores espelhava um grande divisor de águas na minha vida interior. Do lado de fora, eu tinha aprendido a fazer a minha representação parecer relativamente fácil e completa, mas por dentro eu me sentia ansioso, desajeitado e inepto.

A constante contradição entre a impressão que eu tinha de mim mesmo e o modo como os outros me viam criava uma sensação dolorosa, e às vezes paralisante, de fraude. Mas a imaginação sociológica e sua visão da duplicidade da sociedade me ajudaram a entender como essa contradição é comum e como é essencial à condição humana. E minha sensação de fraude tornou-se menos pesada.

Levou muito tempo para que eu transformasse o *insight* de Mills, de uma análise da nossa sociedade, em um entendimento de mim mesmo. A imaginação sociológica é facilmente utilizada como uma dessas ferramentas para "desmascarar" as coisas, amada pela ciência social e que nos permite ficar ao lado da estrada enquanto o desfile passa, atacando a própria estupidez e fingindo estar acima de tudo.

Por muito tempo fiquei ao lado da estrada, como crítico e juiz. Agora entendo o porquê: estava projetando na sociedade toda a fraude que sentia em relação a mim mesmo, embora não conseguisse admitir, e estava usando essa projeção como uma forma de evitar a minha própria condição de ser dividido. Não quero mais ser assim — e é por isso que tenho de me esforçar para contrabalançar a verdade da imaginação sociológica.

Anteriormente neste capítulo, disse que nosso mundo interior tem uma realidade e um poder que podem nos impedir de sermos vítimas das circunstâncias e nos obrigar a assumir a responsabilidade por nossas vidas. De fato, argumentei que o mundo das estruturas sociais e dos sinais não precisa ditar nossas vidas, que a imaginação sociológica, que tanto me encantou quando eu era jovem (e ainda tem influência sobre mim), não tem todas as respostas. No próprio ato de escrever este capítulo, tenho encontrado a minha disciplina — e a mim mesmo — outra vez, ainda respeitoso quanto ao poder dos fatos sociais, mas sem vontade de usar esse conhecimento como uma fuga da responsabilidade social.

O que aprendi sobre a minha identidade como professor a partir desse processo de reconstituição da memória é, até certo ponto, encorajador: eu não defenderia o poder da realidade interior se não tivesse atingido certo grau de harmonia entre a minha vida no palco e nos bastidores.

Mas também aprendi que meu conflito entre a realidade do palco e a dos bastidores está longe de estar resolvido — ele continua a aparecer na minha prática docente. Esse conflito era o tema das histórias sobre o magistério que eu contei no início deste capítulo, histórias cujo drama, tal como é, encontra-se na tensão entre a minha resposta externa aos eventos que acontecem em sala de aula e a minha sensação interna de incompetência.

Um dos meus ensaios favoritos sobre o magistério é *Pedagogy of the Distressed* ("A pedagogia dos aflitos"), de Jane Tompkins[12]. Parece ter sido escrito diretamente à minha condição de divisão. Com uma franqueza maravilhosa, Tompkins diz que sua obsessão como professora não tinha sido ajudar os alunos a aprender o que eles

12 TOMPKINS, J. "Pedagogy of the Distressed", *College English*, 1991, 52(6).

queriam e precisavam saber, mas sim "(a) mostrar a eles como eu era inteligente; (b) mostrar como eu era culta; e (c) mostrar como eu estava preparada para a aula. Eu tinha feito uma representação cujo verdadeiro objetivo não era ajudar os alunos a aprender, mas agir de forma que eles tivessem uma boa opinião sobre mim".

Então ela pergunta: "Como foi que o nosso principal objetivo como acadêmicos veio a ser a representação?". A resposta dela parece-me verdadeira: "Medo de que se revele o que somos: fraudes, estúpidos, ignorantes, tolos, patetas, simplórios, fracotes, pessoas que não dão conta do recado".

É assim que me sinto às vezes. Guiado pelo medo de que a minha inépcia de bastidor seja revelada, esforço-me para tornar a minha representação de palco mais persuasiva e leve — e, com isso, tornar cada vez menos possível que meus alunos aprendam algo além de disfarçar e exibir-se. Eu oculto minha essência e não consigo urdir o tecido de conectividade que o ensino-aprendizagem requer.

Mais uma vez: quando procuro minha identidade e integridade, o que encontro nem sempre é uma coisa magnífica e esplendorosa. As descobertas que faço sobre mim mesmo quando me lembro dos encontros que moldaram e revelaram a minha individualidade às vezes são constrangedoras, mas também são reais. Não importa o quanto eu me sinta constrangido, vou me conhecer melhor e, portanto, ser um professor melhor quando reconhecer as forças em jogo dentro de mim ao invés de permitir que elas causem estragos estúpidos no meu trabalho.

Florida Scott-Maxwell, escrevendo aos oitenta e tantos anos de idade, destaca de modo enfático: "Você precisa apenas reivindicar os eventos da sua vida para pertencer a si mesmo. Quando possuir verdadeiramente tudo o que foi e fez, você será implacável para com a realidade"[13].

O PROFESSOR DE DENTRO

Encontros com mentores e disciplinas podem despertar um senso de individualidade e dar pistas sobre quem somos, mas a vocação para ensinar não vem de encontros exteriores apenas — nenhum professor ou prática docente com o qual tenhamos um contato exterior terá muito efeito até que a alma consinta. No final das contas, qualquer vocação autêntica vem da voz do professor interior, a voz que me encoraja a honrar a natureza do meu verdadeiro eu.

Por professor interior não quero dizer "consciência" ou "superego", princípio moral ou juiz interior. De fato, a consciência, como é comumente entendida, pode nos levar a um grande problema vocacional.

---

13 SCOTT-MAXWELL, F. *The measure of my days*. Nova York: Penguin Books, 1983. p. 42.

Quando ficamos atentos sobretudo ao que "deveríamos" estar fazendo com nossas vidas, podemos nos sentir acossados por expectativas externas que talvez distorçam a nossa identidade e a nossa integridade. Há muitas coisas que eu "deveria" estar fazendo de acordo com algum cálculo moral abstrato. Mas é a minha vocação? Tenho talento e recebi o chamado para isso? Esse "dever" em particular é um local de intersecção entre o meu eu interior e o mundo exterior ou é a imagem que outros fazem sobre como deveria ser a minha vida?

Quando sigo apenas os deveres, posso acabar fazendo um trabalho eticamente louvável, mas que não é meu. Uma vocação que não é a minha, não importa quão valorizada ela seja ao mundo exterior, é uma violência à individualidade — no sentido exato de que *atenta contra* a minha identidade e a minha integridade em nome de uma norma abstrata. Quando atento contra mim mesmo, acabo, de modo invariável, atentando contra as pessoas com quem trabalho. Quantos professores infligem sua própria dor a seus alunos, aquela que vem do fato de fazer um trabalho que nunca foi, ou que não é mais, seu verdadeiro trabalho?

Em contraste com o conceito tenso e até violento de vocação como dever, Frederick Buechner oferece uma imagem mais generosa e humana de vocação como "o lugar onde a intensa alegria que você sente e o grande anseio do mundo se encontram"[14].

Em uma cultura que às vezes iguala trabalho e sofrimento, é revolucionário sugerir que o melhor sinal interior de uma vocação é uma alegria intensa — revolucionário, porém verdadeiro. Se certo trabalho realmente for meu, ele vai me deixar alegre ao longo do tempo, apesar dos dias difíceis. Por fim, até os dias difíceis me alegrarão, pois eles constituem o tipo de problema que pode me ajudar a crescer no trabalho, se ele couber a mim.

Se o trabalho não me alegra dessa forma, devo considerar a possibilidade de deixá-lo. Quando me dedico a algo que não se origina da minha identidade, que não é intrínseco à minha natureza, é provável que eu esteja aumentando o anseio do mundo ao invés de ajudar a aliviá-lo.

Há momentos em que precisamos trabalhar por dinheiro, e não pelo que esse trabalho significa para nós, e pode ser que nunca possamos nos dar ao luxo de deixar o emprego porque ele não nos faz felizes. Mas isso não nos exime de verificar, de forma contínua, a violência que direcionamos aos outros e a nós mesmos por trabalhar de um modo que viole nossa alma. Nem nos exime de

---

14 BUECHNER, F. *Wishful Thinking: A Seeker's ABC*. San Francisco: Harper San Francisco, 1993. p. 119.

pensar se a preservação da integridade é um luxo. O que traz mais segurança no final das contas: manter esse emprego ou honrar minha alma?

O professor de dentro não é a voz da consciência, mas a da identidade e da integridade. Ele não fala do que deveria ser, mas do que é real para nós, do que é verdadeiro. Diz coisas como: "Isso é o que convém e isso é o que não convém a você". "Isso é quem você é e isso é quem não é". "Isso é o que lhe dá vida e isso é o que mata o seu espírito — ou faz você desejar estar morto(a)". O professor de dentro fica de guarda no portão da individualidade, afastando o que quer que insulte a nossa integridade e acolhendo o que quer que a reafirme. A voz do professor interior me lembra dos meus potenciais e limites quando negocio o campo de força da minha vida.

Percebo que a ideia de um professor interior parece a alguns acadêmicos uma fantasia romântica, mas não consigo compreender o porquê. Se essa realidade não existe em nossas vidas, séculos de discurso ocidental sobre os objetivos da Educação tornam-se falatório. Segundo o entendimento clássico, a Educação é a tentativa de "começar" de dentro da individualidade um núcleo de sabedoria que tem o poder de resistir à falsidade e viver à luz da verdade; não segundo normas externas, mas segundo uma autodeterminação raciocinada e reflexiva. O professor interior é o centro vivo de nossas vidas, ao qual qualquer educação digna de ser chamada assim recorre e ao qual ela evoca.

Talvez a ideia não seja popular porque nos força a olhar para duas das mais difíceis verdades sobre o magistério. A primeira é que o que ensinamos nunca "cativará" a não ser que tenha uma conexão com o núcleo interior e vivo da vida dos alunos, com o professor interior de cada um deles.

Nós podemos e fazemos da Educação uma iniciativa exclusivamente exterior, forçando os alunos a memorizar e repetir fatos sem jamais apelar para a sua verdade interior, obtendo resultados previsíveis: muitos alunos não querem ler um livro desafiador ou ter um pensamento criativo quando não estão na escola. O tipo de ensino que transforma as pessoas não acontece se o professor interior é ignorado.

A segunda verdade é ainda mais intimidante: poderemos falar com o professor que há dentro dos alunos apenas quando estabelecermos diálogo com o professor que há dentro de nós.

A aluna que disse que seus maus professores falavam como personagens de tirinhas estava descrevendo aqueles que deixaram de ouvir seu guia interno, que separaram tão completamente a verdade interior das ações exteriores que perderam o contato com o senso de individualidade. Aquilo que é profundo fala com o que é profundo. E quando não sondamos o nosso lado mais profundo, não podemos sondar este lado da vida dos alunos.

Como prestamos atenção à voz do professor que há dentro de nós? Não tenho nenhum modo específico a sugerir além daqueles já familiares: estar a sós e em silêncio, fazer uma leitura meditativa, caminhar pelo bosque, manter um diário, encontrar um amigo que apenas ouça. Proponho apenas que precisamos aprender tantas formas quantas forem possíveis de "falar conosco mesmos".

Essa expressão, é claro, costuma ser usada para mencionar um sintoma de desequilíbrio mental — um claro sinal de como a nossa cultura vê a ideia de uma voz interior! Mas as pessoas que aprendem a conversar consigo mesmas podem, em breve, se encantar com a descoberta de que o professor que há dentro de nós é o interlocutor mais sensato que já tiveram.

Precisamos encontrar quantas maneiras forem possíveis de ouvir essa voz e levar seus conselhos a sério, não só devido ao nosso trabalho, mas também à nossa saúde. Se alguém do mundo exterior está tentando nos dizer algo importante e ignoramos sua presença, essa pessoa ou desiste e para de falar ou se torna cada vez mais veemente ao tentar chamar nossa atenção.

Do mesmo modo, se não respondermos à voz do professor que há dentro de nós, ou ele deixará de falar conosco ou se tornará mais veemente: estou convencido de que algumas formas de depressão, com as quais tenho experiência pessoal, são induzidas por um professor interior que, ao ameaçar nos destruir, está tentando desesperadamente nos fazer ouvir. Quando honramos essa voz com atenção sincera, ela responde falando de um modo mais suave e envolvendo-nos em uma conversa estimulante da alma.

Essa conversa não tem que chegar a conclusões para ter valor: não precisamos sair de uma "conversa conosco mesmos" tendo claras as nossas metas, os nossos objetivos e os nossos planos. Medir o valor do diálogo interior por seus resultados práticos é como medir o valor de uma amizade pelo número de problemas resolvidos quando os amigos se reúnem.

As conversas entre amigos têm suas próprias recompensas: na presença deles, temos a simples alegria de nos sentirmos à vontade e em casa, de sentirmos que confiam em nós e que podemos confiar neles. Prestamos atenção ao professor interior não para sermos corrigidos, mas para nos aproximarmos do nosso eu mais profundo, cultivar um senso de identidade e integridade que nos permita sentir à vontade onde quer que estejamos.

Ouvir o professor interior também oferece uma resposta a uma das perguntas mais básicas que os professores encaram: como posso desenvolver a *autoridade* para ensinar, a capacidade de manter minha posição em meio às complexas forças tanto da sala de aula quanto da minha vida?

Em uma cultura de técnica, com frequência confundimos autoridade com poder, mas os dois não são a mesma coisa. O poder funciona de fora para dentro, enquanto a autoridade funciona de dentro para fora. Estamos enganados quando procuramos a autoridade fora de nós, em fontes que variam das habilidades sutis de um processo em grupo ao método não tão sutil de controle social chamado de nota. Essa visão do magistério transforma o professor no policial da esquina, tentando fazer as coisas se movimentarem de maneira amigável e com consentimento, mas sempre podendo recorrer ao poder coercitivo da lei.

Ferramentas externas de poder têm uma utilidade ocasional no magistério, mas não substituem a autoridade, esta que vem da vida interior do professor. A pista está na própria palavra, que tem *autor* em seu radical. A *autoridade* é conferida às pessoas que são vistas como aquelas que dão autoridade às próprias palavras, aos próprios atos, à própria vida, em vez de representar um papel roteirizado e distante de suas essências. Quando os professores dependem dos poderes coercitivos da lei ou da técnica, eles não têm autoridade nenhuma.

Tenho dolorosa consciência das vezes, na minha prática docente, em que perco o contato com o meu professor interior e, portanto, com a minha autoridade. Nesses momentos, tento ganhar poder me escondendo atrás de uma tribuna ou do meu *status* enquanto faço a ameaça das notas. Mas quando minha prática docente é autorizada pelo professor que há dentro de mim, não preciso nem de armas nem de armaduras para ensinar.

A autoridade vem quando recupero minha identidade e minha integridade, lembrando-me da minha individualidade e do meu senso de vocação. Então, a prática docente pode surgir do lado mais profundo da minha verdade — e a verdade que existe dentro dos meus alunos tem a chance de responder na mesma moeda.

2

UMA CULTURA DO MEDO:
A EDUCAÇÃO E A VIDA DESCONEXA

"Dia após dia batendo minhas asas
com toda a suavidade que a verdade requer
quando paro, sinto-as encolher:
elas identificam minha voz em meio a coisas tentadoras.,

Dão crédito aos fatos, à força, à pressão,
danço em direção à família do conhecimento,
abraçando o erro como a um menino perdido
e trazendo-o para casa com o meu bater de asas.

Cada pena faz uma reivindicação justa;
ela fere como a serra na madeira.
Eu me comunico bem; mas explico ao reitor —
o Certo tem um nome longo e intrincado.

E pronunciá-lo é algo solitário".

— *William Stafford, "Lit Instructor" ("Instrutor iluminado")*[15]

ANATOMIA DO MEDO

Se quisermos desenvolver e aprofundar a capacidade de estabelecer conexões no cerne da boa prática docente, devemos entender a perversa, porém poderosa, atração da vida "desconexa" — e resistir a ela. Como e por que a cultura acadêmica nos desencoraja a viver uma vida com conexões? A nos distanciarmos dos nossos alunos e da nossa matéria, a ensinar e aprender um tanto distanciados de nossa própria essência?

Na superfície, a resposta parece óbvia: somos distanciados por um sistema de notas que separa professores e alunos, por departamentos que fragmentam áreas do conhecimento, por uma competição que deixa tanto os alunos quanto

---

15 STAFFORD, W. "Lit Instructor". In: *Travelling Through the Dark*. Nova York: Harper Collins, 1962. p.77-78. Reimpressão autorizada pelo espólio de William Stafford.

os professores ressabiados com relação a seus colegas e por uma burocracia que coloca o corpo docente e a direção em conflito.

As instituições educacionais estão cheias de estruturas divisoras, é evidente. Mas culpá-las por nossa fragilidade perpetua o mito de que o mundo exterior é mais forte do que o interior. As estruturas externas da Educação não teriam o poder de nos dividir de um modo tão profundo se não estivessem enraizadas em uma das características mais persuasivas da nossa paisagem interior: o medo.

Se deixássemos de consentir com essas estruturas, elas entrariam em colapso, uma versão acadêmica da Revolução de Veludo. Mas nós colaboramos com elas, preocupando-nos de tempos em tempos com sua "reforma", porque exploram nosso medo de forma tão bem-sucedida. O medo é o que nos distancia dos nossos colegas, alunos, disciplinas e de nós mesmos. O medo paralisa aqueles "experimentos com a verdade" que nos permitem tecer uma rede mais ampla de conexões — e, portanto, paralisa também nossa capacidade de ensinar.

A partir da escola de ensino fundamental, a Educação é uma empreitada temerosa. Como aluno, estive em muitas salas de aula tomadas pelo medo, o medo que leva muitas crianças que nasceram com amor pela aprendizagem a odiar a ideia de escola. Como professor, estou no meu pior momento quando esse sentimento assume o controle dentro de mim, seja ao dar aula com medo dos meus alunos ou ao manipular o medo que eles têm de mim. Nossas relações como colegas de um corpo docente em geral são diminuídas pelo medo; e ele é uma ferramenta de gestão comum em muitos estilos administrativos.

Após trinta anos de magistério, meu medo está sempre por perto. Ele está lá quando entro na sala de aula e sinto a correnteza na qual acabei de me jogar. Está lá quando faço uma pergunta e meus alunos ficam em silêncio absoluto, como se eu tivesse pedido que eles traíssem um amigo. Está lá sempre que pareço ter perdido o controle: alguém faz uma pergunta do tipo quebra-cabeça, surge um conflito irracional ou os alunos se perdem durante a minha explanação porque estou perdido. Quando uma aula que deu errado, por misericórdia, acaba, continuo com medo por muito tempo depois. Com medo de que eu não seja apenas um mau professor, mas uma pessoa má, de tão íntima que é a ligação entre a minha noção de individualidade e o meu trabalho.

Meu medo corresponde àquele que existe dentro dos alunos, embora nos meus primeiros anos de magistério eu tenha me esquecido desse fato. De onde eu estava, exposto e vulnerável na frente da sala, meus alunos pareciam invejavelmente seguros, escondidos atrás de seus cadernos, anônimos no meio da multidão.

Eu deveria ter me lembrado, por experiência própria, que os alunos também têm medo: medo de fracassar, de não entender, de serem levados a questões que gostariam de evitar, de verem sua ignorância exposta ou terem seus preconceitos desafiados, de parecerem tolos diante dos colegas. Quando o medo dos meus alunos se mistura com o meu, ele se multiplica geometricamente — e a Educação fica paralisada.

Se fôssemos empregar um pouco das energias reformistas que externalizamos para exorcizar os demônios do medo, daríamos um passo vital em direção à renovação do ensino-aprendizagem. Não precisaríamos mais deixar nossa vida suspensa enquanto esperamos uma mudança estrutural. Entendendo nosso medo, poderíamos vencer as estruturas da desconexão com o poder do autoconhecimento.

Qual é o medo que nos mantém presos a essas estruturas? Mais uma vez, a resposta parece óbvia: é o medo de perder meu emprego, a minha imagem ou o meu *status* se eu não prestar homenagem aos poderes institucionais. Mas essa explicação não vai muito a fundo.

Colaboramos com as estruturas da separação porque elas prometem nos proteger de um dos maiores medos da essência do ser humano: o de ter um encontro com uma "alteridade" estranha a nós, seja o outro um estudante, um colega, uma disciplina ou uma voz discordante dentro de nós. Tememos encontros nos quais o outro está livre para ser ele mesmo, contar suas experiências e nos dizer aquilo que talvez não queiramos ouvir. Queremos que esses encontros aconteçam do nosso jeito para que possamos controlar seus resultados, de forma que eles não ameacem nossa visão de mundo e de individualidade.

As instituições acadêmicas oferecem várias maneiras de nos protegermos da ameaça de um encontro real. Para evitar um encontro real com os professores, os alunos podem se esconder atrás de seus cadernos e de seu silêncio. Para evitar um encontro real com os alunos, os professores podem se esconder atrás de suas mesas, suas qualificações e seu poder. Para evitar um encontro real um com o outro, o corpo docente de uma faculdade pode se esconder atrás de suas especialidades acadêmicas.

Para evitar um encontro real com as disciplinas, tanto professores quanto alunos podem se esconder atrás de uma pretensa objetividade: os alunos podem dizer: "não me peça para pensar nesse tipo de coisa; apenas me mostre os fatos", enquanto o corpo docente pode dizer: "aqui estão os fatos; não pensem sobre eles, apenas entendam-nos". Para evitar um encontro real com nós mesmos, podemos aprender a arte da autoalienação, da vida dividida.

O medo do encontro real é, na verdade, uma sequência de medos que começa com o medo da diversidade. Contanto que vivamos em um universo transformado em algo homogêneo pela nossa recusa em admitir a alteridade, podemos manter a ilusão de que temos a verdade sobre nós mesmos e sobre o mundo — afinal de contas, não há nenhum "outro" para nos desafiar! Mas, assim que admitimos o pluralismo, somos forçados a admitir que o nosso ponto de vista, a nossa experiência e a nossa maneira não são os únicos. E as verdades sobre as quais construímos nossas vidas começam a parecer frágeis.

Se abraçamos a diversidade, nós nos encontramos às portas do nosso próximo medo: medo do conflito que se seguirá quando verdades divergentes se encontrarem. Porque a cultura acadêmica conhece apenas uma forma de conflito, a forma do tipo ganhar-ou-perder chamada competição. Tememos o encontro real como uma disputa da qual uma parte sai vitoriosa enquanto a outra sai derrotada e envergonhada. Para evitar um envolvimento público diante das nossas perigosas diferenças, nós as privatizamos para acabar descobrindo que elas estão ficando maiores e gerando mais divisões.

Se retirarmos essa camada de medo de conflitos, encontraremos uma terceira camada, a do medo de perder a identidade. Muitos de nós têm uma identificação tão forte com suas ideias que, quando temos um encontro competitivo, corremos o risco de perder mais do que a discussão: corremos o risco de perder nossa noção de individualidade.

É claro que existem formas de conflito mais criativas do que o tipo ganhar-ou-perder, a que chamamos de competição; formas essenciais caso a individualidade deva crescer. Mas a cultura acadêmica tem pouco conhecimento sobre essas formas alternativas — tal como uma tomada de decisão consensual —, nas quais todos podem ganhar e ninguém precisa perder; nas quais "ganhar" significa sair desse encontro com uma noção mais ampla de individualidade do que a que se tinha antes; nas quais aprendemos que a individualidade não é um território a ser defendido, mas uma capacidade a ser ampliada.

Se abraçarmos a promessa da diversidade, do conflito criativo, do "perder" para "ganhar", ainda enfrentamos um último medo: o de que um encontro real com a alteridade nos desafiará, ou mesmo nos forçará a mudar nossas vidas. Isso não é paranoia: o mundo nos persegue! A alteridade, se levada a sério, sempre pede uma transformação, convidando-nos não só a observar novos fatos, teorias e valores, mas também a adotar um novo modo de viver. E essa é a ameaça mais assustadora de todas.

Esse medo em várias camadas de um encontro real não é simplesmente uma emoção pessoal que professores e alunos trazem para a sala de aula. É também um traço cultural presente em todas as áreas da nossa vida cotidiana. Praticamos uma política do medo em que os candidatos se elegem brincando com as inquietudes do povo quanto à raça e à classe. Fazemos negócios em uma economia do medo, em que os atos de "receber e gastar" são orientados pelas preocupações dos consumidores em acompanhar o ritmo dos vizinhos. Adotamos religiões do medo que exploram nosso temor da morte e da danação. Em uma cultura em que o medo é o ar que respiramos, é difícil ver o quão temerosa é a nossa Educação — muito menos imaginar outro modo de ensinar e aprender.

O foco deste capítulo é o medo patológico. Portanto, é importante lembrar que o medo também pode ser saudável. Alguns deles podem nos ajudar a sobreviver e até mesmo a aprender e a crescer — se soubermos decifrá-los. Meu medo de estar ensinando mal pode não ser um sinal de fracasso, mas sim uma evidência de que me importo com o meu ofício. Meu medo de que um tópico fará as coisas pegarem fogo pode não ser um aviso para eu fugir dele, mas um sinal de que ele deve ser abordado. Meu medo de ensinar na perigosa intersecção entre o pessoal e o público pode não ser covardia, mas a confirmação de que estou correndo os riscos que a boa prática docente requer.

O medo também pode desempenhar um papel positivo na vida dos alunos. Quando Albert Camus escreve que "o que dá valor à viagem é o medo", suas palavras poderiam facilmente ser aplicadas às incursões que os bons professores fazem com seus alunos em paisagens de uma verdade desconhecida[16]. Camus fala do medo que sentimos quando encontramos algo diferente e somos desafiados a ampliar nosso pensamento, nossa identidade, nossas vidas — o medo que nos avisa quando estamos à beira de um aprendizado real: "É fato que, em determinado momento, quando estamos tão longe de nossos países, somos tomados por um medo vago e um desejo instintivo de voltar para a proteção de antigos hábitos. Nesse momento, sentimo-nos agitados, mas também permeáveis, de forma que mesmo o toque mais leve nos faz tremer até o âmago do nosso ser. Deparamo-nos com uma cascata de luz, e aí existe a eternidade"[17].

O medo que torna as pessoas "permeáveis" ao verdadeiro aprendizado é saudável e melhora a Educação, e devemos encontrar maneiras de encorajá-lo. Mas primeiro precisamos lidar com o medo que não nos torna permeáveis, mas sim

---

16 CAMUS, A. *Notebooks, 1935–1942*. Nova York: Marlowe, 1996. p.13.

17 Ibid. p.13-14.

impenetráveis, que paralisa nossa capacidade de estabelecer conexões e destrói nossa habilidade de ensinar e aprender.

Quero analisar três lugares onde essa paralização ocorre: na vida de nossos alunos, em nossas essências autoprotetoras e em nosso modo de saber dominante. Não nos libertaremos dessas patologias nem pela técnica nem pela reforma estrutural, mas sim por meio de *insights* sobre como e por que o medo domina nossas vidas.

O ALUNO DOS INFERNOS

O medo que paralisa nossa capacidade de estabelecer conexões costuma estar presente nos nossos alunos. Se pudéssemos ver isso de forma clara e consistente — e aprender a abordar os medos dos nossos alunos ao invés de explorá-los —, nós nos aproximaríamos de uma prática de ensino melhor. Mas ver nunca é simples, e as lentes pelas quais muitos professores veem os jovens hoje em dia tendem a distorcer quem e como nossos alunos são de verdade.

Quando peço aos professores que citem o maior obstáculo à boa prática docente, a resposta que ouço com mais frequência é "meus alunos". Quando pergunto por que, ouço ladainhas e reclamações: meus alunos são quietos, taciturnos, fechados; eles têm pouca capacidade de estabelecer uma conversa; prestam atenção por um curto período de tempo; não se envolvem muito com as ideias; prendem-se a noções limitadas de "relevância" e "utilidade" e rejeitam o mundo das ideias.

Se meu relato parece exagerado, a seguir está um anúncio de um folheto recente sobre uma conferência nacional sobre o ensino-aprendizagem.

> *É FATO*
> *Muitos alunos estão sem rumo ou motivação.*
> *Esses alunos não sabem quase nada sobre as habilidades*
> *sociais necessárias para o trabalho em equipe e a negociação.*
> *Estão entediados e são passivos em situações que pedem*
> *ação, e agressivos e destrutivos em contextos*
> *que requerem reflexão.*

Quando indago sobre as causas dessas supostas falhas, ouço outra ladainha comum, dessa vez sobre os males da sociedade. Os pais ausentes e o desmantelamento da família, as deficiências da educação pública, a banalidade da televisão e da cultura de massa, os estragos causados pelas drogas e pelo álcool: são todos culpados pelo estado limitado da mente e da vida dos nossos alunos.

Por mais impressionante que essa lista seja, a ferocidade com que alguns professores universitários insistem que os estudantes de hoje são muito inferiores àqueles de sua geração faz pensar se a mudança social por si só pode ser responsável por um declínio tão dramático. Talvez o próprio DNA tenha se deteriorado nos últimos vinte e cinco anos!

Mesmo se esses estereótipos sobre alunos tiverem qualquer pedacinho de verdade, eles distorcem excessivamente a realidade e ampliam a falta de conexão entre alunos e professores. Essas caricaturas não apenas fazem nossas vidas parecerem nobres em comparação às dos jovens bárbaros, mas também colocam a fonte dos problemas dos alunos bem distante do local onde nossas vidas convergem com as deles. Criticar o cliente é a defesa convencional em qualquer profissão na qual haja conflitos, e esses estereótipos nos dão um alívio conveniente com relação a qualquer responsabilidade pelos problemas dos nossos alunos — ou pela solução deles.

Alguns anos atrás, encontrei o reitor de uma faculdade experimental[18] que estava conduzindo esse projeto, em seu segundo ano de existência, no campus de uma grande universidade. Ele tinha acabado de vir de um encontro com o corpo docente da faculdade e estava claro, pelo seu comportamento, que as coisas não tinham ido bem.

— O que aconteceu? — perguntei.

— Os professores passaram a maior parte da manhã reclamando da qualidade dos nossos alunos. Eles disseram que esse programa nunca vai funcionar se não recrutarmos jovens mais bem preparados.

— O que você disse a eles?

— Ouvi o quanto pude — disse ele —, mas eles não conseguiam abandonar o truque de culpar-o-aluno. Por fim, eu disse que eles soavam como médicos em um hospital dizendo: "não nos mandem mais pessoas doentes, pois não sabemos o que fazer com eles. Mandem-nos pacientes saudáveis para que possamos parecer bons médicos".

Essa analogia me ajudou a entender algo crucial sobre o magistério: *o modo como diagnosticamos o estado dos nossos alunos determinará o tipo de remédio que ofereceremos.* Mas nós, professores, passamos pouco tempo pensando uns com os outros sobre o estado dos nossos alunos, sobre as enfermidades para as quais a nossa prática docente deve ser a cura. Não temos nada que se compare às

---

18 Nota da tradutora: As faculdades experimentais são organizações criadas dentro de faculdades e universidades norte-americanas com o intuito de oferecer cursos que em geral não fazem parte do currículo tradicional, dados por professores, alunos e membros da comunidade. Não costumam adotar notas, são gratuitas e estão associadas a mudanças sociais ou curriculares. Funcionam como incubadoras de novas ideias sobre o ensino.

"visitações clínicas", comuns em hospitais, sobretudo durante a residência médica, quando médicos, enfermeiros, terapeutas e outros profissionais colaboram no diagnóstico da necessidade de um paciente. Em vez disso, permitimos que nosso "modo de tratamento" seja moldado pelos estereótipos irrefletidos que temos dos alunos e que se movem livremente na cultura do ensino superior.

O diagnóstico preponderante, para ser franco, é o de que nossos "pacientes" tiveram morte cerebral. Não é de se admirar então que o tratamento mais comum seja pingar pedaços de informação nas veias dos alunos, transportando sua forma comatosa de uma fonte de informação para a outra até que o tratamento prescrito termine, esperando que eles absorvam nutrientes intelectuais suficientes para manter seus sinais vitais e se formarem — pagando todas as mensalidades.

Essa caricatura enfatiza uma verdade: nossa suposição de que os alunos estejam mortos leva a abordagens pedagógicas que entorpecem o cérebro. Quando ensinamos pingando informação nas formas passivas dos alunos, estudantes que chegam à sala de aula vivos e sentindo-se bem tornam-se consumidores passivos de conhecimento e já saem mortos quando se formam. Mas o poder dessa profecia que cumpre a si mesma parece escapar de nós: raras vezes levamos em consideração que nossos alunos podem morrer em sala de aula porque usamos métodos que supõem que eles estejam mortos.

Uma vez conduzi um *workshop* em uma faculdade em que a conversa tinha passado a abordar os alunos, e muitos participantes reclamavam de como eles eram silenciosos e indiferentes. O *workshop* estava acontecendo em uma sala de conferência com paredes de vidro, no centro de um novo prédio de salas de aula, e as cortinas, que poderiam ter bloqueado nossa visão dos corredores ao redor da sala, tinham ficado abertas. Em meio às críticas aos estudantes, soou um sinal e as salas de aula ao redor começaram a se esvaziar. Em pouco tempo, os corredores se encheram de jovens, conversando uns com os outros com grande energia e animação.

Pedi aos professores que observassem a evidência diante de nós e que explicassem, então, a diferença entre os alunos que eles tinham descrito e os que estávamos vendo naquele momento: "é possível que seus alunos não tenham tido morte cerebral? É possível que seu coma seja induzido por condições da sala de aula e que, tendo atravessado o limiar para outro mundo, eles voltem à vida?".

Precisamos de um novo diagnóstico do estado interior dos nossos alunos. Um que revele mais sobre suas necessidades, que seja menos defensivo quanto ao nosso papel no dilema deles e que ofereça maior probabilidade de levar a formas criativas de ensino. Quero sugerir um desses diagnósticos contando outra história sobre a prática docente, retirada da minha experiência.

Eu tinha acabado um *workshop* de dois dias em um campus universitário do meio-oeste dos Estados Unidos. Em meio a grandes elogios pelo trabalho que tínhamos feito juntos — o qual, segundo me disseram, tinha dado às pessoas maior *insight* quanto à arte pedagógica —, fui conduzido a uma sala de ciências políticas, onde concordei em ser "professor por uma hora".

Eu devia ter ido embora enquanto era tempo.

Havia trinta alunos naquela sala. É possível que vinte e nove deles estivessem prontos para aprender. Porém, nunca saberei, pois na fila de trás, no outro canto, recostado em má postura, estava o espectro chamado Aluno dos Infernos.

O Aluno dos Infernos é um arquétipo universal que pode assumir a forma de um rapaz ou de uma moça; no meu caso, era a de um rapaz. Seu boné cobria os olhos, de forma que eu não sabia se estavam abertos ou fechados. Não havia nem sinal dos seus cadernos nem de objetos para escrever. Era um belo dia de primavera, mas sua jaqueta estava abotoada até em cima, mostrando disposição para escapar a qualquer momento.

O que me lembro com mais nitidez é da sua postura. Embora estivesse sentado em uma daquelas sádicas carteiras de sala de aula com uma prancheta fixa, ele se colocou em uma posição anatomicamente impossível: apesar da prancheta, seu corpo estava paralelo ao chão. Procurando desesperado por pelo menos uma característica redentora no espectro diante de mim, agarrei-me à ideia de que ele devia praticar hatha-ioga para conseguir distorcer o corpo daquela maneira.

Naquele momento da minha vida, fazia vinte e cinco anos que eu dava aula. No entanto, diante do Aluno dos Infernos cometi o erro mais básico do novato mais inexperiente: fiquei completamente obcecado por ele e o resto dos alunos na sala desapareceu do meu radar.

Por uma longa hora de angústia, dirigi todos os meus recursos a esse jovem, tentando, de um modo desesperado, despertá-lo de sua enigmática inércia. Mas, quanto mais eu tentava, mais ele parecia recuar. Enquanto isso, os outros alunos se tornavam números à medida que minha obsessão pelo Aluno dos Infernos me fazia esquecer de suas necessidades. Naquele dia aprendi o que é um buraco negro: um lugar onde a gravidade é tão intensa que qualquer vestígio de luz desaparece.

Saí daquela aula com uma forte combinação de sentimentos: autopiedade, sensação de fraude e raiva. Logo após um *workshop* sobre ensino tão aclamado, fiz uma demonstração incrivelmente desastrosa da arte. O professor da disciplina tinha usado a minha presença como desculpa para não ir à própria aula. Então a minha farsa não foi observada por nenhum colega, como de costume. Mas meu respeito próprio tinha sofrido um duro golpe, e eu sabia a quem culpar: o Aluno dos Infernos. Autopiedade e culpa atribuída aos outros: a receita para uma vida bem vivida!

Eu estava desesperado para sair daquela cidade, mas ainda tinha que sofrer durante mais um evento: um jantar com alguns membros do corpo docente na casa do reitor. Lá, o *workshop* recebeu novos elogios. Mas agora recebê-los era doloroso, afundando-me ainda mais em sentimentos de fraude. Quando o reitor anunciou a chegada da van da faculdade que me conduziria ao aeroporto, transbordei de alívio.

Fui para a entrada da garagem, joguei minha bagagem no banco de trás da van, sentei-me no banco da frente e virei-me para cumprimentar o motorista.

Era o Aluno dos Infernos.

Sou uma pessoa religiosa, então comecei a rezar: "Eu pequei, sou pecador e, se tiver uma oportunidade tentadora, é provável que peque de novo. Mas nada do que eu já tenha feito ou planejado merece essa punição — uma hora e meia em uma van com o Aluno dos Infernos".

Saímos de lá e seguimos nosso caminho pelo bairro, olhando para a frente em silêncio. Quando chegamos à rodovia, o motorista de repente disse:

— Dr. Palmer, podemos conversar?

Cada átomo do meu corpo gritava "não!", mas a minha boca, treinada em bairros de classe média alta, disse: "Sim, claro, tudo bem."

Sempre me lembrarei da conversa que se seguiu. O pai desse estudante era um trabalhador desempregado e alcoólatra, que achava que o desejo do filho de terminar a faculdade e se tornar algum tipo de profissional era uma grande bobagem.

O jovem morava com o pai, que o repreendia todos os dias por sua tolice: "o mundo persegue gente como nós, e a faculdade faz parte desse esquema fraudulento. Abandone-a, arranje um trabalho em uma rede de *fast food*, economize o que puder e contente-se com isso. Sempre foi assim e sempre será".

Todos os dias, esse jovem sentia sua motivação pela faculdade desvanecendo-se.

— Você já esteve em uma situação dessas? — perguntou ele. — O que acha que devo fazer?

Conversamos até a hora de o meu avião decolar e nos correspondemos por algum tempo. Não sei se o ajudei, mas sei que ele me ajudou. Ele me ajudou a entender que os alunos quietos e aparentemente taciturnos nas salas de aula não estão mortos: eles têm muito medo.

O Aluno dos Infernos não nasceu assim. Ele foi criado por condições que estão fora do seu controle. Sim, um ou dois deles podem ter sido enviados diretamente por Satã para destruir a civilização ocidental tal como a conhecemos e amamos. Mas esse aluno em particular — cujo dilema representa o de muitos outros — forçou-me a ter uma maior compreensão da condição de outros. Uma compreensão que está transformando aos poucos o modo como ensino.

Os estudantes são pessoas marginalizadas em nossa sociedade. O silêncio que enfrentamos na sala de aula é aquele que sempre foi adotado pelas pessoas que estão à margem — pessoas que têm motivo para temer quem está no poder e que aprenderam que é seguro não falar.

Durante anos, os afroamericanos ficaram em silêncio na presença dos brancos — ou seja, mantiveram seus verdadeiros pensamentos e sentimentos em segredo. Da mesma forma, durante anos as mulheres ficaram em silêncio na presença dos homens. Hoje tudo isso está mudando, e os negros e as mulheres deixam a margem em direção ao centro e contam experiências que pessoas como eu precisam ouvir.

Mas os jovens permanecem marginalizados em nossa sociedade, e seu dilema piorou desde os anos 1960 na medida em nos tornamos cada vez mais temerosos e desdenhosos com relação a eles. De forma implícita ou explícita, os jovens ouvem dizer que não têm experiências dignas, nem voz digna de falar, nem um futuro digno de nota, nem um papel significativo para desempenhar.

É de se admirar que esses alunos, tendo recebido essas mensagens de diversas fontes, fiquem quietos em sala de aula ao invés de arriscar outra rejeição ou repreensão. Seu silêncio não se origina da estupidez ou da banalidade, mas de um desejo de se protegerem e sobreviverem. É um silêncio orientado pelo medo que eles têm de um mundo adulto no qual eles se sentem estranhos e destituídos de poder.

É claro que alguns de nossos alunos não são jovens quanto à idade. Alguns voltaram a estudar na meia idade e podem até ser mais velhos que seus professores. Mas o medo nos alunos mais jovens tem sua contrapartida nos alunos mais velhos também. Alunos não tradicionais costumam voltar à escola por conta de uma experiência que os coloca também à margem, como um divórcio, o fracasso em uma carreira, a morte de um cônjuge. Pensamos neles como alunos mais expressivos e autoconfiantes que seus colegas mais jovens. Mas talvez seus anos tenham apenas dado a eles mais prática em manter seus medos ocultos. Por dentro, esses alunos se relacionam com seus professores como se estes fossem os mais velhos, mesmo que a diferença de idade seja inversa, e eles podem facilmente estar tão apreensivos com a forma como vamos reagir a eles quanto os estudantes mais jovens tendem a estar.

Se quiser ensinar bem face aos medos dos meus alunos, preciso ver de modo claro e gradual o medo que está em suas essências. Nenhuma técnica poderia ter alterado o fiasco com o Aluno dos Infernos porque o problema começou em um lugar mais íntimo e menos maleável, na minha falha em ler o aluno e seu comportamento de um modo mais perspicaz. Eu li meu aluno não à luz de sua condição, mas à sombra da minha própria condição (um ponto ao qual vou retomar em breve), e minha leitura errada e egocêntrica me levou a um dos momentos mais baixos no magistério.

Os comportamentos gerados pelo medo — o silêncio, o fechar-se em si mesmo, o cinismo — imitam, com frequência, aqueles que surgem com a ignorância. Então nem sempre é fácil para mim continuar acreditando, quando olho para alguns dos meus alunos, que é ansiedade, e não banalidade, o que estou vendo. Preciso continuar renovando minha percepção quanto à verdadeira condição dos alunos, apesar das aparências enganosas.

Não é fácil, mas é recompensador. Na medida em que entendi os medos dos meus alunos, fui capaz de conduzir minha prática docente a outra direção. Não ensino mais para a ignorância atribuída a eles, pois rechacei essa avaliação, que é imprecisa e serve a interesses próprios. Em vez disso, tento ensinar para seus corações temerosos. Quando consigo, suas mentes costumam me acompanhar.

Agora entendo o que Nelle Morton quis dizer quando mencionou que uma das grandes tarefas de hoje é "ouvir o que as pessoas têm a dizer"[19]. Por trás de seu silêncio temeroso, nossos alunos querem encontrar sua voz, dizer algo com ela e serem ouvidos. Um bom professor é aquele que ouve essas vozes mesmo antes de dizerem algo — a fim de que algum dia elas possam falar com verdade e confiança.

O que significa ouvir uma voz antes que ela diga algo? Criar espaço para o outro, estar consciente de sua existência, prestar atenção nele e respeitá-lo. Significa não nos apressarmos em preencher o silêncio dos alunos com nosso próprio discurso temeroso e não tentar coagi-los a dizer o que queremos ouvir. Significa entrar de forma compreensiva no mundo do aluno de modo que ele ou ela o perceba como alguém capaz de ouvir a verdade de outra pessoa.

---

19 MORTON, N. *The Journey Is Home*. Boston: Beacon Press, 1985. p. 55-56.

Na história do Aluno dos Infernos há uma forte imagem que oferece uma pista sobre como ouvir o que os alunos têm a dizer: aquele jovem passou a ter voz quando literalmente "pegou no volante". Sentado passivamente na sala de aula, enquanto eu falava sem parar, ele estava limitado ao silêncio. Porém, quando lhe deram uma responsabilidade real e o encarregaram de cuidar do meu horário e da minha segurança, ele passou a ter voz para falar sobre coisas significativas.

Quando eu encontrar formas de fazer meus alunos pegarem no volante, encorajarei um número cada vez maior deles a passar a ter voz e falar por si mesmos. Há métodos que podem me ajudar a fazer isso, e vou explorá-los mais adiante. Mas antes que eu possa usar esses métodos com integridade e eficácia, devo entender o medo que existe na essência dos meus alunos — e o medo na minha essência.

A ESSÊNCIA TEMEROSA DO PROFESSOR

Por que temos tanta dificuldade em ver como nossos alunos são de verdade? Por que diagnosticamos seu estado em termos mórbidos que nos levam a formas de ensino letais? Por que não vemos o medo em seus corações e encontramos maneiras de ajudá-los a superar isso, ao invés de acusá-los de serem ignorantes e banais?

Por um lado, a resposta é simples: nosso diagnóstico convencional nos permite ignorar nossas falhas como professores ao culpar as vítimas. Mas há um motivo maior para a nossa cegueira quanto aos medos dos nossos alunos; e ele é ainda mais assustador: não conseguimos ver o medo neles até que o vejamos em nós mesmos. Quando negamos nosso estado, recusamo-nos a ver qualquer coisa nos outros que possa nos lembrar de quem e como *nós* somos de verdade.

Se você estava lendo nas entrelinhas a minha história sobre o Aluno dos Infernos, sabe que há duas morais nessa história. Uma é sobre o medo no aluno; a outra é sobre o medo em mim.

Se olharmos "de modo objetivo", é difícil acreditar que eu estava com medo daquele jovem — demonstrando assim os limites da objetividade. Lá estava eu, em uma pequena universidade do meio-oeste dos Estados Unidos, onde eu não ficaria muito e onde já tinha obtido a aprovação das pessoas que tinham me contratado, de quem dependia a minha subsistência. Lá estava eu, nos meus cinquenta e poucos anos, com a carreira indo de vento em popa, fazendo um trabalho que eu acho rico de significado, abençoado com saúde, família e amigos. Lá estava eu, cara a cara com um jovem desamparado, de vinte e poucos anos, que não tinha nenhum poder aparente sobre mim. Eu estava com tanto medo dele que perdi a direção, a minha capacidade de ensinar, a minha noção de individualidade e de amor-próprio.

Nos momentos em que estamos com amigos íntimos e baixamos a guarda, nós, que ensinamos, reconhecemos uma ampla gama de medos: não ter nosso trabalho reconhecido; receber uma recompensa inadequada; descobrir, uma bela manhã, que escolhemos a profissão errada; passar a vida gastando tempo com futilidades; e terminar com a sensação de que somos uma fraude. Mas muitos de nós temos um medo que raras vezes mencionamos: o de sermos julgados pelos jovens.

Dia após dia, ano após ano, entramos em salas de aula e olhamos para rostos mais jovens que *parecem* sinalizar, de uma maneira rude e sutil: "você está ultrapassado. O que quer que você valorize, nós não valorizamos — e já que você não pode entender as coisas que valorizamos, não vamos nem nos preocupar em tentar falar sobre elas. Estamos aqui apenas porque somos forçados a estar aqui. Então, o que quer que você tenha que fazer, termine logo e deixe-nos seguir nossas vidas".

É assim que nós às vezes *interpretamos* os sinais que os alunos mandam quando, na verdade, eles são sinais de medo, e não de desdém. Até eu aprender a decifrar essa mensagem, escolherei de pronto muitos de nossos alunos para o papel de Aluno dos Infernos — e nunca aprenderei a decifrá-la até entender meu medo de que os jovens me julguem.

Erik Erikson, refletindo sobre o desenvolvimento adulto, diz que na meia idade enfrentamos uma escolha entre a "estagnação" e a "generatividade"[20]. A ideia de Erikson pode ser útil mesmo se você for um jovem professor, uma vez que entender que os professores envelhecem em ritmo exponencial: o mais provável é que a maioria deles atinja a meia idade quando faz vinte e nove anos! Quando voltamos ao trabalho a cada ano e encontramos os alunos com a mesma idade que tinham no ano anterior, a meia idade chega antes da hora.

A estagnação é o estado escolhido pelos professores que se sentem tão ameaçados pelos alunos que se escondem atrás de suas qualificações, de suas mesas, de seu *status*, de suas pesquisas. Ironicamente, essa escolha pela estagnação reflete a falta de envolvimento dos alunos que eles temem. Tendo sido feridos por jovens temerosos que mantêm seus professores à distância, esses professores, de modo receoso, evitam os alunos, alimentando assim o círculo vicioso do medo.

É comum ver professores universitários que estão no meio da carreira vestindo a armadura do ceticismo contra os alunos, a Educação ou qualquer sinal de esperança. É o ceticismo que surge quando as grandes esperanças que tivemos

---

20 ERIKSON, E. H. *Identity and the Life Cycle*. Nova York: Norton, 1964.

um dia quanto ao ensino foram frustradas pela experiência — ou pela falha ao interpretar a própria experiência com exatidão. Sempre me impressiono com a intensidade desse ceticismo, pois por trás dele sinto a intensidade da esperança que levou esses professores universitários ao magistério. Talvez essa esperança possa ser reavivada, pois a intensidade ainda está lá: se entendido de forma correta, esse tipo de ceticismo pode conter as sementes para sua própria renovação.

O modo da renovação, de acordo com Erikson, chama-se generatividade. É uma palavra bela e exata porque sugere duas dimensões inter-relacionadas da identidade saudável de um adulto.

Por um lado, ela sugere *criatividade*, a possibilidade contínua de que, seja qual for a nossa idade, possamos ajudar a criar o mundo em conjunto. Por outro, sugere o infinito surgimento de *gerações*, com o tácito imperativo de que os mais velhos olham para os mais jovens e os ajudam a encontrar um futuro que os mais velhos não verão. Junte essas duas imagens e a generatividade se torna "a criatividade a serviço dos jovens" — uma maneira pela qual os mais velhos servem não só aos jovens, mas também ao seu próprio bem-estar.

Diante do aparente julgamento dos jovens, os professores devem se voltar para os alunos, e não dar as costas a eles, dizendo, com efeito: "há grandes lacunas entre nós. Mas, sejam amplas e perigosas o quanto forem, eu me comprometo a construir pontes entre elas — não apenas porque você precisa de mim para ajudá-lo no seu caminho, mas também porque eu preciso da sua percepção e da sua energia para ajudar a renovar a minha vida".

Pensei muito sobre o meu medo do Aluno dos Infernos e ele parece ter duas partes. Uma delas espero perder um dia. Mas a outra eu espero sempre ter comigo.

O medo do qual eu quero me livrar está enraizado na minha necessidade de ser popular com os jovens — uma necessidade que pode ser endêmica entre as pessoas que se tornam professoras, mas que nos impede de fazer um bom trabalho com os alunos. Esse medo é patológico. Isso me leva a ser condescendente com os alunos, a perder tanto a minha dignidade quanto a minha direção, a estar tão preocupado com o molengão da fila de trás não gostar de mim que não consigo ensinar nem a ele nem a ninguém na sala.

Mas espero nunca perder a outra parte do meu medo — o medo que sinto quando não estou em uma comunhão revigorante com os jovens. Espero nunca encontrar um estudante alienado sentado na fila de trás de uma sala e agir como se ele, ou ela, não existisse: quando o Aluno dos Infernos deixa de ser relevante para mim, minha vida se torna menos relevante para o mundo.

Refletindo sobre a minha experiência com o Aluno dos Infernos, condeno-me por não ter dado uma boa aula naquele dia. Mas também é verdade que *alguma coisa* que eu fiz naquela sala de aula possibilitou que aquele jovem me abordasse algumas horas mais tarde para falar sobre um dos maiores dilemas da sua vida. Algo que fiz atraiu aquele jovem a uma relação na qual ele foi capaz de contar sua experiência.

Talvez o que o tenha tocado, apesar do meu medo e da minha inépcia, tenha sido meu anseio por uma relação generativa, meu desejo de "não ser isolado". É mais fácil me perdoar por ter falhado com o resto daqueles estudantes quando menciono algo que pode ser verdadeiro: que a minha obsessão em estabelecer uma conexão com um aluno de alguma forma o fez entender a mensagem e, por fim, deu a ele poder para falar. Quando falou, ele expressou não só a sua necessidade, mas também a minha — a de permanecer conectado com a vida da nova geração.

A boa prática docente é um ato de hospitalidade para com os jovens, e a hospitalidade sempre é um ato que beneficia ainda mais o anfitrião do que o hóspede. O conceito de hospitalidade surgiu na Antiguidade, quando era mais fácil ver a reciprocidade: em culturas nômades, a comida e o abrigo que eram dados a um estranho ontem eram a comida e o abrigo que se esperava receber de um estranho amanhã. Ao oferecer hospitalidade, participa-se da infinita reconstituição de um tecido social do qual todos podem depender — assim, a dádiva do sustento do hóspede torna-se a dádiva da esperança para o anfitrião. Acontece o mesmo com o ensino: a hospitalidade do professor para com o aluno resulta em um mundo mais hospitaleiro para com o professor.

Uma das bênçãos do magistério é a oportunidade que ele nos dá de ter encontros contínuos com os jovens. Porém, o que nos abençoa no final pode parecer uma maldição em princípio! É mais provável que sobrevivamos à maldição e alcancemos a benção se entendermos que podemos ter tanto medo de nossos alunos quanto eles de nós — e então aprender a decifrar nossos próprios medos, bem como os deles, pelo bem da criatividade no trabalho.

NOSSO MODO RECEOSO DE SABER

Os medos pessoais que alunos e professores levam à sala de aula se alimentam do fato de que a Educação tem raízes profundas em um solo receoso. O solo que tenho em mente é aquele que raras vezes mencionamos: é a nossa forma dominante de conhecimento, uma forma incentivada com tal arrogância que é difícil ver o medo por trás dela — até que nos lembramos que a arrogância costuma mascarar o medo.

Uma forma de saber surge a partir do modo como respondemos a duas perguntas no cerne da missão educacional: como sabemos o que sabemos? E com qual garantia podemos chamar nosso conhecimento de verdadeiro? Nossas respostas podem ser, em grande parte, tácitas, e até mesmo inconscientes, mas são continuamente comunicadas pela maneira como ensinamos e aprendemos.

Se considerarmos a verdade como algo transmitido pelas autoridades nas alturas, a sala de aula vai parecer uma ditadura. Se considerarmos a verdade como uma ficção ditada por um capricho pessoal, vai parecer uma anarquia. Se considerarmos a verdade como algo que se origina de um processo complexo de investigação mútua, a sala de aula vai parecer uma comunidade interdependente e cheia de recursos. Nossas suposições quanto ao saber podem revelar — ou paralisar — a capacidade de estabelecer conexões da qual depende a boa prática docente.

A forma de saber que domina a Educação cria desconexões entre professores, suas disciplinas e seus alunos porque está enraizada no medo. Essa forma, chamada de *objetivismo*, retrata a verdade como algo que só podemos atingir nos desconectando, física e emocionalmente, daquilo que queremos saber.

Por quê? Porque, se chegarmos perto, os conteúdos impuros das nossas vidas subjetivas contaminarão a coisa e o que sabemos sobre ela. Não importa o que "ela" seja — um episódio da História, uma criatura da natureza, uma passagem da alta literatura ou um fenômeno do comportamento humano — o objetivismo afirma que podemos conhecer bem e de modo verdadeiro as coisas do mundo só de longe.

Para o objetivismo, a individualidade subjetiva é o inimigo mais temido — uma caixa de Pandora de opiniões, tendenciosidade e ignorância, que distorcerá nosso conhecimento assim que a tampa se abrir. Mantemos a tampa fechada confiando apenas na razão e nos fatos, na lógica e nos dados que não podem ser influenciados pelo desejo subjetivo (pelo menos é o que diz a teoria). O papel da mente e dos sentidos nesse esquema não é nos conectar ao mundo, e sim nos proteger dele para que o nosso conhecimento não seja contaminado.

No objetivismo, o subjetivismo é temido não só porque contamina as coisas, mas porque cria relações entre essas coisas e nós — e as relações também são contaminadoras. Quando uma coisa deixa de ser um objeto e se torna uma parte vital e interativa de nossas vidas — seja uma obra de arte, um povo nativo ou um ecossistema —, ela pode nos dominar e nos influenciar, ameaçando, dessa forma, a pureza do nosso conhecimento mais uma vez.

Então, o objetivismo guiado pelo medo impede-nos de criar relações com as coisas do mundo. Seu *modus operandi* é simples: quando nos distanciamos de algo, ele se torna um objeto; quando se torna um objeto, ele não tem mais vida; quando está morto, não pode nos tocar ou transformar. Então, nosso conhecimento sobre as coisas permanece puro.

Para o objetivismo, qualquer modo de saber que requer envolvimento subjetivo entre o conhecedor e o conhecido é considerado primitivo, duvidoso e até perigoso. O intuitivo é ridicularizado como sendo irracional, o sentimento verdadeiro é rejeitado como sendo emotivo, a imaginação é vista como algo caótico e incontrolável e a narração de histórias é tachada de pessoal e sem sentido.

É por isso que a música, a arte e a dança estão nos últimos lugares da hierarquia acadêmica, e as ciências "exatas", no topo. É por isso que cada uma das disciplinas das ciências humanas no currículo tem profissionais fazendo pesquisas extremamente objetivistas: estudiosos da literatura contando advérbios ao invés de explorar significados, psicólogos analisando os dados sobre o comportamento humano como se as pessoas não tivessem mais vida interior do que um isopor.

Anos atrás, Alfred North Whitehead declarou que as "ideias inertes" eram a desgraça da educação superior, entorpecendo o processo de ensino-aprendizagem tanto para os alunos quanto para os professores[21]. Mas, para o objetivismo, a única ideia boa é a inerte que, como a borboleta premiada do lepidopterologista: não é mais esquiva, nem está mais em movimento, mas sim foi cloroformizada, transpassada por um alfinete, colocada em uma caixa e rotulada. Essa forma de saber pode tornar o mundo algo sem vida — mas isso, dizem seus defensores, é um pequeno preço a se pagar pelo que eles chamam de verdade objetiva.

Não me esqueci que o objetivismo se originou, em parte, para nos salvar dos males de uma subjetividade descuidada. As vítimas da peste negra teriam se beneficiado do conhecimento objetivo de que seu sofrimento era causado pelas pulgas dos ratos infectados, e não por ofensas contra Deus. As incontáveis mulheres queimadas na fogueira porque alguém as chamou de bruxas prestam um testemunho mudo das crueldades que a subjetividade pode criar.

O objetivismo começou a colocar a verdade em uma base mais concreta do que o capricho de príncipes ou padres, motivo pelo qual podemos ficar agradecidos. Mas a história é cheia de ironias. E uma delas é o modo como o objetivismo criou novas versões dos mesmos males que tentou corrigir. Dois exemplos vêm à mente de imediato: a ascensão das ditaduras modernas e a natureza das guerras contemporâneas.

---

21 WHITEHEAD, A. N. *The Aims of Education*. Nova York: New American Library/Mentor Books, 1961. p.13.

Pode-se argumentar que o objetivismo, que pretendia libertar as pessoas das garras do poder arbitrário, algumas vezes conspirou com outras forças para entregar os povos modernos às garras do totalitarismo. Conforme as pessoas foram se convencendo de que era possível dar respostas objetivas a todas as perguntas — e surgiram especialistas felizes em dar essas respostas —, elas começaram a duvidar de seu próprio conhecimento e a recorrer às autoridades em busca da verdade. Dessa forma, tudo estava preparado para as "autoridades", que tinham uma agenda política com o fim de tomar o poder em momentos de vulnerabilidade social, apregoando: "só eu conheço a verdade que irá salvá-lo! Aceitem as minhas ideias e sigam-me".

As crueldades das guerras modernas são outro resultado de uma objetividade fora de controle, da mesma forma que as crueldades da caça às bruxas foram a consequência de uma subjetividade insana. Muitos americanos acharam a Guerra do Golfo aceitável, e até mesmo popular, porque foi feita com uma tecnologia que permitia atacar os outros a uma distância que mantivessem seguros. Matamos dezenas de milhares de iraquianos nessa guerra, mas a única coisa que víamos eram imagens vagas de destruição — aplaudidas em muitas salas por todo o país, de tão agradecidos que estávamos pela capacidade de matar a uma grande distância.

Compare a Guerra do Golfo com a do Vietnã, onde fomos forçados a lutar de perto, de forma subjetiva, uma guerra consideravelmente menos popular entre o povo americano do que a objetivista no Golfo Pérsico. No Vietnã, nossos soldados ficaram cara a cara com o inimigo, nossos civis ficaram cara a cara com a morte de cinquenta mil americanos e nós afundamos em um lamaçal nacional de culpa e tristeza. Quando o presidente Bush declarou que a vitória no Golfo Pérsico tinha por fim nos dado a chance de "nos livrarmos da síndrome do Vietnã", estava celebrando o triunfo do distanciamento objetivo sobre a intimidade subjetiva.

Por que o objetivismo conspira com o totalitarismo e a violência? Desde o início, o impulso objetivista foi mais do que uma busca pela verdade. Foi um exagero da subjetividade guiado pelo medo que tornou o mundo pré-moderno perigoso. O objetivismo nunca se contentou em colocar a subjetividade em quarentena a fim de interromper sua propagação. Seu objetivo era matar o germe da "individualidade" para assegurar a verdade objetiva, da mesma forma que os ditadores matam os dissidentes para assegurar a "ordem pública" e os guerreiros matam os inimigos para assegurar a "paz".

"Matar a individualidade" não é uma imagem inventada por mim. Pode ser encontrada no cerne da própria literatura objetivista. Um século atrás, quando o objetivismo estava florescendo, o filósofo Karl Pearson escreveu um livro influente chamado *The grammar of Science*, no qual ele faz uma defesa clássica do conhecimento objetivo, argumentando que "o hábito de formar uma opinião sobre fatos que não foram deformados por um sentimento pessoal é uma característica do que pode ser denominado de estrutura científica da mente"[22].

Infelizmente, Pearson acrescentou à sua defesa um lapso freudiano: "o homem científico tem, acima de todas as coisas, que procurar eliminar suas opiniões"[23]. Pode parecer ambíguo, mas eu chamo de profecia: nos cem anos que se seguiram depois de Pearson ter escrito isso, o objetivismo seguiu sua meta de eliminar a individualidade com um êxito considerável em ocasiões em que um aluno tem que perguntar se pode usar a palavra "eu" em uma autobiografia.

Minha argumentação contra o objetivismo tem sido normativa até agora: ele, receoso tanto da individualidade conhecedora quanto da coisa conhecida, distancia individualidade e mundo, além de deformar nossas relações com nossas disciplinas, nossos alunos e nós mesmos. Mas há um argumento ainda mais convincente contra essa forma de saber: ela não dá uma explicação fidedigna sobre como o saber realmente acontece, mesmo no cerne da ciência.

Nenhum cientista conhece o mundo apenas mantendo-o à distância: ainda que conseguíssemos construir um muro objetivista entre o conhecedor e o conhecido, não poderíamos saber de nada a não ser do muro. A ciência requer um envolvimento com o mundo, um encontro real entre o conhecedor e o conhecido. Esse encontro tem momentos de distância, mas não seria um encontro sem momentos de intimidade também.

Qualquer tipo de saber é relacional, motivado por um desejo de entrar em uma comunidade mais profunda com o que sabemos. Por que um historiador estuda um passado "morto"? Para revelar quanto desse passado vive em nós hoje. Por que um biólogo estuda o mundo "mudo" da natureza? Para permitir que ouçamos sua voz falando sobre o quão entrelaçados estamos na ecologia da vida. Por que um estudioso de literatura estuda o mundo da "ficção"? Para nos mostrar que os fatos nunca podem ser entendidos sem uma comunhão com a imaginação.

O saber é o modo como estabelecemos uma comunidade com o outro que está disponível, com realidades que nos escapariam sem o tecido conjuntivo do

---

22 PEARSON, K. *The grammar of Science*. London: Dent, 1937. p.11. Meus agradecimentos a Mark Schwehn, reitor do Christ College na Valparaiso University, por me alertar sobre essa fonte.

23 Ibid. p.11.

conhecimento. Ele é uma forma humana de procurar por relações e, no decorrer dessa busca, ter encontros e trocas que inevitavelmente nos alterarão. No mais extremo do seu alcance, o conhecimento sempre é comunitário.

A história agora famosa da bióloga Barbara McClintock esclarece o fato de que conhecemos as coisas ao nos conectarmos com o mundo, e não nos desconectando dele. Ela, que faleceu em 1992, aos noventa anos de idade, ficou fascinada no início de sua carreira com os mistérios da transposição genética. Embora sua pesquisa fosse rejeitada como algo radicalmente heterodoxo, ela a levou adiante até fazer descobertas que mudaram o mapa da genética moderna e foi reconhecida em 1983 com um Prêmio Nobel.

McClintock não tratou sua disciplina como um objeto, nem a abordou com a noção padrão de que seu dever era analisar o material genético reduzindo-o a fragmentos de informação. Ao contrário, ela o abordou a partir da suposição de que seria melhor entendido como um fenômeno comunitário. Como disse um escritor, McClintock "fez uma descoberta crucial ao reconhecer que a genética dos organismos vivos é mais complexa e interdependente do que se acreditava. Ao observar como os genes funcionam em seu meio ao invés de considerá-los apenas como entidades isoladas, ela descobriu que pedaços de genes podem se mover nos cromossomos"[24].

Quando Evelyn Fox Keller entrevistou McClintock a fim de escrever sua biografia, ficou claro que a premissa comunitária do trabalho da pesquisadora ia muito além da relação entre os genes: ela incluía a relação entre os genes e a cientista que os estudava.

Keller queria saber o que permitiu que McClintock lançasse um olhar mais a fundo e além dos mistérios da genética do que seus colegas. A resposta da cientista, segundo Keller, foi simples: "Ela nos diz, repetidas vezes, que é preciso ter tempo para olhar, paciência para 'ouvir o que o material tem a dizer a você', a abertura para 'deixar que ele venha até você'. Acima de tudo, é preciso ter 'uma sensibilidade quanto ao organismo'"[25].

É claro que a ciência de McClintock se distinguia por um pensamento analítico preciso e dados impecáveis. Não se ganha um Prêmio Nobel sem isso. Mas dados, lógica e a distância que eles proporcionam são apenas um extremo do paradoxo da grande ciência. Quando pedem à cientista, possivelmente a maior do século XX, que dê nome ao cerne do seu saber, ela sempre usa a

---

24 ROSSER, S. V. "The gender equation", *Sciences*, Setembro-Outubro 1992. p. 46.

25 KELLER, E. F. *A Feeling for the organism: the life and work of Barbara McClintock*. Nova York: Freeman, 1983. p.198.

linguagem da relação, da conexão, da comunidade. Como diz um comentarista, ela "obtinha um conhecimento valioso demonstrando empatia com seus pés de milho, mergulhando nesse mundo e anulando a fronteira entre o objeto e o observador"[26].

Keller resume o gênio de McClintock, e o gênio de todo grande saber, em uma única e brilhante frase: ela, em sua relação com espigas de milho, alcançou "a mais alta forma de amor, um amor que permite a intimidade sem a aniquilação da diferença"[27].

Essas palavras excepcionais descrevem não apenas a essência da ciência de Barbara McClintock, mas também a essência de toda relação autêntica que um humano possa ter — com a História, com a natureza, com outras pessoas, com coisas do espírito. Elas descrevem um jeito de saber e viver que ultrapassou o medo do outro e atingiu um respeito, e até uma necessidade, por essa alteridade.

O verdadeiro interesse por trás do objetivismo não é dizer a verdade sobre o saber, mas sustentar nosso mito exibicionista de que conhecimento é poder, e de que com ele podemos governar o mundo. As pessoas costumam mentir em um esforço para negar seus medos — e o objetivismo mente sobre o nosso conhecimento e o nosso poder na esperança de evitar a angustiante evidência diante dos nossos olhos: estamos arruinando, e não governando, o mundo.

O conhecimento moderno nos permitiu manipular o mundo, mas não controlar seu destino (isso sem falar do nosso), um fato que se torna cada vez mais evidente na medida em que o ecossistema morre e nossos sistemas humanos falham. De fato, ao nos desconectar do mundo, o objetivismo nos levou a ações tão dissonantes quanto à realidade de que uma catástrofe parece inevitável se mantivermos essa posição. O objetivismo, longe de dizer a verdade sobre como sabemos as coisas, é um mito cujo objetivo é alimentar nossa fantasia agonizante de ciência, tecnologia, poder e controle.

Se ousarmos transitar pelo nosso medo e praticar o saber como uma forma de amor, talvez possamos abandonar nossa ilusão de controle e iniciar uma parceria com a alteridade do mundo. Encontrando nosso lugar no ecossistema da realidade, talvez possamos ver de modo mais claro quais ações são vivificantes e quais não são — e, nesse meio tempo, participar de modo mais pleno de nossos destinos e do destino do mundo do que daquele que fazemos em nossa busca por controle. Essa forma relacional de saber — em que o amor elimina o medo e a

---

26 ROSSER, S. V. "The gender equation" *Sciences*, Setembro-Outubro 1992. p. 46.

27 KELLER, E. F. *Reflections on gender and science*. New Haven, Connecticut: Yale University Press, 1985. p.164.

criação em conjunto substitui o controle — pode nos ajudar a recuperar a capacidade de estabelecer conexões da qual depende a boa prática docente.

NÃO TENHAIS MEDO

O medo está em toda parte — em nossa cultura, em nossas instituições, em nossos alunos e em nós mesmos — e ele nos isola de tudo. Cercados e invadidos por ele, como podemos ultrapassá-lo e nos reconectarmos com a realidade por amor ao ensino-aprendizagem? O único caminho que conheço para nos levar a essa direção é aquele com a placa que diz "espiritual".

O medo é tão fundamental à condição humana que todas as grandes tradições espirituais se originam de um esforço para superar seus efeitos em nossas vidas. Com palavras diferentes, todas proclamam a mesma mensagem: "Não temais". Embora as tradições variem muito quanto aos modos como propõem nos fazer ultrapassar o medo, todas oferecem a mesma esperança: podemos escapar à paralisia causada por ele e entrar em um estado de graça no qual encontros com a alteridade não nos ameaçarão, mas sim enriquecerão nosso trabalho e nossas vidas.

É importante observar com cuidado o que esse ensinamento central quer dizer. "Não temais" não quer dizer que não devamos *ter* medo. Se quisesse dizer isso, poderíamos rejeitá-lo como um conselho impossível de perfeição. Ao contrário, quer dizer que não precisamos *ser* os nossos medos, o que é uma sugestão bem diferente.

Quando eu era um jovem professor, ansiava pelo dia em que conheceria meu ofício tão bem, seria tão competente, tão experiente e tão poderoso que poderia entrar em uma sala de aula sem sentir medo. Mas agora, com meus cinquenta e tantos anos, sei que esse dia nunca vai chegar. Sempre terei medo. Porém, não preciso ser o meu medo, pois há outros lugares na minha vocação a partir de onde posso falar e agir.

Cada vez que entro em uma sala de aula posso escolher o lugar dentro de mim de onde a minha prática docente virá, da mesma forma que posso escolher o lugar dentro dos meus alunos para onde essa prática será direcionada. Não preciso ensinar a partir de um lugar receoso: posso ensinar a partir da curiosidade, da esperança, da empatia ou da honestidade; lugares tão reais dentro de mim quanto meus medos. Posso ter medo, mas não preciso ser o medo — se estiver disposto a ficar em algum outro lugar em minha paisagem interior.

Ansiamos por um lugar diferente no qual ficar. E eu não conheço descrição melhor desse anseio do que o poema de Rilke citado no início da Introdução:

Ah, não ser isolado,
nem pela menor divisão
excluído da lei das estrelas.
O íntimo — o que é?
se não céu intensificado,
tomado de aves, profundo
com os ventos do regresso.[28]

"Isolado" é o nosso estado habitual. Mas há dentro de nós o anseio constante pela conectividade, um anseio — Ah! — de viver sem a menor divisão entre nossas almas e as estrelas distantes, entre nós mesmos e a alteridade do mundo. Ansiamos por uma comunidade com o outro porque sabemos que nos sentiríamos mais à vontade em nossas vidas com ela, e não mais como estranhos uns para os outros e forasteiros nesse planeta.

Mas o regresso de que fala Rilke tem duas qualidades que o tornam bem diferente da nossa imagem de lar. Em primeiro lugar, é algo interior, não exterior. Esse lar não é um lugar que podemos possuir. Porém, seguindo o mesmo critério, não podemos ser expulsos dele e ele não pode ser roubado de nós. Não importa onde estejamos ou em que estado estejamos, nem quantos obstáculos existam diante de nós, sempre podemos voltar para casa apenas voltando-nos para dentro.

Em segundo lugar, quando nos voltamos para dentro, o lar que encontramos não é um lugar fechado e provinciano onde podemos nos esconder, a partir do qual não podemos ver nem ser vistos. Ao contrário, esse lar é tão aberto e vasto quanto o próprio céu. Aqui estamos à vontade com mais do que nossos pensamentos familiares e aqueles que pensam como nós. Estamos à vontade em um universo que abarca tanto a pequenez do "eu" quanto a vastidão daquilo que é o "não eu". E faz isso com extrema facilidade. Nesse lar, nós nos conhecemos não como átomos isolados e ameaçados pela alteridade, mas como partes integrantes de uma grande rede de vida. Nesse tipo de saber ultrapassamos o medo em direção à plenitude.

Em resposta à pergunta "como ultrapassamos o medo que destrói a conectividade?", eu estou dizendo: "recuperando a habilidade de estabelecer conexões que destroem o medo". Percebo que meu argumento é circular, mas é exatamente assim que a vida espiritual se move, em círculos que não têm começo nem fim, em que podemos, como escreve Eliot, "chegar ao ponto de partida/ E conhecer

---

28 Tradução de "Ah, Not to Be Cut Off"". In: MITCHEL, S. *Ahead of all parting: The selected poetry and prose of Rainer Maria Rilke*. New York: Modern Library. 1995. p. 191.

esse lugar pela primeira vez"[29]. A única pergunta é se escolhemos ficar fora ou dentro do círculo.

Como entramos nesse círculo? Quando somos dominados pelos medos que nos mantêm desconectados, o que nos fará nos unirmos aos outros? A verdade é que o círculo já está em nós.

Na psique humana, elementos aparentemente opostos perseguem um ao outro em círculos o tempo todo: amor e ódio, riso e lágrimas, medo e desejo. Nosso intenso medo das conexões e dos desafios que elas trazem é seguido por um desejo tão intenso quanto aquele por essas conexões e pelo conforto que elas oferecem. Por todos os temerosos esforços que fazemos para nos proteger desconectando-nos, a alma humana anseia sempre por conexões. Podemos entrar no círculo que já está dentro de nós, abandonando-nos aos anseios que estão logo atrás — ou à frente — dos nossos medos.

Às vezes um passo simples é o suficiente. Em um grupo de professores experientes do ensino fundamental e médio com o qual trabalhei por dois anos, havia um professor de artes industriais de quase dois metros de altura, que pesava uns noventa quilos, era atlético e tinha uma voz grave. Ninguém nunca tinha pensado nesse homem como alguém com medo. Nem ele mesmo. Por vários anos, o diretor da escola o tinha pressionado a frequentar um curso de verão sobre tecnologia. O currículo de artes industriais, dizia o diretor, precisava ser modernizado, e rapidamente, ou os alunos ficariam perdidos no passado.

Bobagem, respondeu esse destemido professor. É provável que a tecnologia divulgada pela instituição que oferecia esse curso fosse apenas uma moda passageira. Mesmo que não fosse, os alunos do ensino médio precisariam aprender o básico: trabalho prático com materiais e ferramentas. Haveria muito tempo depois para refinamentos sofisticados de suas técnicas. Ambos ficaram presos em um círculo desanimador de exigências e recusas, um irritando o outro. Passaram a ter uma relação contraditória e tensa. Conforme esse professor participava do nosso grupo, essa ruptura pesava em seu coração.

Então, um dia o professor de artes industriais veio a uma reunião e nos contou que o ciclo tinha sido quebrado. O diretor o tinha chamado para fazer exigências mais uma vez. Porém, ao invés de discutir sobre os méritos do currículo tradicional de artes industriais, ele olhou para o diretor e disse:

---

29 Tradução de "Little gidding".In: ELIOT, T. S. *Eliot: the complete poems and plays, 1909–1950*. Orlando, Flórida: Harcourt Brace, 1958. p.145.

— Eu ainda não quero ir ao curso de verão, mas agora sei o porquê. Tenho medo. Medo de não entender, medo de ter ficado para trás na minha área, medo de ser um professor ultrapassado.

Ficaram em silêncio, e então o diretor disse:

— Também tenho medo. Vamos à instituição que oferece o curso juntos.

Eles foram. Recuperaram e aprofundaram sua amizade e o professor de artes industriais sente que está fazendo progresso na modernização do currículo e na revitalização da sua vocação.

O avanço desse professor não envolveu diretamente a adoção de uma nova técnica de ensino: na verdade, não envolveu a necessidade de *fazer* nada. Seu avanço estava relacionado a um novo modo de ser, a uma percepção de que ele podia ter medo, mas não precisava ser aquele medo; de que podia falar e agir a partir de um lugar de honestidade sobre sentir-se receoso, e não a partir do próprio medo.

O professor de artes industriais respeitou um anseio dentro dele que estava logo atrás — ou à frente — de seu medo: o de não ser isolado em relação ao seu diretor, aos seus alunos, ao mundo do seu trabalho ou à sua essência de professor. Às vezes, o modo de superar o medo é simples assim.

3

A PLENITUDE ESCONDIDA:
UM PARADOXO NO ENSINO-APRENDIZAGEM

"Existe, nas coisas visíveis,
uma invisível fecundidade,
fosca luz,
branda desconhecida,
plenitude escondida.
Essa misteriosa Unidade e Integridade
é a Sabedoria, mãe de todos,
Natura naturans."[30]

— *Thomas Merton, "Hagia Sophia"*

PENSANDO NO MUNDO COMO UM TODO

A cultura da desconexão que mina o ensino-aprendizagem é motivada em parte pelo medo, mas também pelo nosso compromisso ocidental com o pensamento em dicotomias, uma forma de pensamento que eleva a desconexão ao *status* de virtude intelectual. Esse modo de pensar está tão incorporado à nossa cultura que raras vezes escapamos dele, mesmo quando tentamos — e minhas próprias palavras comprovarão meu argumento.

Em capítulos anteriores, tentei corrigir várias instabilidades na forma como abordamos o ensino. Para corrigir a ênfase excessiva que damos à técnica, frisei a identidade e a integridade do professor. Para corrigir nossa obsessão com o conhecimento objetivo, salientei o envolvimento subjetivo. Para corrigir a nossa estima excessiva pelos poderes do intelecto, destaquei o poder que as emoções têm de paralisar ou libertar a mente.

Foi uma tentativa de reequilibrar a balança. Mas em uma cultura dicotômica é difícil não fazê-la pender para o lado oposto. Ao discutir sobre o lado ignorado, posso ser tomado por alguém que justifica uma técnica ruim incentivando os professores a apenas "serem eles mesmos"; que acredita que não há padrões para

30 MCDONNELL, T. P. (ed.). "Hagia Sophia". In: A *Thomas Merton reader*. Nova York: Doubleday, 1989. p. 506.

a verdade, somente "o que você achar que é"; que não se preocupa com o conteúdo dos pensamentos, contanto que "você compartilhe o que sente".

É óbvio (espero que seja!) que essas são distorções do que eu disse. Mas distorcemos coisas dessa maneira o tempo todo porque não somos treinados para exprimir os dois lados de uma questão, nem para ouvir com os dois ouvidos. O problema é ainda mais grave do que o mau hábito de estabelecer conversas competitivas que alguns de nós têm: conte-me seu argumento e eu encontrarei algum modo, lícito ou ilícito, para contra-argumentar! Isso está enraizado no fato de que olhamos para o mundo por meio de lentes analíticas. Vemos tudo como isso ou aquilo, mais ou menos, dentro ou fora, preto ou branco, e fragmentamos o mundo em uma série infinita de *ou-isso-ou-aquilo*. Em outras palavras, pensamos o mundo em fragmentos.

Pensar o mundo em fragmentos, assim como pensá-lo à distância, deu-nos grande poder. Do mesmo modo que respeito o poder da objetividade, entendida de forma correta, respeito também o poder da análise — em seu legítimo lugar. Usei ferramentas analíticas para desenvolver meu argumento neste livro e a notável máquina onde o estou escrevendo funciona por meio de milhões e milhões de decisões do tipo *ou-isso-ou-aquilo*. Sem a lógica binária, não teríamos computadores, nem muitas das dádivas da ciência moderna.

Mas, apesar de todo o poder que nos deu na ciência e na tecnologia, o pensamento do tipo *ou-isso-ou-aquilo* também nos deu uma noção fragmentada de realidade que destrói a plenitude e o milagre da vida. Nosso problema é composto pelo fato de que essa forma de pensar tem prevalecido em quase todas as áreas, apesar de ela nos iludir e nos trair quando aplicada aos problemas perenes de ser humano que estão além do alcance da lógica.

Como podemos escapar das garras do pensamento do tipo *ou-isso-ou-aquilo*? Como seria "olhar para o mundo como um todo", não abandonar a lógica discriminatória quando ela nos for útil, mas desenvolver uma maneira de ser mais abrangente, que dê apoio à capacidade de estabelecer conexões das quais depende a boa prática docente?

Niels Bohr, o físico premiado com o Prêmio Nobel, oferece a pedra angular da qual quero partir: "O oposto de uma afirmação correta é uma afirmação falsa, mas o oposto de uma verdade profunda pode ser outra verdade profunda"[31].

---

31 Essas palavras foram atribuídas a Bohr em muitas fontes (por examplo, Avery Dulles, The reshaping of catholicism, San Francisco: Harper San Francisco, 1989, p.37), embora eu não tenha conseguido encontrá-las em seus escritos. Sua autenticidade é evidenciada pelo filho dele, Hans Bohr, em um ensaio chamado "My Father": "Uma das máximas do meu pai considerada favorita é aquela sobre a distinção entre dois tipos de verdade, verdades profundas reconhecidas pelo fato de que o contrário também é uma verdade profunda, em contraste com as trivialidades em que o contrário é obviamente absurdo". S. Rozental (ed.), Niels Bohr: his life and work as seen by his friends and colleagues, New York: Wiley, 1967, p. 328.

Com algumas palavras bem escolhidas, Bohr define um conceito essencial para pensar o mundo como um todo — o conceito de paradoxo. Em certas circunstâncias, a verdade é encontrada não dividindo o mundo como algo do tipo *ou-isso-ou-aquilo*, mas abraçando-o como algo do tipo *tanto-isso-quanto-aquilo*. Em certas circunstâncias, a verdade é uma junção paradoxal de aparentes contrários, e se quisermos conhecer essa verdade, precisamos abraçar esses contrários como uma coisa só.

No mundo empírico, como Bohr deixa claro, há escolhas a se fazer entre o verdadeiro e o falso, escolhas que devem ser formadas por fato e razão. Se a questão que temos diante de nós é se uma árvore em particular é um carvalho ou um bordo, podemos analisar seu tipo com a certeza de que não pode se tratar dos dois ao mesmo tempo, e de que certos marcadores empíricos revelarão de que tipo ela é.

Mas Bohr também menciona outro domínio do saber, pelo qual a lógica binária nos ilude. É o domínio da "verdade profunda", no qual, se quisermos saber o que é essencial, devemos parar de pensar o mundo em pedaços e começar a pensá-lo como um todo de novo.

A verdade profunda, e não o fato empírico, é o material do qual os paradoxos são feitos. Mas profundo não significa exótico ou misterioso. Encontramos profundidades paradoxais todos os dias pelo simples fato de sermos humanos, porque nós mesmos somos paradoxos que respiram! De fato, a respiração é uma forma de paradoxo, pois requer a inspiração e a expiração para ser completa.

Os dois primeiros capítulos deste livro estão cheios de verdades comuns sobre o ensino que só podem ser expressas como paradoxos:

- O conhecimento que obtive nesses trinta anos de magistério caminha de mãos dadas com a noção que tenho de ser um amador no início de cada nova aula.
- Meu senso interior e invisível de identidade se torna conhecido, até para mim mesmo, apenas na medida em que se manifesta nos encontros com a "alteridade" exterior e visível.
- A boa prática docente vem da identidade, e não da técnica, mas, se eu permitir que a minha identidade me guie em direção a uma prática integral, essa técnica pode ajudar a expressar minha identidade de forma mais completa.
- O ensino sempre acontece na intersecção entre o pessoal e o público, e, se eu quiser ensinar bem, preciso aprender a estar no ponto onde esses dois contrários se cruzam.

- O intelecto atua em conjunto com o sentimento. Então, se espero abrir a mente dos meus alunos, preciso abrir suas emoções também.

Nenhuma dessas verdades sobre o ensino pode ser abordada como um simples *ou-isso-ou-aquilo*, embora tentemos fazê-lo com frequência na cultura acadêmica. Quando falo com professores universitários sobre o medo que os alunos trazem para a sala de aula e como ele paralisa a capacidade de aprender, algum crítico dirá: "Então, você quer que deixemos de ser professores e nos tornemos terapeutas?".

Não, não é isso que eu quero. O que quero é um modelo mais rico e paradoxal do ensino-aprendizagem do que o permitido pelo pensamento binário, um modelo que revele como o paradoxo do pensamento e do sentimento se une — quer nos sintamos confortáveis com a ideia de paradoxo, quer não.

Por trás do comentário do crítico está uma cegueira treinada para não ver o trabalho que o coração e a mente fazem, juntos, nos alunos e em nós mesmos. Eles não podem ser tratados separadamente, um pelo professor e outro pelo terapeuta. Quando uma pessoa está saudável e inteira, a cabeça e o coração são *tanto-um-quanto-outro*, e *não ou-isso-ou-aquilo*. E um ensino que respeita esse paradoxo pode ajudar a deixar todos mais inteiros.

QUANDO AS COISAS ESTÃO EM RUÍNAS

É preciso treino para ver o mundo de forma separada, pois chegamos a ele com uma capacidade instintiva de manter os paradoxos unidos. Observe uma criança pequena ao longo de um dia e verá como a ação e o descanso, o pensamento e o sentimento, as lágrimas e o riso são companheiros íntimos e inseparáveis.

Na criança, os contrários se misturam e criam um ao outro em conjunto, com a fluidez animal do ato de inspirar e expirar. Mas essa aceitação fácil do paradoxo logo é expulsa de nós. No início da nossa jornada para a idade adulta, ensinam-nos que a sobrevivência depende de nossa capacidade de dissecar a vida e distinguir suas partes.

A capacidade de distinguir é importante, mas apenas nos momentos em que deixar de fazê-lo nos causará problemas. Uma criança deve aprender a diferença entre quente e frio para não se machucar, e a diferença entre certo e errado para não machucar os outros. Mas é igualmente importante reter, ou recuperar, a capacidade de abraçar o paradoxo nos momentos em que distinguir nos causará problemas — o tipo de problema que temos quando nos tornamos adultos com divisórias entre o pensamento e o sentimento, o pessoal e o profissional, a sombra e a luz.

Dividimos os paradoxos de modo tão automático que não entendemos o preço que pagamos por esse hábito. Os dois lados de um paradoxo são como os dois pólos de uma pilha: mantenha-os juntos, e eles geram a energia da vida; separe-os, e a corrente para de circular. Quando separamos qualquer um dos pares de verdade profunda da nossa vida, ambos os pólos se tornam sombras sem vida do que eram — e nós ficamos sem vida também. Dissecar um paradoxo vivo tem o mesmo impacto no nosso bem-estar intelectual, emocional e espiritual do que decidir inspirar sem nunca expirar teria sobre a nossa saúde física.

Leve em consideração a nossa necessidade paradoxal tanto por estar em comunidade quanto por estar a sós. Os seres humanos foram feitos para relacionar-se: sem uma rica e gratificante rede de conexões, murchamos e morremos. Não se trata de uma metáfora. É fato clínico que as pessoas que não têm relacionamentos ficam doentes com mais frequência e se recuperam mais lentamente do que aquelas cercadas por familiares e amigos.

Ao mesmo tempo, fomos criados para estarmos a sós. Nossas vidas podem ser ricas em relacionamentos, mas a individualidade humana permanece como mistério de uma natureza íntima oculta, onde nenhuma outra pessoa pode entrar e nem conhecer. Se não conseguimos abraçar nossa suprema solidão e procurar significado apenas na comunhão com outros, murchamos e morremos. A direcionalidade externa (*other-directedness*)[32] pode ser útil em certos papéis ou em certas etapas da vida, mas quanto mais longe vamos em nossa viagem em direção ao grande mistério, mais à vontade devemos estar com a nossa solidão essencial a fim de permanecermos saudáveis e inteiros.

Nossas necessidades iguais e contrárias por estarmos a sós e estarmos em comunidade constituem um grande paradoxo. Quando ele é dividido, esses dois estados vivificantes se deterioram e se tornam espectros mortais de si mesmos. O ato de estar a sós, separado da comunidade, não é mais uma rica e recompensadora experiência de interiorização; agora se torna solidão, um isolamento terrível. A comunidade, separada do ato de estar a sós, não é mais uma rede gratificante de relações; agora se torna uma multidão, um burburinho alienante de pessoas e barulho demais.

Como disse Dietrich Bonhoeffer: "Deixe a pessoa que não consegue estar sozinha tomar cuidado com o ato de estar em comunidade. Deixe a pessoa que não está em comunidade tomar cuidado com o ato de estar a sós"[33]. Em uma cultura que despedaça os paradoxos, muitas pessoas desconhecem a rica dialética do

---

32 Nota da tradutora: Trata-se da orientação a partir de padrões externos, e não pelos próprios valores.

33 BONHOEFFER, D. *Life together*. New York: Harper Collins, 1954. p. 78.

estar a sós e do estar em comunidade. Elas conhecem apenas a violência de uma chicotada diária entre a solidão e a multidão.

Temos até tecnologias da personalidade para tornar a chicotada mais forte. Estou pensando nos testes psicológicos que usamos, mesmo que de forma incorreta, para nos classificarmos em "tipos" de personalidade. Sou introvertido ou extrovertido, sigo uma direcionalidade interna ou externa, sou intuitivo ou preocupado com o que pode ser apreendido pelos sentidos, feminino (e feito para o ato de estar em comunidade) ou masculino (e feito para competir)? Nós nos colocamos em nossas caixas do tipo *ou-isso-ou-aquilo*, ou somos colocados nelas pelos outros, e deixamos de abraçar a natureza paradoxal da individualidade humana.

O mundo da Educação como o conhecemos está cheio de paradoxos divididos, e com seus resultados sem vida:

- Separamos a cabeça e o coração. Resultado: mentes que não sabem sentir e corações que não sabem pensar.
- Separamos fatos e sentimentos. Resultado: fatos lívidos que tornam o mundo distante e remoto e sentimentos ignorantes que reduzem a verdade a como uma pessoa se sente hoje.
- Separamos teoria e prática. Resultado: teorias que têm pouco a ver com a vida e uma prática não fundamentada no entendimento.
- Separamos ensino e aprendizado. Resultado: professores que falam, mas não ouvem; alunos que ouvem, mas não falam.

O pensamento paradoxal exige que abracemos uma visão de mundo na qual os contrários estão unidos, para que possamos ver o mundo de forma clara e completa. Tal visão não é caracterizada nem por um realismo de olhar fulminante nem por um romantismo de olhar ingênuo. Ao contrário, por uma criativa síntese dos dois.

O resultado é um mundo mais complexo e confuso do que aquele simplificado pelo pensamento do tipo *ou-isso-ou-aquilo*. Mas essa simplicidade é apenas o tédio da morte. Quando pensamos nas coisas como um todo, recuperamos a força vital no mundo, nos nossos alunos, em nós mesmos.

OS LIMITES E POTENCIAIS DA INDIVIDUALIDADE

O paradoxo não é apenas uma forma abstrata de saber. É uma lente por meio da qual podemos aprender mais sobre a personalidade de onde vem a boa prática docente.

Em *workshops* sobre o ensino-aprendizagem, convido os professores universitários a olharem para a própria prática em sala de aula através das lentes do paradoxo. Peço a cada um que escreva breves descrições de dois momentos na prática docente: um em que as coisas deram tão certo que você soube que tinha nascido para ensinar e um em que as coisas deram tão errado que você desejou nunca ter nascido.

Lembrar esses momentos é o primeiro passo para explorar um dos verdadeiros paradoxos do magistério: a mesma pessoa que dá uma aula brilhante um dia pode ser um fracasso total no dia seguinte! Embora nós normalmente aceitemos esse paradoxo de um modo fatalista e zombeteiro, nesse exercício a ideia é que o levemos a sério como fonte de autoconhecimento.

Depois, peço que as pessoas se reúnam em grupos de três para concentrar-se no exemplo positivo e ajudar cada membro do grupo, um de cada vez, a identificar seus dons — isto é, citar os pontos fortes e as capacidades do professor que ajudou a tornar o caso em questão uma autêntica experiência de aprendizado.

Conduzir esse exercício no papel, como tentarei fazer, não é nem de longe tão atrativo quanto fazê-lo cara a cara. Espero que você o experimente com alguns colegas, nem que seja pela oportunidade de se afirmarem uns aos outros como professores, algo que poucas vezes fazemos. O exercício não apenas nos ajuda a entender a nós mesmos à luz do paradoxo, como também pode aprofundar nossa noção de coleguismo.

Aqui está um momento da minha própria experiência com o magistério em uma pequena faculdade em Appalachia, cujos alunos vêm, sobretudo, de uma região economicamente desfavorecida.

> No curso que eu estava oferecendo à uma da tarde, estávamos lendo *Habits of the heart*, de Robert Bellah e seus amigos[34], cujos temas principais eu tinha delineado na aula anterior. Agora eu queria que considerássemos a proposição do livro de que o individualismo expressivo substituiu a comunidade e a tradição — uma proposição construída, em grande parte, com base em dados da região urbana do norte dos Estados Unidos — e testá-la em relação à experiência desses alunos de Appalachia.
>
> Pedi — primeiro, em grupos pequenos, orientados por perguntas para focar o tema, e depois, no nosso grande grupo, orientados por mim — que explorassem o que ensinaram a eles e no que acreditavam com relação à "liberdade" (um dos elementos-chave do individualismo explorados no

34 BELLAH, R. N. et alli. Habits of the heart. Berkeley: University of California Press, 1985.

livro), em especial às ideias de "livre de..." e "livre para...". Os grupos pequenos pareciam muito animados e, no grupo maior, mais de três quartos dos alunos contribuíram para uma discussão aberta e interessante.

A maioria deles disse a mesma coisa: eles queriam estar "livres de" coisas do tipo laços de família doentios, crenças religiosas limitadas e comunidades preconceituosas. E queriam ser "livres para" serem eles mesmos, escolherem por si mesmos, expressarem-se e até mesmo "serem egoístas". Esses comentários pareciam perfeitamente adequados à proposição do livro — e, no entanto, eu tinha a sensação de que havia mais a dizer sobre suas vidas do que eles eram capazes, ou tinham vontade, de expressar.

Então, um dos alunos — um jovem popular, conhecido no campus por sua fé religiosa e seu espírito humanista — encontrou um pretexto (não me lembro qual foi) para contar a história de sua detenção injusta mais cedo, naquele dia, por tráfico de drogas, naquilo que acabou sendo um caso de erro de identificação. Dado seu caráter e a ironia de sua detenção, a história foi muito engraçada. Ele fez todos gargalharem até eu intervir com uma pergunta:

— Por que não processou a polícia por prisão injusta? Você poderia ter ficado rico da noite para o dia.

A sala ficou em silêncio enquanto o estudante explicava que nunca teria entrado com um processo, que ele estava apenas feliz por essa identificação equivocada ter, por fim, sido esclarecida. Depois, defendendo e justificando a polícia, ele disse:

— Todos cometem erros.

Quase todos os outros alunos rapidamente deixaram claro que concordavam com a posição moral do rapaz.

Segui com as indagações:

— Deixe-me colocar um espelho diante de você. Você fala em termos de individualismo e egoísmo, mas por trás de tudo isso tem um senso tão forte de ser um membro comunitário que está disposto a perdoar a polícia pelo erro ao invés de ganhar dinheiro com isso. O tipo de individualismo sobre o qual os autores do livro falam não se abranda com essa noção de comunidade. O individualista estereotipado teria contratado um advogado naquele dia e entrado com um processo na manhã seguinte.

> Durante a discussão, os membros da turma pareciam achá-la interessante e cheia de *insights*, e concordavam que essa mescla de individualismo e comunidade os descrevia bem. Terminei com a sensação de que juntos tínhamos alcançado duas coisas: uma compreensão maior do livro e da vida dos alunos. Também tive uma noção de qual deveria ser o tema do nosso próximo encontro: por que a lacuna entre sua retórica individualista e seu comportamento instintivamente comunitário?

Que dons eu tenho que possibilitam esse momento? Responder essa pergunta aqui pode parecer um tanto autocomplacente. Peço apenas que você reserve seu parecer até ler meu segundo caso. Então, ficará claro que não sou tão interessante quanto os meus dons fazem supor!

Aqui estão alguns pontos positivos que outros professores atribuíram a mim quando apresentei esse caso em *workshops*:

- Capacidade de combinar estrutura ou intencionalidade com flexibilidade, tanto ao planejar quanto ao conduzir uma aula: clareza quanto aos meus objetivos, mas com abertura a várias maneiras de atingi-los.
- Conhecimento cabal do material que designei para os meus alunos e compromisso em ajudá-los a dominar esse material também.
- Desejo de ajudar meus alunos a construirem uma ponte entre o texto acadêmico e suas próprias vidas e uma abordagem estratégica para fazê-lo.
- Respeito pelas histórias dos meus alunos, que não é maior nem menor do que o meu respeito pelos textos eruditos que designei para eles.
- Habilidade de ver a vida dos meus alunos de forma mais clara do que eles a veem, capacidade de ver além de sua apresentação inicial e desejo de ajudá-los a verem a si mesmos de maneira mais profunda.
- Aptidão para fazer boas perguntas e ouvir atentamente as respostas dos meus alunos — considerando não só o que eles dizem, mas também o que deixam de dizer.
- Disposição para correr riscos, em especial o de convidar a um diálogo aberto, embora eu nunca possa saber aonde isso vai nos levar.

Receber essa ratificação é como receber uma massagem, o que é motivo suficiente para acolhê-la. Mas há dois outros motivos importantes para fazê-lo. Em primeiro lugar, tornarmo-nos conscientes de nossos dons pode nos ajudar a ensinar de forma consistente a partir de nossa identidade e integridade. Reconhecer os próprios dons é difícil para muitos de nós, seja porque somos modestos ou porque é arriscado sair da toca. Mas quando não nos lembram dos dons que trazemos ao ensino, nem somos honrados por eles, é fácil voltarmos à pedagogia dominante, mesmo que ela tenha pouca relação com quem somos.

Em segundo lugar, precisamos de reafirmação quanto aos nossos dons a fim de dar o próximo passo — examinando, com outras pessoas, um momento em que a nossa prática docente se tornou apenas dor e nada de alegria. Olhar para as nossas "falhas" é sempre difícil. Porém, é mais fácil quando isso é feito tendo como pano de fundo nossos pontos fortes. Pode até ser profícuo, como espero mostrar em um instante, quando usamos o paradoxo para transformar um rosário de falhas em uma compreensão mais profunda da identidade de onde vem a boa prática docente.

Meu segundo caso vem a seguir. Da mesma faculdade, do mesmo semestre e do mesmo curso, embora em uma aula diferente — provando assim que nunca se entra no mesmo rio duas vezes!

> No curso que eu estava oferecendo às três da tarde, sentia-me incomodado desde o primeiro dia pela sensação de que boa parte dos meus alunos era cética quanto ao que estávamos fazendo. E estavam determinados a não se envolverem. Apesar das minhas tentativas, toda a gama de emoções desses alunos parecia ir de tolo a taciturno e quieto.
>
> Três jovens em particular se comportavam como se estivessem nos primeiros anos do ensino médio, passando bilhetes de um lado para outro, ignorando os materiais impressos que eu distribuía para discussão, conversando durante as explanações e discussões, revirando os olhos em resposta aos meus comentários ou aos de outros alunos. A sala toda me irritava, mas essas três eram uma pedra no meu sapato.
>
> Depois de muitas aulas, falei com a turma. Disse que não estava feliz com o modo como as coisas estavam indo, citei os comportamentos que eu achava perturbadores e pedi aos alunos que me dissessem o que eu precisava mudar — ou senão para se envolverem com o que estávamos fazendo. Ninguém fez sugestões de mudança e, com o passar do tempo, alguns alunos se envolveram um pouco mais com a aula. Mas a Turma das Três continuava a se comportar mal.
>
> Então, uma tarde, confrontei-as fora de sala de aula quando me deparei com elas no campus. "Confrontei" não é uma caracterização exagerada: eu falei com raiva. Elas responderam me dizendo três coisas: (1) eu não deveria "levar para o lado pessoal"; (2) eu tinha cometido um erro ao

> discordar de forma tão veemente daquilo que uma delas disse na sala, o que a tinha deixado furiosa comigo; e (3) elas estavam prestes a terminar a graduação e cansadas dos cursos obrigatórios da faculdade, e o meu era um deles; tinham decidido antes mesmo de as aulas começarem que "não dariam importância" ao curso.
>
> Tudo isso aumentou a minha raiva. Então comecei a insistir que elas pedissem desculpas, até que consegui. Nesse momento, pedi desculpas pela minha raiva (a qual percebi que era excessiva, porque eu estava obcecado com essas três) e sugeri que talvez pudéssemos começar de novo. As jovens concordaram em tentar — provavelmente para que eu não perdesse a paciência outra vez.
>
> Depois desse encontro, uma delas deu algumas contribuições verdadeiras à aula, mas as outras duas — embora tivessem parado de se comportar mal — continuaram sem se envolver. A turma como um todo era sem graça e absorta, e eu queria apenas acabar logo com a coisa toda. Já tinha me habituado ao balanço desse mar e não ficava mais perturbado com ninguém, simplesmente porque tinha diminuído as minhas expectativas para qualquer aula: *fiz as pazes com a sala desistindo dela*. Detesto ensinar ou viver dessa forma, mas, com esse grupo, esse parecia o único jeito.

Reli e revivi esse episódio horrível muitas vezes. Ele me causa tanta dor e tanto constrangimento que tento passar rapidamente do fiasco para uma pergunta natural: "o que eu poderia ter feito de diferente para contribuir para um resultado melhor?". Mas quando faço esse exercício em *workshops*, insisto que os participantes não fujam dessa pergunta como o diabo foge da cruz. É natural fazê-la apenas porque somos evasivos por natureza: fazendo logo a pergunta, tentamos nos esquivar da dor e passar para os "consertos" da técnica. Passar por uma experiência difícil dessas e pular de imediato para "soluções práticas" é evitar uma percepção sobre a própria identidade que sempre está acessível em momentos de vulnerabilidade — percepção que vem apenas à medida que estamos dispostos a nos preocuparmos de modo mais profundo com a dinâmica que nos deixou vulneráveis.

Por fim, vale a pena fazer a pergunta do tipo como. Mas entender minha identidade é o primeiro passo, e um passo fundamental, para encontrar novas maneiras de ensinar: nada do que eu fizer de outro modo como professor fará a diferença se não estiver enraizado na minha natureza.

Então, peço aos grupos pequenos que olhem para esse segundo caso à luz de um paradoxo específico: cada dom que uma pessoa possui anda de mãos dadas com um risco. Cada ponto forte é também uma fraqueza, uma limitação, uma dimensão da minha identidade que funciona bem para mim e para os outros em algumas circunstâncias, mas não o tempo todo. Se o meu dom for uma poderosa mente analítica, tenho um recurso óbvio para resolver problemas que sucumbem frente à racionalidade. Mas se o problema em apreço é uma confusão emocional com outra pessoa e eu uso meu dom para tentar fazer o problema desaparecer, os riscos que o acompanham se tornarão evidentes em pouco tempo.

O que devemos fazer com os limites que encontramos do lado negativo dos nossos dons? A ideia não é "ser consertado", mas obter um entendimento maior sobre o paradoxo dos dons e limites, o paradoxo de nossas individualidades heterogêneas, a fim de que possamos ensinar e viver com mais dignidade dentro do todo que é a nossa natureza.

Quando exploro o segundo caso com meus colegas, sempre aprendo coisas importantes sobre a minha prática docente, contanto que eles consigam evitar a tentativa de consertar algo. O mais importante é que eu aprendo que o meu dom como professor é dançar com os alunos, criar em conjunto com eles um contexto no qual todos nós possamos ensinar e aprender, e que esse dom funciona contanto que eu permaneça aberto, confiante e esperançoso quanto a quem os meus alunos são.

Mas quando meus alunos se recusam a dançar comigo, minha força se transforma em fraqueza. Fico irritado, embora a minha natureza relacional me impeça de expressar a raiva de um modo honesto e aberto. Fico silenciosamente ressentido e começo a pisar nos pés dos meus relutantes parceiros de dança, chutando de vez em quando suas canelas. Fico fechado, desconfiado e desesperançado muito mais depressa do que o necessário apenas porque eles rejeitaram meu dom.

Não tenho a pretensão de aprender métodos de ensino à distância só para satisfazer alunos que não querem se relacionar comigo: ensinar à distância violaria a minha identidade e integridade e pioraria a situação. Ao contrário, quero aprender a manter os pólos paradoxais da minha identidade juntos, abraçar as verdades profundamente contrárias de que minha noção de individualidade depende muito de que os outros dancem comigo *e* de que eu ainda tenha uma individualidade quando ninguém quer dançar.

Usar *e* ao invés de *mas* nessa oração é importante porque expressa um paradoxo verdadeiro. Minha noção de individualidade depende tanto dos outros que sempre vou sofrer um pouco quando eles se recusarem a se relacionar comigo. Não há como evitar isso. Ao mesmo tempo, ainda tenho uma individualidade quando os relacionamentos fracassam — e o sofrimento que sinto é uma evidência disso.

Preciso aprender que a dor que às vezes vivencio no ensino é um sinal de que a minha individualidade está viva e bem, tanto quanto a alegria que sinto quando a dança está no auge. Se eu aprender essa simples, porém profunda, verdade, talvez possa ficar mais próximo do meu dom e mais distante da raiva reprimida, e é mais provável que eu ensine de um modo que funcione tanto para mim quanto para os meus alunos.

A causa para esse ponto baixo na minha prática docente não foi uma falha na técnica, embora haja técnicas que pudessem me ajudar nesses momentos. Ela foi um sentimento de autonegação, ou mesmo autoaniquilação, que ocorreu quando meus alunos não estavam dispostos a me ajudar a satisfazer a minha natureza.

É embaraçoso colocar as coisas de forma tão abrupta. Eu sei, intelectualmente, como é ingênuo supor que as outras pessoas, em especial os alunos, estejam aqui para me satisfazer — ingênuo, na melhor das hipóteses, e arrogante, na pior delas. Mas foi essa suposição que me exauriu no desenrolar da aula, e o meu próprio crescimento como professor requer que eu encare esses fatos incômodos.

Para me tornar um professor melhor, preciso alimentar uma noção de individualidade que depende *e*, ao mesmo tempo, não depende das reações dos outros — e esse é um verdadeiro paradoxo. Para aprender bem essa lição devo fazer uma jornada solitária à minha própria natureza *e* procurar a ajuda dos outros para me ver como sou — outro dos muitos paradoxos abundantes em nosso interior.

PARADOXO E DESIGN PEDAGÓGICO

O princípio do paradoxo não é um guia apenas para as complexidades e os potenciais da individualidade. Ele também pode nos orientar quanto a pensar sobre a dinâmica de sala de aula e a projetar o tipo de espaço de ensino-aprendizagem que pode comportar uma aula.

Por *espaço* quero dizer um conjunto de fatores: a disposição física da sala e a impressão que ela passa, o arcabouço conceitual que construo em torno do assunto que eu e meus alunos estamos explorando, o *ethos* emocional que espero facilitar e as regras básicas que conduzirão nossa investigação. O espaço que funciona melhor para mim é aquele moldado por uma série de paradoxos. E acho que entendo o porquê.

O ensino-aprendizagem requer um grau maior de consciência do que o que costumamos ter — e a consciência sempre aumenta quando nos vemos em uma situação de tensão criativa. Paradoxo é outro nome para essa tensão, um modo de manter juntos os contrários que criam uma carga elétrica que nos mantém acordados. Nem todos os bons professores usam a mesma técnica. Porém, seja qual for a que usem, bons professores sempre encontram uma maneira de instigar essa tensão criativa.

Quando planejo uma aula, tenho consciência das seis tensões paradoxais que quero construir no espaço de ensino-aprendizagem. Elas não são nem prescritivas nem exaustivas. São simplesmente minhas e estão sendo oferecidas para ilustrar como o princípio do paradoxo pode contribuir para o design pedagógico. O espaço deve:

- ser limitado e aberto;
- ser hospitaleiro e ter boas "energias";
- convidar a voz do indivíduo e a do grupo;
- respeitar as "pequenas" histórias dos alunos e as "grandes" histórias das disciplinas e da tradição;
- apoiar a reflexão a sós e cercá-la com os recursos da comunidade; e
- acolher tanto o silêncio quanto a fala.

Quero dizer algumas palavras sobre cada um desses paradoxos. Então, para resgatar tanto os paradoxos quanto o leitor de uma morte por distração, gostaria de explorar algumas formas práticas para os professores tornarem essas ideias realidade.

1. O espaço deve ser limitado e aberto. Os limites de um espaço de ensino-aprendizagem são criados usando uma pergunta, um texto, um conjunto de dados que nos mantenha concentrados no assunto em apreço. Dentro desses limites, os alunos são livres para falar, mas sua fala sempre é direcionada ao tópico, não só pelo professor, mas também pelos materiais à disposição. Esses materiais devem ser tão claros e fascinantes que os alunos acharão difícil desviar do assunto — mesmo quando este confundir ou assustar e eles preferirem evitar aquilo que ele requer. Um espaço sem limites não é espaço, é um vazio caótico. E é pouco provável que alguma aprendizagem aconteça em um lugar desses.

Mas, para que um espaço seja um espaço, ele deve ser aberto e também limitado — aberto aos vários caminhos por onde uma descoberta pode se apresentar a nós, às surpresas que sempre vêm com um aprendizado verdadeiro. Se ter limites nos lembra de que nossa jornada tem um destino final, estar aberto nos lembra de que há muitos caminhos para alcançar esse fim. Mais ainda, um espaço aberto de ensino nos lembra que o destino que planejamos no início da jornada pode não ser aquele que vamos alcançar, que devemos prestar atenção às pistas para o nosso verdadeiro destino conforme viajamos juntos.

2. Deve ser receptivo e carregado. Um espaço aberto é libertador, mas também gera medo de ficar perdido em meio ao inexplorado e ao desconhecido. Então, um espaço de aprendizado deve ser receptivo: acolhedor e aberto, seguro e confiável, bem como livre. Os limites em torno desse lugar oferecem um pouco desse reconforto. Mas quando esses limites nos impõem tópicos difíceis, necessitamos de mais reconforto. Assim, um espaço de aprendizado deve ter características que ajudem os alunos a lidar com os perigos de uma expedição educacional: lugares para descansar, para encontrar alimento e até onde procurar abrigo quando se sentirem excessivamente expostos.

Mas se essa expedição nos levar a algum lugar, o espaço também deve ser carregado. Se os alunos forem aprender em níveis mais profundos, eles não devem se sentir tão seguros a ponto de pegar no sono: devem sentir os riscos inerentes à busca das coisas profundas do mundo e da alma. Não é necessário nenhum efeito especial para criar essa sensação — ela vem com o espaço. Só precisamos cercá-lo, enchê-lo com tópicos significativos e recusarmo-nos a deixar que alguém os evite ou banalize.

3. Deve convidar a voz do indivíduo e a do grupo. Se um espaço deve dar apoio ao aprendizado, deve convidar os alunos a encontrarem suas vozes autênticas, independentemente do fato de falarem de um modo que os outros aprovam ou não. O aprendizado não acontece quando os alunos não conseguem expressar suas ideias, emoções, confusões, ignorância e preconceitos. Na verdade, apenas quando eles conseguem expressar suas ideias é que existe uma chance de a educação acontecer.

Mas um espaço de ensino-aprendizagem deve ser mais do que um fórum para expressão individual. Deve ser também um lugar onde a voz do grupo se reúne e se amplia, de forma que o grupo possa afirmar, questionar, desafiar e corrigir a voz do indivíduo. O dever do professor é ouvir o que a voz do grupo está dizendo e repetir o que diz de quando em quando para que o grupo possa ouvir e até mudar seu pensamento coletivo.

O paradoxo das vozes individual e coletiva é ilustrado de maneira mais clara por um exemplo de fora da sala de aula: a tomada de decisões por consenso. Nela, nenhuma decisão pode ser tomada enquanto houver uma dissidência. Então, o grupo deve aprender a ouvir os indivíduos com cuidado. Mas, na medida em que surge uma voz coletiva a partir de um diálogo honesto, o grupo faz uma reivindicação a cada pessoa, compelindo-nos não a nos rendermos nem a desafiarmos, mas a procurarmos conhecer e contar nossas experiências de um modo mais refletido. Em um espaço de ensino moldado por esse paradoxo, os alunos não aprendem apenas sobre uma matéria, mas também a falar sobre o que pensam sobre a matéria e a prestar atenção à sabedoria coletiva em desenvolvimento que pode influenciar suas ideias e crenças.

4. Deve respeitar as "pequenas" histórias dos alunos e as "grandes" histórias das disciplinas e da tradição. Um espaço de aprendizagem não deve estar tão cheio de distrações que não sobre lugar para as pequenas, mas emocionantes realidades que se desenvolvem nas vidas dos nossos alunos. Nesse espaço, deve haver um amplo ambiente para as pequenas histórias dos indivíduos, histórias de experiências pessoais nas quais o professor interior do aluno está em ação.

Mas quando a minha pequena história, ou a sua, é o único ponto de referência, podemos nos perder facilmente no narcisismo. Então, as grandes histórias das disciplinas também devem ser contadas no espaço de aprendizagem — histórias universais em alcance e arquetípicas em profundidade, que moldam as nossas narrativas pessoais e nos ajudam a entender o que elas querem dizer. Devemos ajudar os alunos a ouvirem as grandes histórias com o mesmo respeito que concedemos aos indivíduos quando eles nos contam a narrativa de suas vidas.

5. Deve apoiar a reflexão a sós e cercá-la com os recursos da comunidade. O aprendizado exige que estejamos a sós — não apenas porque os alunos precisam de tempo para refletir e absorver, mas também principalmente porque a integridade da individualidade do aluno deve ser respeitada, e não violada, se esperamos que ele aprenda. O aprendizado também exige que estejamos em comunidade — uma troca dialógica na qual nossa ignorância pode ser revelada, nossos preconceitos modificados e o nosso conhecimento ampliado, uma troca na qual não ficamos simplesmente sozinhos para pensar nas nossas próprias ideias.

Mas há formas, ou perversões, de comunidade que são inimigas do ato profundo de estar a sós, que não respeitam a interioridade e são invasivas para com a alma. Quando a norma do grupo declara, por mais que seja de maneira súbita, que todos devem falar, ou que devem falar a mesma língua, então tanto a fala quanto a divergência são abafadas, o ato do estar a sós é violado e nenhum aprendizado pode acontecer.

Uma comunidade autêntica de aprendizagem não é só compatível com o estar a sós; ela é essencial para uma percepção completa do que o professor interior está tentando nos dizer. Em uma comunidade que respeita o mistério da alma, ajudamos uns aos outros a eliminar os impedimentos ao processo de esclarecimento. Dadas certas sensibilidades e ressalvas, quando nutrida e protegida por um professor, uma comunidade de aprendizagem pode nos ajudar a ver tanto as barreiras como as aberturas quanto à verdade que vive dentro de nós.

6. Deve acolher tanto o silêncio quanto a fala. As palavras não são o único meio de troca no ensino-aprendizagem. Educamos com o silêncio também. Ele nos dá uma oportunidade de refletir sobre o que dissemos e ouvimos, e o silêncio em si pode ser um tipo de discurso, emergindo das partes mais profundas de nós mesmos, dos outros, do mundo.

Os psicólogos dizem que um grupo típico consegue suportar quinze segundos de silêncio antes que alguém sinta a necessidade de aliviar o nervosismo falando. É o nosso velho amigo medo em ação, interpretando o silêncio como algo que deu errado, certo de que nada que valha a pena vai acontecer se não estivermos fazendo barulho. Mas, em uma educação autêntica, o silêncio é tratado como uma matriz fidedigna para o trabalho interior que os alunos devem fazer, um meio para um aprendizado do tipo mais profundo.

Esses seis paradoxos se somam a uma pedagogia bem fundamentada — em teoria. Mas como eles são na prática? Vou tentar responder essa pergunta com uma condição: o que se segue não é uma "fórmula" para ensinar, e sim um relato pessoal de como tentei manter esses paradoxos juntos no meu trabalho.

O princípio do paradoxo pode ajudar a iluminar a individualidade de qualquer professor e a construção de qualquer espaço de ensino-aprendizagem. Mas a abordagem pedagógica que estou prestes a descrever, em particular, emerge de uma individualidade que pode oferecer uma pálida semelhança à sua. Ao dizer sim — ou não, ou talvez — em relação ao que se segue, pode ser que você descubra algo sobre as fontes de ensino que têm autenticidade para você.

PRATICANDO O PARADOXO NA SALA DE AULA

Para mostrar como esses seis paradoxos podem ser implementados na sala de aula, quero olhar de forma detalhada para o momento descrito no meu primeiro estudo de caso — com plena consciência da humildade exigida pelo segundo caso!

Quando me sentei para planejar a aula descrita no primeiro caso, comecei com o paradoxo "o espaço de aprendizado deve ser aberto e limitado". Para implementar esse princípio, voltei-me para o livro que estávamos lendo naquele momento no curso, *Habits of the heart*.

Um bom texto incorpora tanto a abertura quanto os limites — os limites criados por um conjunto claro e persuasivo de questões e a abertura que vem com a exploração destas de um modo reflexivo. Ao escolher esse texto e mergulhar nele, posso, em geral, ter uma noção do espaço de aprendizado que quero criar na sala de aula. Então, revi as questões centrais do livro e, por fim, optei por tratar do que os americanos acreditam em relação à liberdade.

Porém, pegar dicas pedagógicas de um texto não implica uma fidelidade servil para com ele. As aulas mais chatas que tive (ou ministrei) ficaram tão próximas do texto que poderíamos muito bem ter ficado em casa. Por bom texto quero dizer aquele que é basicamente bem fundamentado — outro paradoxo, com suficientes lacunas inexplicadas de forma a não ser seguido como um livro de receitas.

Os alunos não aprendem com um texto que não tenha defeitos, que levante todas as questões corretas e dê todas as respostas. Mas um texto com lacunas e ambiguidades exige nosso envolvimento, dando aos alunos espaço para se moverem em seu campo de discurso e pensarem suas próprias ideias. Pegar dicas pedagógicas de um texto significa olhar não apenas para o que o texto pode nos ensinar, mas também para o que podemos ensinar a ele.

O livro *Habits of the heart* me parece abençoado por certas lacunas nos dados, que se baseiam em entrevistas com um grupo pouco diversificado de americanos, a partir do qual os autores tiram algumas conclusões muito abrangentes. Do meu ponto de vista, em uma pequena faculdade da região de Appalachia, eu tinha consciência de que esse livro tinha pouco a dizer sobre o grande número de americanos que vive na pobreza e absolutamente nada a dizer sobre a experiência única de pobreza naquela cidade.

Para respeitar o primeiro paradoxo — um espaço de aprendizado deve ser aberto e limitado —, decidi criar limites pedindo aos meus alunos que se concentrassem na imagem de liberdade que o livro pinta, e depois abrir esse espaço perguntando: "baseado em sua experiência, o que há de errado com essa imagem?". (É claro que a própria abordagem por meio de perguntas honra o primeiro paradoxo ao criar limites em torno do assunto, enquanto deixa os alunos livres para criarem suas próprias respostas.)

Ao trazer dados da vida dos meus alunos para a conversa, eu estava honrando aquela parte do segundo paradoxo, que diz que o espaço de aprendizado deve ser receptivo. A receptividade na sala de aula requer não apenas que tratemos nossos alunos com civilidade e compaixão, mas também que os convidemos, assim como suas percepções, a participar da conversa. O bom anfitrião não é apenas educado com o hóspede — ele também supõe que o hóspede tenha histórias para contar.

Esse segundo paradoxo requer que o espaço de aprendizado seja carregado e receptivo, onde os alunos sejam desafiados e bem-vindos. Procurei criar esse ambiente carregado ao escolher a liberdade como o conceito sobre o qual eu queria que os alunos refletissem. Eu sabia que a liberdade era uma questão importante em suas vidas: alguns ainda estavam se rebelando contra suas famílias, outros sentiam que a faculdade os coagia de um modo desnecessário.

Minhas perguntas centrais — "o que ensinaram a você no passado sobre a liberdade, em especial as ideias de ser 'livre de' e 'livre para'? E que crenças sobre a liberdade você tem agora?" — foram escolhidas porque pensei que elas poderiam ser polêmicas. E foram. Elas prenderam a atenção dos meus alunos, no âmbito emocional e intelectual, levando-os a um lugar tão profundo do espaço de aprendizado que eles mal conseguiram evitar o desafio de ter pensamentos verdadeiros.

Para honrar o terceiro paradoxo — o espaço de aprendizado convida a voz do indivíduo e a do grupo —, comecei pedindo aos alunos que dedicassem alguns minutos a refletir sobre a pergunta em silêncio, o silêncio que a maioria dos alunos requer para ter seus melhores pensamentos. Já que o simples silêncio é embaraçoso para a maior parte das pessoas, pedi que eles anotassem enquanto refletiam, dando-lhes algo para fazer. Então, em uma tentativa sutil, porém desavergonhada, de fazê-los concentrarem suas mentes na tarefa proposta, eu disse: "vou dizer em um instante para que são as anotações".

Como meus alunos não sabiam se eu recolheria e daria nota (o que eu nunca faço) ou pediria que eles as usassem para referência pessoal em pequenos grupos (o que acabei fazendo), todos fizeram anotações, "pelo sim, pelo não". Aqui está um pequeno, mas significativo, *flashback* do valor educativo de um *ethos* carregado!

Então fiz um movimento gradual da voz do indivíduo para a do grupo. Depois do tempo para reflexão pessoal, pedi que os alunos se reunissem por dez minutos em trios selecionados por eles mesmos para compartilharem suas reflexões antes que o diálogo em um grupo grande começasse. Os grupos pequenos dão a todos a chance de falar em um ambiente relativamente seguro, e a exposição que eles permitem tornam mais provável que o aluno tenha algo de valor a dizer quando a discussão com o grupo maior começar.

Quando o grupo maior se reúne, manter a tensão do terceiro paradoxo — a voz do indivíduo e a do grupo — depende muito da habilidade do professor em facilitar ao invés de impor a discussão. Por um lado, o professor deve convidar e afirmar a voz de cada indivíduo. Isso não significa concordar com tudo o que é dito, não importa quão ridículo seja, como sugerem os céticos às vezes. Significa ajudar cada pessoa a encontrar o melhor significado no que está dizendo ao prestar muita atenção, fazer perguntas esclarecedoras e oferecer exemplos se os alunos ficarem perdidos em uma conceituação abstrata.

Por outro lado, esse paradoxo requer que o professor dê voz a qualquer padrão de pensamento que surgir do grupo: este não tem voz até que o professor lhe dê uma. Isso significa ouvir atenciosamente e ter em mente todos os fios da conversa para que se possa, por fim, levantar uma trama de pensamentos e perguntar: "Isso se parece com o que você estava dizendo?". Fiz isso quando mostrei aos alunos como o egoísmo que eles reivindicaram quando questionados sobre sua teoria da liberdade contrastava com a ética comunitária que revelaram quando confrontados com um dilema real.

O quarto paradoxo — o de que devemos respeitar tanto as pequenas histórias das nossas vidas quanto as grandes histórias das disciplinas — está entrelaçado em todos os movimentos pedagógicos que descrevi. É uma tensão difícil de manter, não só porque a Academia desprestigia as pequenas histórias, mas também porque é com elas que os alunos se sentem mais à vontade. Se tiverem carta branca, eles se esconderão nas pequenas histórias e evitarão as grandes.

Embora as nossas pequenas histórias contenham verdades que podem verificar e corrigir a grande história (como a experiência dos meus alunos da região de Appalachia corrigiu a grande história do livro *Habits of the heart*), o professor deve continuar usando a grande história para reestruturar as pequenas. Fiz isso quando usei conceitos do livro para indicar que a resistência dos meus alunos em processar a polícia por prisão injusta revelou uma ética comunitária mais forte do que a conversa sobre liberdade tinha sugerido.

A chave para manter esse paradoxo é saber que, embora os alunos possam contar suas próprias histórias, eles, como o resto das pessoas, raras vezes entendem o significado das mesmas. Como poderiam, quando a Educação tão poucas vezes trata suas vidas como fontes de conhecimento? O professor que quiser ensinar na intersecção de todas as histórias, grandes e pequenas, deve continuamente fazer aquelas interpretações que seus alunos não conseguem — até que aquilo que eles tinham a dizer "tenha sido ouvido" com frequência suficiente para que o façam por conta própria.

O quinto paradoxo — o de que o espaço deve apoiar a reflexão a sós e cercá-la com os recursos da comunidade — costuma ser implementado apenas em um sentido metafórico. Na maioria dos ambientes educacionais, não podemos mandar os alunos para uma reflexão solitária no meio da aula. Mas o que podemos fazer, mesmo quando estamos desenvolvendo uma voz coletiva em torno de uma dada questão, é respeitar a necessidade da alma por uma reflexão a sós dentro do grupo.

Por exemplo, digo aos meus alunos que, por mais que eu preze o diálogo, eles têm o direito de não participar manifestamente da conversa — contanto que eu tenha a sensação, e uma ocasional confirmação verbal, de que estão participando no íntimo. Essa permissão para *não* falar parece suscitar a fala em pessoas que costumam ser quietas: é mais provável que escolhamos participar quando nos concedem a liberdade de fazê-lo.

Respeitar o ato de estar a sós da alma dos meus alunos também quer dizer que eu os ouço falar. Devo perceber até que ponto posso arrastá-los a um tópico com minhas perguntas. Há lugares aonde a alma humana não quer ir — pelo menos, não na presença de outros.

Cheguei a esse momento no primeiro caso, quando aquele rapaz me contou a história de sua detenção injusta. Eu soube de imediato a pergunta que queria lhe fazer, aquela que levantaria a questão da liberdade *versus* responsabilidade, que ainda tinha que vir à tona em nossa discussão: "Por que não processou a polícia por prisão injusta? Você poderia ter ficado rico da noite para o dia".

Mas essa pergunta tem arestas afiadas, em especial em um contexto de pobreza. Não teria sido difícil ouvir algo do tipo: "Você é tonto? Desperdiçou a chance de ficar rico". Então, antes de fazer a pergunta, precisei perguntar a mim mesmo: esse aluno consegue lidar com a pergunta? Ele e eu temos o tipo de relação que impediria que ele ficasse magoado? Esse é o sentido metafórico de proteger a reflexão a sós de um aluno: encorajar a verdade integral e, ao mesmo tempo, recusar-se a violar a vulnerabilidade de sua alma.

O sexto paradoxo envolve a criação de um espaço que acolha tanto o silêncio quanto a fala. Na aula que estou analisando houve muita fala, mas apenas um período claro de silêncio — quando pedi aos alunos para organizarem seus pensamentos e fazerem anotações sobre as perguntas que eu tinha feito. Foi um intervalo valioso. Mas os silêncios que mais me interessam são aqueles que acontecem no decurso da discussão, quando se defende um argumento ou se faz uma pergunta que não suscita uma resposta imediata.

Enquanto passam os segundos e o silêncio se aprofunda, minha crença no valor do silêncio é testada. Como a maioria das pessoas, estou condicionado a interpretar o silêncio como sintoma de que algo deu errado. Sou o líder assalariado dessa iniciativa em sala de aula e vivo guiado por uma ética de responsabilidade profissional. Então, no silêncio, minha noção de competência e mérito está em jogo: sou aquele que deve consertar o que deu errado — falando. O medo me catapulta à conclusão de que o argumento que acaba de ser defendido ou a pergunta que acaba de ser feita deixou os alunos atônitos ou entediados. E eu tenho o dever de aplicar as manobras de ressuscitação conversacional.

Mas suponha que o meu pânico me engana e a minha conclusão apressada esteja errada. Suponha que meus alunos não estejam nem atônitos nem desdenhosos, mas penetrando mais fundo; que eles não são ignorantes nem céticos, mas sim sábios o suficiente para saber que esse momento pede uma reflexão; que eles não estão perdendo tempo, mas realizando uma forma de aprendizado mais reflexivo. Essas possibilidades passam despercebidas quando suponho que o silêncio deles significa um problema, reagindo a ele a partir da minha própria necessidade de controle, e não da necessidade que eles têm de aprender.

Mesmo que as minhas interpretações esperançosas estejam erradas, é indiscutível que, no momento em que rompo o silêncio, excluo todas as chances de um aprendizado autêntico. Por que meus alunos teriam seus próprios pensamentos em silêncio se sabem que vou sempre preenchê-lo com os meus pensamentos?

O modo específico de praticar o paradoxo que acabei de descrever pode ter mais a ver com a minha identidade do que com a sua. Mas praticar o paradoxo em sala de aula não é algo exclusivo dos tipos de assuntos e alunos com que trabalho.

Já estive em laboratórios de ciência de escolas de ensino médio onde o paradoxo da voz do indivíduo e da do grupo é honrado quando os alunos olham pelo microscópio, um a um, e então se reúnem para chegar a um consenso sobre o que viram e o que isso significa. Conheço professores de matemática do ensino fundamental e médio que entendem que a carga de mistério da matemática deve ser mantida em paradoxo com um *ethos* de receptividade, em especial se as meninas e os jovens das minorias quiserem superar uma cultura que diz que eles são menos capazes de estabelecer um pensamento quantitativo. Visitei cursos universitários de literatura em que as grandes e as pequenas histórias eram mantidas em tensão paradoxal à medida que o professor ajudava os alunos a entenderem o drama familiar em *O rei Lear*, relacionando-o aos dramas familiares que os alunos conheciam em primeira mão.

O princípio do paradoxo não oferece nenhum conserto ou receita para o ensino. Mas, se ele se adaptar ao seu modo de ser, oferece orientação em qualquer nível educacional e em qualquer área de estudo.

MANTENDO A TENSÃO DOS CONTRÁRIOS

Manter a tensão do paradoxo para que nossos alunos possam aprender em níveis mais profundos está entre as exigências mais difíceis da boa prática docente. Como devemos fazer isso?

Imagine-se em uma sala de aula. Você faz uma pergunta bem estruturada, e aí espera bastante enquanto surge aquele grande silêncio. Você sabe que deve esperar um pouco mais, não se afobar, mas seu coração dispara; depois, ele fica apertado e, por fim, sente-se impotente e fora de controle. Então, você responde sua própria pergunta com uma mescla emocional de ansiedade, raiva e autoritarismo que só torna as coisas piores. Em seguida, você observa a abertura ao aprendizado oferecida pelo silêncio desaparecer — e o ensino se torna cada vez mais parecido com a experiência de dar com a cara no muro.

Essa situação — que poderia ser aplicada a qualquer um dos paradoxos, não só o do silêncio e da fala — sugere uma verdade simples: o lugar onde os paradoxos se mantêm juntos é na essência do professor, e nossa incapacidade de mantê-los assim é mais uma lacuna nas nossas vidas interiores do que uma falha da técnica. Se quisermos ensinar e aprender no poder do paradoxo, devemos reeducar nossos corações.

Em especial, devemos ensinar aos nossos corações uma nova maneira de entender a tensão que sentimos quando estamos divididos entre dois pólos. Algumas pistas para essa compreensão podem ser encontradas no clássico texto de E. F. Schumacher, *Small is beautiful*:

> *Durante a vida inteira, defrontamo-nos com a tarefa de reconciliar contrários que, no pensamento lógico, não podem ser reconciliados... Como se pode reconciliar as exigências da liberdade e a disciplina na Educação? Incontáveis mães e professores, de fato, fazem isso, mas ninguém pode registrar uma solução. Eles fazem isso trazendo para a situação uma força que pertence a um nível mais alto onde os contrários são transcendidos — o poder do amor... Problemas divergentes, por assim dizer, obrigam-nos*

> *a nos elevarmos a um nível acima do nosso; eles exigem e, portanto, provocam o suprimento de forças de um nível mais alto, trazendo assim amor, beleza, bondade e verdade para as nossas vidas. Só com a ajuda dessas forças maiores é que os contrários podem ser reconciliados nas diversas situações da vida.*[35]

As palavras de Schumacher me ajudam a entender que a tensão que surge quando tento manter um paradoxo junto não está empenhada em me destruir. Ao contrário, é um poder que quer abrir o meu coração a algo maior do que eu. A tensão sempre parece difícil e, às vezes, destrutiva. Mas se eu colaborar com o trabalho que ela está tentando fazer ao invés de resistir, a tensão não vai partir meu coração — ela o tornará maior.

O exemplo que Schumacher dá a esse argumento é brilhante porque é verdadeiro para com as experiências comuns: todo bom professor e todo bom pai aprendeu, de alguma forma, a negociar o paradoxo da liberdade e da disciplina. Queremos que nossos filhos e alunos se tornem pessoas que pensam e vivem de um modo livre; no entanto, ao mesmo tempo, sabemos que ajudá-los a se tornarem livres requer que restrinjamos sua liberdade em certas situações.

É claro que nem nossos filhos nem nossos alunos têm esse conhecimento! Quando meu filho de treze anos anuncia que não vai mais participar de cultos religiosos ou um aluno me entrega um texto sobre um tópico que não o que eu tinha pedido, sou atraído de imediato à tensão — e não há nenhuma fórmula que me diga se é um momento para liberdade, disciplina ou algum tipo de alquimia entre os dois.

Mas os bons professores e os bons pais encontram o caminho nesse campo minado todos os dias, permitindo que essa tensão os abra a um amor cada vez maior — um amor que resolve esses dilemas salomônicos ignorando a tensão dentro de nós pelo interesse da criança ou do aluno.

Como sempre acontece com as verdades profundas, há um paradoxo quanto a esse amor. Schumacher diz que um bom pai ou professor resolve a tensão dos problemas divergentes incorporando o poder transcendente do amor. Entretanto, ele diz também que resolver a tensão requer um suprimento de amor que se origina em algum lugar além de nós, provocado pela própria tensão. Se devemos manter os paradoxos unidos, nosso amor é absolutamente necessário — e, contudo, nunca é suficiente. Em momentos de tensão, devemos resistir com a quantidade de amor que pudermos reunir até que essa tensão coloque em cena um amor maior.

---

35 SCHUMACHER, E. F. *Small is beautiful: economics as if people mattered.* New York: Harper Collins, 1973. p. 97-98.

Há um nome para a resistência que devemos colocar em prática até que chegue um amor maior: chama-se sofrimento. Não seremos capazes de ensinar no poder do paradoxo até que estejamos dispostos a sofrer a tensão dos contrários, até que entendamos que não devemos evitar esse sofrimento, nem simplesmente sobreviver a ele, mas que devemos abraçá-lo de modo ativo pela maneira como ele expande nossos corações.

Sem essa aceitação, a dor do sofrimento sempre vai nos levar a resolver a tensão de forma prematura, pois não temos motivos para aguentar firme. Faremos e responderemos nossas próprias perguntas no silêncio da sala de aula (criando assim mais silêncio); trataremos a pontapés a voz discordante que frustra o nosso plano de ensino (apesar de dizermos que aceitávamos perguntas); puniremos o aluno cujo texto fugir do tema proposto (não importa quão criativo seja o trabalho) para mantê-lo dentro dos limites.

Não podemos ensinar nos níveis mais profundos quando não somos capazes de suportar os sofrimentos que dão acesso a esses níveis. Ao manter a tensão dos contrários, deixamos aberta a entrada para a investigação, encorajando os alunos a entrarem em um território onde todos nós podemos aprender.

Como fazer isso é uma pergunta que não pode ser respondida, pois ela é feita na essência de um professor: manter a tensão dos contrários tem a ver com o ser, e não com o fazer. Mas algumas palavras de Rilke podem ajudar. Elas não oferecem uma técnica para abraçar o sofrimento porque não existe uma. Mas oferecem esperança para o que poderia acontecer se tentássemos.

Essas palavras são do livro *Cartas a um jovem poeta*, no qual Rilke escreve como um professor. Ele tinha recebido uma série de cartas respeitosas, porém exigentes, de um novato que admirava o seu trabalho e procurava um conselho sobre como seguir o seu próprio caminho. Rilke não só encontrou tempo para responder, como fez isso com uma generosidade surpreendente.

Em uma dessas trocas de cartas, o jovem poeta pressiona o mais velho com uma pergunta urgente atrás da outra, e Rilke responde com este conselho: é necessário "ter paciência com tudo o que há para resolver em seu coração e procurar amar *as próprias perguntas*. Não busque por enquanto respostas que não lhe podem ser dadas, pois não as poderia viver. Pois trata-se precisamente de viver tudo. *Viva*, por enquanto, as perguntas. Talvez depois, aos poucos, sem que o perceba, num dia longínquo, *consiga viver a resposta*" (tradução de Paulo Rónai).[36]

---

36 RILKE, R. M. *Letters to a young poet*, traduzido por M. D. Herter. Nova York: Norton, 1993. p. 35

Suas palavras poderiam ser facilmente parafraseadas para expressar a condição do professor cuja essência não é capaz de manter a tensão dos contrários na sala de aula: tenha paciência com tudo o que há para resolver em seu coração... Procure amar as próprias contradições... Não busque por enquanto soluções que não lhe podem ser dadas, pois não as poderia viver — pois se trata precisamente de viver tudo. Viva, por enquanto, as contradições. Talvez depois, aos poucos, sem que o perceba, num dia longínquo, consiga viver o paradoxo.

A esperança que Rilke me dá está, em parte, em sua noção de que "num dia longínquo" talvez eu descubra que vivi do meu modo uma compreensão mais confiante de como manter a tensão do paradoxo do que vivi até agora. Com certeza, ele está certo quanto a isto: tendo vivido as tensões do ensino por algum tempo, tenho melhores condições de manter um paradoxo junto do que tinha anos atrás.

Mas minha maior esperança vem com as seguintes palavras de Rilke: "pois trata-se precisamente de viver tudo". É claro que é essa a ideia! Não consigo viver por completo as tensões que aparecem no meu caminho e elas não desaparecem: vão para o subterrâneo e se multiplicam. Pode ser que eu não saiba resolvê-las, mas, envolvendo-as com a minha vida e tentando viver a solução, eu me abro a novas possibilidades e evito que as tensões me dividam.

Só há uma alternativa: uma vida não vivida, uma vida vivida em atitude de negação das tensões que o magistério traz. Aqui represento um papel profissional mascarado, fingindo por fora que não tenho nenhuma tensão, enquanto por dentro todas essas tensões que eu finjo não ter estão rasgando a trama da minha vida.

Fingir é outro nome para o ato de estar dividido, um estado que nos impede de cultivar a capacidade de estabelecer conexões das quais depende a boa prática docente. Quando fingimos, deixamos de estar em comunidade com nós mesmos, com os nossos alunos, com o mundo à nossa volta, deixamos de estar em comunhão com o centro comum, que é tanto a fonte quanto o fruto do magistério em sua melhor forma. Quando entendermos que "a ideia é viver tudo", recuperaremos o que foi perdido.

Dou as últimas palavras sobre esse assunto a Florida Scott-Maxwell que, escrevendo no fim de uma vida longa e bem vivida, fala com autoridade: "Alguma lei mal compreendida nos mantém em um ponto de contradição no qual não temos escolha, no qual não gostamos daquilo que amamos, no qual o bom e o mau são parceiros inseparáveis e é impossível diferenciá-los, e no qual nós — de coração partido e em êxtase — só conseguimos resolvê-lo levando-o cegamente aos nossos corações. Isso costumava ser chamado de estar nas mãos de Deus. Alguém consegue descrever melhor?".[37]

37 SCOTT-MAXWELL, F. *The measure of my days*. Nova York: Penguin Books, 1983.") p. 25.

4

O SABER EM COMUNIDADE:
UNIDOS PELA GRAÇA DAS COISAS IMPORTANTES

"Não importa quem for, nem quão solitário,
o mundo se oferece à sua imaginação,
grita e provoca como os gansos selvagens
anunciando de novo seu lugar
na família das coisas"

— *Mary Oliver, "Wild geese" ("Gansos selvagens")*[38]

IMAGENS DE COMUNIDADE

Ao longo de três capítulos, mergulhamos dentro de do professor. Examinamos algumas forças interiores que nos desconectam dos nossos alunos, das nossas disciplinas e de nós mesmos e exploramos algumas práticas interiores que podem nos ajudar a construir uma ponte entre essas lacunas: reivindicar a individualidade, confrontar o medo e pensar o mundo como um todo por meio do paradoxo.

Neste capítulo e nos dois seguintes vamos nos voltar para a comunidade — o tipo de comunidade que o ensino-aprendizagem requer, que pode ajudar a renovar e expressar a capacidade de estabelecer conexões no cerne de uma Educação autêntica. Conforme passarmos da vida interior do professor para a comunidade na Educação, pode parecer que estamos mudando de assunto, mas não estamos. Os três primeiros capítulos trataram do cultivo do terreno interior onde cresce a comunidade; os três capítulos seguintes tratam de cultivar a comunidade a partir desse terreno e levá-la para a sala de aula e para o mundo.

A comunidade não pode criar raízes em uma vida dividida. Muito antes de a comunidade assumir uma forma exterior, ela deve estar presente como semente na individualidade não dividida: somente quando estivermos em

38 OLIVER, M. "Wild Geese". In: *Dream Work*. Nova York: Atlantic Monthly Press, 1986. p.14.

comunhão conosco é que poderemos participar de uma comunidade com os outros. A comunidade é um sinal exterior e visível de uma graça interior e invisível, é o fluxo da identidade e da integridade pessoal para o mundo das relações. É a mesma ordem do dia, a das conexões, que tenho explorado o tempo todo, colocada em evidência no mundo exterior.

Neste e nos dois capítulos seguintes exploro vários modelos de comunidade na Educação com uma questão crucial em mente: esses modelos melhoram e fazem avançar a missão educacional do conhecimento, ensino e aprendizado? Nesta investigação, sou orientado por uma imagem do ensino que tem me desafiado durante anos, que tem uma forma de comunidade essencial, mas que raras vezes mencionamos, em seu cerne: *ensinar é criar um espaço no qual se pratica a comunidade da verdade.*

Para abrir caminho em direção à comunidade da verdade, preciso cortar uma parte da vegetação rasteira. Modelos de comunidade (e talvez as próprias comunidades) têm crescido como erva daninha em nossa sociedade, uma reação à intensificação da dor e do anseio de "não ser isolado". Examinarei brevemente três modelos importantes para a nossa discussão nos dias de hoje — os modelos terapêutico, civil e de mercado — para esclarecer um pouco o tipo de comunidade que a Educação requer.

O modelo terapêutico é o que se subentende com mais frequência quando usamos a palavra *comunidade*. Esse modelo torna a intimidade o valor mais importante nas relações humanas, porque ela é considerada a melhor terapia para a dor da desconexão. Uma relação íntima vai além de uma capacidade implícita de estabelecer conexões: na intimidade, compartilhamos uns com os outros de modo explícito nossa natureza mais profunda, na crença de que podemos ser totalmente conhecidos e com a confiança de que seremos aceitos por completo. Na melhor das hipóteses, a comunidade terapêutica é caracterizada por uma das muitas formas de amor: entre cônjuges e pessoas que se amam, entre pais e filhos, entre bons amigos.

O tema terapêutico tem um lugar pura e simplesmente porque qualquer iniciativa sem amor é suscetível de ser patológica: é difícil imaginar uma escola saudável onde não haja qualquer vestígio de amor pelo aprendizado e pelos aprendizes. Conheço uma faculdade com um lema maravilhoso: "a procura da verdade na companhia de amigos"[39]. É óbvio que seus fundadores entenderam que o rigor dessa busca requer um laço de afeição entre membros da equipe expedicionária.

39 SMITH, P. "To Communicate Truth", Whole Earth Review, verão 1987, p. 55.

Mas as aplicações convencionais da comunidade terapêutica na Educação não são nem tão sutis nem tão adequadas quanto esse lema. Ao contrário, elas ameaçam o ensino-aprendizagem com a suposição de que a intimidade é a melhor e mais importante coisa que pode acontecer entre as pessoas — uma suposição que às vezes se torna incômoda e insistente, manifestando-se no *ethos* pseudocomunitário do "compartilhe ou morra!" encontrado por vezes no movimento do potencial humano.

É claro que não podemos exigir intimidade uns dos outros — e quando tentamos, só afugentamos os demais, como mostram muitos experimentos fracassados. Mas os riscos educacionais do modelo terapêutico vão mais além: quando todas as nossas relações são julgadas pela norma da intimidade, nosso mundo encolhe até desaparecer.

A maioria de nós vai alcançar uma intimidade genuína apenas com um punhado de pessoas durante a vida. Se estar em comunidade for o mesmo que ser íntimo, uma ampla gama de outros e de alteridade ficam fora do nosso alcance. Quando a intimidade se torna a regra, perdemos nossa capacidade de estabelecer conexões com coisas e pessoas estranhas, o que está no cerne do ato de ter uma educação formal. Perdemos nossa capacidade de acolher pessoas e ideias estranhas frente ao que pensamos e a quem somos. O modelo terapêutico explora nosso medo da alteridade reduzindo a comunidade a qualquer coisa que possa tomar uma forma familiar ou amigável.

Como um americano de classe média, é pouco provável que eu tenha uma relação íntima com os pobres ou com a experiência da pobreza. Mas é essencial que eu sinta a minha responsabilidade para com os pobres e o seu dilema. É pouco provável que eu tenha uma ligação íntima com as pessoas da bacia do Amazonas e suas florestas tropicais devastadas, mas é essencial que eu entenda minha interdependência ecológica para com elas e seu habitat. Como um amador na área de ciências, é pouco provável que eu tenha intimidade com pessoas que propõem os estranhos construtos da mecânica quântica, mas é essencial que eu entenda como eles estão transformando o mundo do pensamento no qual eu vivo.

Quando rejeitamos aquilo que não pode se tornar íntimo, nossas vidas são diminuídas. Precisamos de um padrão mais abrangente do que a intimidade por meio do qual possamos afirmar que uma relação — com as pessoas, a natureza ou as ideias — tem significado. O ensino-aprendizagem é minado quando a comunidade terapêutica se torna a norma na Educação.

O modelo civil de comunidade proporciona uma importante correção do modelo terapêutico. Aqui, a norma não é uma faixa estreita de encontros íntimos, mas sim uma ampla gama de relações entre estranhos que contribuem para uma estrutura política saudável. A comunidade prevista pelo modelo civil tem uma reciprocidade pública ao invés de uma vulnerabilidade pessoal — uma comunidade na qual as pessoas que não vivenciam, ou não conseguem vivenciar, a intimidade umas com as outras aprende, contudo, a compartilhar um único território e a resolver conflitos e problemas em comum. Na comunidade civil podemos não saber o que os demais pensam, mas aprendemos que, se não estamos conectados quando na companhia uns dos outros, faremos isso mesmo isolados.

A comunidade terapêutica é um conceito moderno, um artefato da era da psicologia, mas a comunidade civil tem origens antigas. A partir de Platão, a Academia tem sido promovida como um microcosmo da estrutura política, um ambiente no qual os hábitos da cidadania democrática podem e devem ser cultivados. Como escreveu Benjamin Barber: "Essa discussão não sugere que a universidade *tem* uma missão cívica, mas sim que a universidade *é* uma missão cívica, que é a própria civilidade, definida como as regras ou convenções que permitem que uma comunidade facilite o diálogo e os tipos de discurso dos quais todo conhecimento depende. Significa muito mais do que dizer que a democracia e a educação são atividades paralelas, ou que a formação cívica e o ato de cultivar o conhecimento e o juízo de valor possuem uma estrutura paralela. Estou argumentando que elas são a mesma coisa"[40].

O modelo civil tem características que são vitais ao ensino-aprendizagem. Em uma sociedade dividida pela raça, pela etnia e pelo gênero, em geral sou influenciado pelo fato de que as salas de aula do ensino fundamental e médio contêm pessoas com uma maior diversidade de origens envolvidas em um trabalho comum — muitas vezes fazendo isso por uma questão de civilidade, apesar das guerras do "politicamente correto" alimentadas pela mídia — do que se pode encontrar em outros ambientes. Quando refazemos o nosso esfarrapado tecido civil, as instituições educacionais estão entre os nossos mais importantes teares.

Mas o modelo civil também contém uma ameaça sutil à missão central da Educação. Na sociedade civil, lidamos com as diferenças através dos mecanismos clássicos da política democrática: negociação, acordo, compromisso. Essas são as artes nobres na arena civil, em que o objetivo é o bem maior para o maior

---

40 BARBER, B. "The Civic Mission of the University". In: MURCHLAND, B. (ed.) Higher Education and the Practice of Democratic Politics. Dayton, Ohio: Kettering Foundation, 1991.

número de pessoas. Mas o que é nobre em uma busca pelo bem comum pode ser desprezível em uma busca pela verdade: a verdade não é determinada por meios democráticos.

Em uma sociedade democrática concordamos que, depois de contados os votos, quem quer que tenha recebido a maioria deles é o líder ou a lei — e, dentro dos limites da consciência, concordamos em segui-lo. Mas na busca pela verdade não fazemos esse tipo de acordo, nem deveríamos, pois uma verdade à qual se chega por votação de uma maioria absoluta não é verdade. Uma forma garantida de deixar passar a verdade em qualquer área é contar os votos: se Copérnico e Galileu tivessem feito isso, o sol poderia estar se movendo ao redor da Terra até hoje. Apesar das reivindicações legítimas que o modelo civil faz quanto ao ensino-aprendizagem, a comunidade na Educação precisa encontrar uma forma mais fundamental.

O modelo de mercado de comunidade está bombardeando a Educação americana sob a bandeira da Gestão de Qualidade Total. Embora seus objetivos e sua lógica sejam bem diferentes dos modelos que já exploramos, ele combina, de modo curioso, o personalismo do modelo terapêutico com o pragmatismo do modelo civil.

As normas do modelo de mercado são diretas: as instituições educacionais devem melhorar seu produto fortalecendo a relação com os clientes e tornando-se mais responsáveis perante eles. Pais e alunos que pagam pelo estudo devem ser tratados como clientes e receber ampla oportunidade de criticar o produto adquirido. Essas críticas devem ser passadas adiante para as pessoas que produzem para ajudá-las a mudar o modo como educam as pessoas e satisfazer mais clientes.

Se você é um educador que acha essa conversa de "clientes" e "produtos" irritante, aqui está uma história com a qual pode identificar o seu estado. O novo reitor de uma universidade pública estava falando sobre os fracos laços comunitários em seu grande campus urbano, desses que não oferecem alojamento. Perguntei a ele:

— Se tivesse uma varinha mágica, qual seria a primeira coisa que faria para fortalecer o senso de comunidade aqui? — esperando que ele falasse sobre orientação aos calouros, moradia estudantil ou atendimento ao aluno.

Ele respondeu:

— Eu criaria uma forma significativa de medir as reações dos alunos aos cursos que estão fazendo, e usaria essa informação para ajudar os professores com baixo rendimento a melhorar. E, se eles não conseguissem ou não quisessem melhorar, eu os ajudaria a encontrar um emprego diferente.

Pode faltar ao conceito de comunidade do reitor a profundidade psicológica do modelo terapêutico e a nobreza política do modelo civil, mas ainda assim ele tem muitos méritos. Embora os negócios sejam disciplinados, de certa forma, pela resposta do mercado, o ensino superior permaneceu alheio aos seus consumidores. Pais e alunos que pagam pela Educação em geral são tratados pelos acadêmicos segundo a lei de lesa-majestade: acreditamos que ninguém além dos nossos pares pode julgar nosso trabalho de maneira adequada — e não temos certeza quanto a eles!

Diante dessa arrogância, o conceito de comunidade do reitor pode trazer um pouco de humildade ao ensino superior, supondo que ele, com a ajuda daquela varinha mágica, pudesse criar um sistema de avaliação capaz de distinguir as sutilezas e variedades da boa prática docente. Mas há ameaças evidentes ao ensino-aprendizagem nessa versão do modelo de mercado.

Em primeiro lugar, não se pode ver o sistema de avaliação de que o reitor precisa em lugar algum — e no seu lugar está um perigoso impostor. Faltam-nos mecanismos confiáveis para avaliar o ensino, a não ser que acreditemos que todas as variedades de boa prática docente possam ser pesadas por um questionário.

Em segundo lugar, a boa prática docente sempre é mais um processo do que um produto. Se um aluno não recebeu nada além de um pacote de informações no final de uma transação educacional, ele foi ludibriado. Uma boa educação ensina os alunos a se tornarem produtores de conhecimento e consumidores criteriosos daquilo que os outros afirmam saber.

Em terceiro lugar, uma boa Educação pode deixar os alunos profundamente insatisfeitos, pelo menos por um tempo. Não estou falando da insatisfação que vem de professores inaudíveis, incoerentes ou incompetentes. Mas os alunos cujos professores fizeram um bom trabalho podem ir embora irritados — irritados com o fato de que seus preconceitos foram desafiados, e sua noção de individualidade, abalada. Esse tipo de insatisfação pode ser um sinal de que uma verdadeira Educação ocorreu.

Pode levar anos para que um aluno se sinta grato a um professor que o apresentou a uma verdade decepcionante. Um modelo de mercado de comunidade educacional, por mais apropriada que seja seu sentido ético de responsabilidade, é de pouca serventia quando supõe que o cliente tem sempre razão.

A REALIDADE É COMUNITÁRIA

Os modelos de comunidade terapêutico, civil e de mercado contêm *insights* os quais a Educação precisa. Mas a forma abrangente de comunidade que oferece apoio a uma Educação autêntica não está nessa lista. No restante deste capítulo, ofereço um modelo alternativo. Nos dois capítulos seguintes, explorarei suas implicações para a pedagogia.

O modelo de comunidade que procuramos é aquele que abarca, orienta e aprimora a missão central da Educação — a missão do conhecimento, do ensino e do aprendizado. Encontraremos pistas quanto às suas dimensões no cerne da imagem de ensino que mais me desafia: ensinar é criar um espaço no qual se pratica a comunidade da verdade.

A marca da comunidade da verdade não é a intimidade psicológica, nem a civilidade política, nem a responsabilidade pragmática, embora não exclua essas virtudes. Esse modelo de comunidade vai mais além em sua ontologia e sua epistemologia — nas suposições sobre a natureza da realidade e sobre como a conhecemos — sobre a qual se constrói toda a Educação. A marca da comunidade da verdade está em afirmar que *a realidade é uma teia de relações comunitárias, e só podemos conhecer a realidade porque estamos em comunidade com ela.*

Essa é uma grande reivindicação, mas pode ser exemplificada por uma pequena história. Eu estava explanando, em uma grande universidade, sobre a comunidade na área educacional. Enquanto falava, não pude deixar de notar um ouvinte alto e atento, que estava nas fileiras à frente do auditório. Um homem imponente de setenta e poucos anos, vestido de modo impecável e com uma espessa cabeleira teatralmente branca.

Quando nossa discussão começou, esse cavalheiro levantou-se rapidamente e apresentou-se:

— Sou o Dr. Smith, Distinto Professor Emérito tal e tal de biologia.

Sabendo que a selvageria acadêmica às vezes é precedida por uma cortesia fingida e tendo achado sua apresentação um pouquinho pomposa, tirei uma conclusão apressada: ele pretende me chamar para o almoço, mas eu não vou ser o convidado; vou ser servido como entrada.

Ele continuou:

— Não tenho certeza se entendo todo esse estardalhaço sobre comunidade no ensino superior. Afinal, é apenas boa biologia!

Então, ele se sentou.

Levei alguns segundos para perceber que não tinha sido atacado, mas que minhas ideias tinham sido reafirmadas, embora do modo elíptico estabelecido pela etiqueta acadêmica. Tendo entendido isso, o professor e eu tivemos uma troca animada e informativa sobre o significado de seu comentário.

Há duas ou três gerações, nenhum professor de biologia teria afirmado que a comunidade é boa ciência. Ao contrário, o biólogo de uma época anterior teria zombado do meu argumento a favor da comunidade educacional, tratando-a como uma falácia romântica que tivesse violado o princípio fundamental da disciplina: a vida é uma sucessão ininterrupta de conflitos entre os indivíduos, uma arena de combate e morte do tipo perder-ou-ganhar. Para essa geração anterior de biólogos, a biologia era, na famosa expressão de Tennyson, "de uma fúria sanguinária". Para os darwinistas sociais, que partem dessa imagem de natureza, as relações humanas não passavam de sobrevivência do mais apto, coberta por uma leve camada de civilização.

Mas hoje nossas imagens da realidade biológica sofreram uma transformação. Estudos ecológicos oferecem um retrato da natureza menos focado nos horrores do combate do que na dança da colaboração comunitária, um retrato da grande teia do ser. A luta e a morte não desapareceram do mundo natural. Porém, a morte agora é entendida como um fator na vida corriqueira da comunidade, e não uma falha na vida do indivíduo.

Essa transformação das imagens da realidade — de fragmentação e competição à comunidade e à colaboração — aconteceu em quase todas as disciplinas acadêmicas nos *últimos* cinquenta anos. A física nos oferece outro exemplo, poderoso não só porque ela retrata os níveis mais elementares dos nossos corpos e habitats materiais.

Desde o início, a física foi moldada pela imagem do átomo, uma imagem que se originou na filosofia pré-socrática, e depois assumiu um novo sentido na medida em que os físicos modernos adquiriram uma capacidade de previsão, e até poder político, ao analisar a realidade em suas partes integrantes. Quando as imagens da ciência reducionista se fundiram com a moderna experiência da alienação social, o "atomismo" se tornou a metáfora cultural dominante da nossa época: nós e o mundo onde vivemos somos apenas uma ilusão de plenitude, sob a qual se encontra a realidade da fragmentação.

Mas a imagem da realidade oferecida pela física recente torna ingênuo esse tipo de atomismo. Em uma série de experimentos decisivos, os físicos mostraram que as partículas subatômicas se comportavam "como se houvesse comunicação entre elas", mesmo quando estavam "longe demais para se comunicar no tempo disponível"[41]. Essas partículas, amplamente separadas no tempo e no espaço, parecem estar conectadas de uma forma que as faz agir menos como indivíduos isolados e mais como participantes em uma comunidade interativa e interdependente.

Metáforas comunitárias ocorrem sem grande esforço aos físicos que estão tentando descrever o mundo proposto por esses resultados experimentais. Paul Davies diz que eles apontam para "uma visão surpreendentemente integracionista da relação dos sistemas que em algum momento já interagiram uns com os outros, por mais separados que estejam depois"[42]. Henry Stapp, de forma ainda mais resoluta: "Uma partícula elementar não é uma entidade que existe de maneira independente e que não pode ser analisada. Ela é, na sua essência, uma série de relações que se estendem a outras coisas"[43].

Quando os físicos vão além da descrição para perguntar por que essas partículas se comportam de um modo mais relacional do que autônomo, as metáforas comunitárias se multiplicam. David Bohm sugeriu que a realidade física, muito semelhante ao genoma humano, é composta por uma rede invisível de informação, uma comunidade incrivelmente complexa de mensagens codificadas, "uma *ordem implícita* holística subjacente cuja informação se desdobra em uma ordem explícita de campos e partículas particulares. Uma analogia... é uma fotografia holográfica, na qual todas as partes têm informações tridimensionais sobre todo o objeto fotografado. Se você desmembrar o holograma em pedaços pequenos, pode revelar a imagem inteira iluminando qualquer parte dela com raio laser"[44].

Ian Barbour, um importante intérprete da ciência moderna, oferece um esboço útil das etapas que as nossas imagens da realidade deslocaram a caminho de nomear a "comunidade" como a personagem essencial do mundo físico. Na era medieval, víamos a realidade como substância mental e material, como "coisa". Na era newtoniana, nossa imagem era atomística, "tomando partículas separadas ao invés de substâncias como a natureza básica da realidade"[45].

Mas, na nossa era, "entende-se que a natureza é relacional, ecológica e interdependente. A realidade se constitui de eventos e relações, ao invés de substâncias ou partículas separadas". De acordo com Barbour, agora somos forçados a ver a natureza como uma "comunidade histórica de seres interdependentes"[46].

---

41 BARBOUR, I. *Religion in an Age of Science.* San Francisco: Harper San Francisco, 1990. p.107.

42 Ibid.

43 ZUKAV. G. *The dancing Wu Li masters.* Nova York: Morrow, 1979. p.94.

44 BARBOUR, I. *Religion in an Age of Science.* San Francisco: Harper San Francisco, 1990. p.107.8.

45 Ibid. p. 220.

46 Ibid. p. 221.

O primeiro passo para entender a comunidade da verdade é entender que ela é a forma essencial da realidade, a matriz de todos os seres. O próximo passo nos leva da natureza da realidade para a questão de como a conhecemos: *só a conhecemos estando em comunidade com nós mesmos.*

A física moderna desmascarou a noção de que o conhecimento requer, ou mesmo permite, uma separação entre o conhecedor e o que é conhecido. Os físicos não podem estudar as partículas subatômicas sem alterá-las no ato de conhecer. Então não podemos manter a lacuna objetivista entre o mundo "lá fora" e o observador "aqui dentro", como era proposto pela ciência pré-moderna. O conhecedor e o conhecido estão unidos, e qualquer afirmação sobre a natureza do conhecido reflete a natureza do conhecedor também.

Nas áreas de estudo de natureza macroscópica, a simbiose entre conhecedor e conhecido parece óbvia — em especial quando fomos libertados do mito de que a "verdadeira" ciência requer separação. Como pode um ser humano saber algo sobre outro, na sociologia, na psicologia ou na História, sem deixar a marca da individualidade conhecedora na coisa conhecida? Como pode um crítico literário dar um passeio pelo território estabelecido em um romance sem deixar marcas da experiência pessoal?

Mas a característica essencial e, em geral, incompreendida, do conhecimento relacional é que ele torna a nossa capacidade humana para estabelecer conexões um ponto forte. Como conhecedores, não precisamos mais lamentar pelo nosso anseio de nos conectarmos de modo significativo com o outro — nem precisamos "superar" esse "risco" nos desconectando do mundo.

Agora podemos comemorar o fato de que, por sermos humanos, somos literalmente membros da comunidade cósmica: nos pontos mais longínquos do espaço, os astrônomos encontraram supernovas que são a origem dos átomos que formam os nossos corpos. Se não estivéssemos tão entrelaçados ao cosmo, se estivéssemos aqui apenas como observadores e não como participantes do mundo, não seríamos capazes de conhecer.

Em sua obra de referência, *Personal knowledge*, o químico Michael Polanyi mostra como a ciência confia no fato de que nós, ao "habitarmos" o mundo, recebemos um conhecimento "físico" sobre ele — uma forma de conhecimento mal articulada e "tácita", da qual depende o nosso conhecimento explícito e articulado[47].

Sem o conhecimento tácito, os cientistas não teriam a menor ideia quanto ao que recorrer em busca de questões reveladoras, hipóteses promissoras, intuições

47 POLANYI, M. *Personal knowledge*. Chicago: University of Chicago Press, 1960.

e *insights* proveitosos sobre onde pode estar a verdade. As pistas que nos permitem saber qualquer coisa vêm da nossa relação com a realidade — uma relação tão profunda quanto os átomos que os nossos corpos compartilham com tudo o que existe, já existiu ou algum dia existirá.

Richard Gelwick, um intérprete do pensamento de Polanyi, apontou que se conta tanto com o objetivismo que o *insight* de Polanyi quanto ao elemento pessoal do conhecimento foi incompreendido muitas vezes, mesmo pelos seus defensores:

> *Várias vezes, durante explanações públicas, ouvi [Polanyi] corrigir as pessoas que se erguiam para apoiá-lo, [pessoas que diziam] que concordavam que havia um elemento pessoal em todo conhecimento... [e] então passaram a dizer que esse elemento pessoal era a parte arriscada e que deveríamos tentar minimizá-lo. Polanyi explicava que o pessoal não deveria ser minimizado, mas entendido como o elemento essencial, aquele que nos faz desabrochar e fazer novas descobertas, e de nenhuma maneira uma infeliz imperfeição na epistemologia humana. Ao contrário, é a pedra fundamental sobre a qual a cultura, a civilização e o progresso se desenvolveram.*[48]

A comunidade da verdade é uma imagem de conhecimento que abraça a grande teia do ser, da qual todas as coisas dependem, e o fato de que o nosso conhecimento dessas coisas é auxiliado, e não impossibilitado, por estarmos enredados nessa teia. É uma imagem que eleva não apenas as nossas conexões visíveis a formas humanas de ser — com suas oportunidades de intimidade, civilidade e responsabilidade —, mas as nossas conexões invisíveis com formas não humanas também. É um modelo de comunidade abrangente o bastante para conduzir a missão educacional do conhecimento, do ensino e do aprendizado.

A VERDADE REVISITADA

Verdade não é uma palavra muito usada nos círculos educacionais nos dias de hoje. Ela sugere uma época anterior e mais ingênua, quando as pessoas acreditavam que poderiam conhecer a verdade. Nós acreditamos que não poderemos. Então nos recusamos a usar essa palavra por medo de ficarmos constrangidos.

É claro que o fato de não usarmos a palavra não quer dizer que nos libertamos do conceito, quanto menos das possibilidades para as quais ele aponta. Ao contrário, quanto menos falarmos sobre a verdade, maior a probabilidade de que o nosso

---

48 GELWICK, R. "Polanyi: an occasion of thanks", *Cross currents: religion and intellectual life,* 1991, n. 41, 380–381. Veja também: GELWICK, R. *The way of discovery: an introduction to the thought of Michael Polanyi.* Nova York: Oxford University Press, 1977.

conhecimento, o nosso ensino e o nosso aprendizado sejam dominados por um modelo de verdade tradicional — e mítico. O modelo objetivista é arraigado de modo tão profundo em nosso inconsciente coletivo que ignorá-lo é dar poder a ele.

Como a comunidade da verdade é uma alternativa a esse objetivismo inconsciente e mítico, será mais fácil descrever minha visão de comunidade educacional e como ela funciona se primeiro eu tornar visível o mito objetivista, o que faço na figura 4.1.

Esse modelo mítico, porém dominante, de conhecer e de dizer a verdade tem quatro elementos principais:

1. *Os objetos* de conhecimento residem "lá fora" em algum lugar, intocados no espaço físico ou conceitual, como descritos pelos "fatos" em determinada área.

2. *Os especialistas*, pessoas treinadas para conhecer esses objetos em sua forma intocada sem permitir que sua própria subjetividade manche a pureza dos próprios objetos. Esse treinamento ocorre em lugares remotos chamados de faculdade, cujo objetivo é destruir completamente a noção que se tem de individualidade de forma que a pessoa se torna um padre secular, um portador seguro dos puros objetos de conhecimento.

3. *Os amadores*, pessoas sem treinamento e cheias de preconceito que dependem dos especialistas para obter conhecimento puro ou objetivo sobre os objetos intocados em questão.

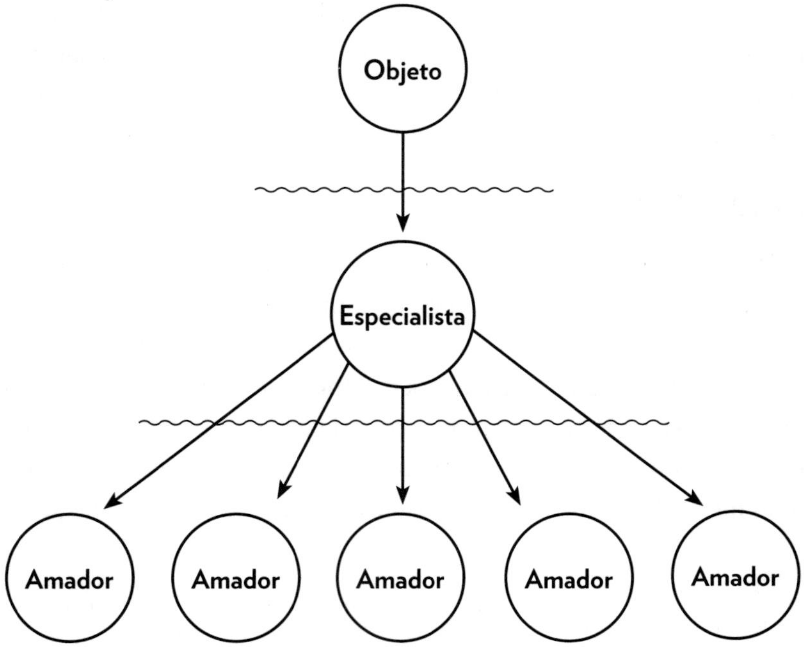

Figura 4.1. O mito objetivista do conhecimento

4. *Anteparos* em cada ponto de transmissão — entre os objetos e os especialistas, entre os especialistas e os amadores — que permitem que o conhecimento circule até os elementos seguintes, enquanto impede que a subjetividade seja trazida de volta para os elementos anteriores.

A imagem dos anteparos me ocorreu quando ouvi por acaso um comentário maravilhoso: "Parecemos não nos importar se a civilização escorrer pelo ralo, contanto que não volte para trás!". O objetivismo, obcecado pela pureza do conhecimento, quer evitar a confusão da subjetividade a qualquer preço — mesmo que o preço seja o tipo selvagem de conhecimento que nos torna inaptos para a desordem da vida.

No mito objetivista, a verdade circula de cima para baixo, dos especialistas qualificados para conhecer a verdade (inclusive alguns que afirmam que a verdade é uma ilusão) para os amadores, qualificados apenas para receber a verdade. Segundo esse mito, a verdade é uma série de proposições sobre objetos; e uma pessoa instruída é aquela que consegue lembrar e repetir as proposições dos especialistas. Essa imagem é hierárquica, linear e compulsivamente higiênica, como se a verdade descesse por uma esteira antisséptica para ser depositada como produto puro no final.

Há apenas dois problemas com esse mito: ele faz um retrato falso do modo como conhecemos as coisas e promove uma intensa deformação na forma como educamos. Conheço mil salas de aula onde a relação de professores, alunos e disciplinas é precisamente como nessa imagem. Mas não conheço nenhuma área — da astronomia à literatura, à ciência política ou à teologia — em que a busca contínua de conhecer a verdade se assemelhe, mesmo que de maneira vaga, ao objetivismo mítico.

A comunidade da verdade representa o conhecimento de um modo bem diferente (veja a figura 4.2). Nela, como na vida real, não há objetos de conhecimento intocados nem autoridades supremas. Na comunidade da verdade, como na vida real, a verdade não reside essencialmente em proposições, e a Educação é mais do que enunciar proposições sobre os objetos a ouvintes passivos. Na comunidade da verdade, o conhecimento, o ensino e o aprendizado se parecem menos com a General Motors e mais com uma assembleia de cidadãos, menos com burocracia e mais com um tumulto.

A comunidade da verdade se constitui, de fato, de muitas comunidades, distantes no espaço e em constante mudança no decorrer do tempo. Eu a menciono com um único substantivo porque, em qualquer área, os muitos se tornam um só pelo fato de que se reúnem em torno de um mesmo objeto e são orientados por regras de observação e interpretação em comum, que requerem a mesma abordagem sobre o assunto. Assim, os biólogos dos Estados Unidos do século XX e Lineu e seus colegas na Suécia do século XVIII, apesar das grandes diferenças entre suas teorias e técnicas, são uma coisa só, dando a essa forma de comunidade uma longevidade e um alcance que a tornam uma das nossas mais poderosas formas sociais.

No centro desse círculo comunitário sempre há um sujeito — em contraste com o objeto no topo da escada objetivista. Essa distinção é fundamental para o conhecimento, o ensino e o aprendizado: um sujeito está disponível para uma relação; um objeto, não. Quando conhecemos o outro como sujeito, não o mantemos a certa distância. Nós o conhecemos na e por meio da relação, o tipo de relação que Barbara McClintock tinha com os pés de milho que estudava.

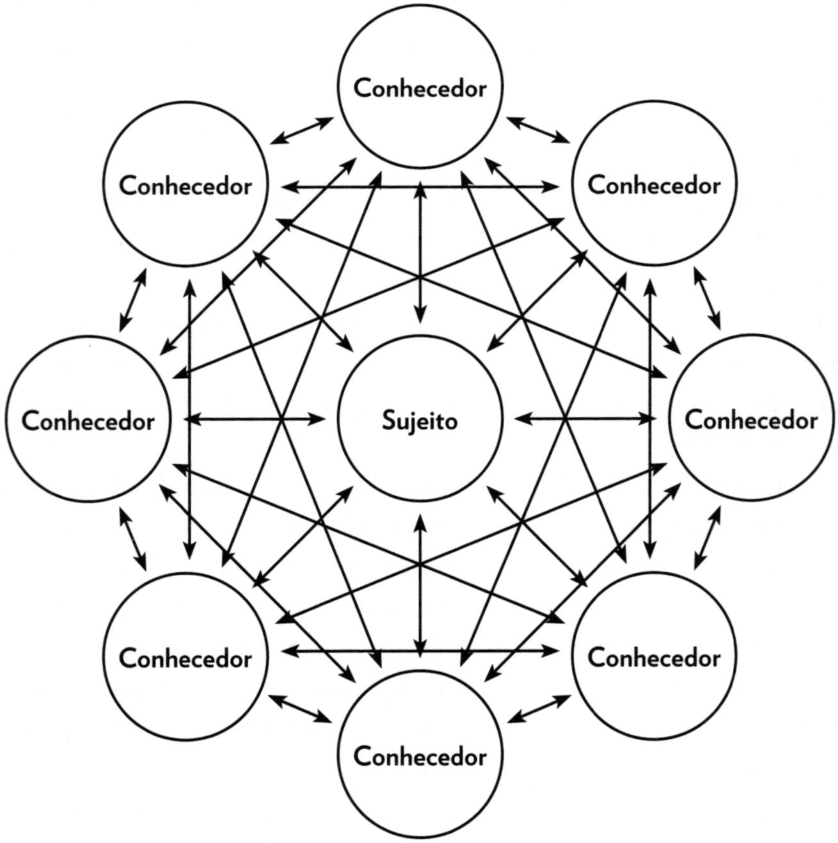

Figura 4.2. A comunidade da verdade

Essa relação começa quando permitimos que o sujeito ocupe o centro da nossa atenção, exatamente como sugere o diagrama. Isso contrasta de forma brusca com o objetivismo, que coloca o especialista no centro da nossa atenção: no objetivismo, os objetos do conhecimento estão tão longe do nosso alcance que o especialista é o único elemento com o qual podemos nos conectar.

Quando transformamos o sujeito em centro da nossa atenção, nós lhe damos o respeito e a autoridade que costumamos dar somente aos seres humanos em um sentido ontológico, o mesmo que Barbara McClintock deu a uma espiga de milho, reconhecendo sua identidade e integridade únicas[49]. Na comunidade da verdade, o núcleo conectivo de todas as nossas relações é o próprio sujeito significativo — não a intimidade, a civilidade, a responsabilidade e os especialistas, mas o poder do sujeito vivo.

Conforme tentamos entender o sujeito na comunidade da verdade, tomamos parte em complexos padrões de comunicação — compartilhando observações e interpretações, corrigindo e complementando um ao outro, divididos pelo conflito nesse momento e unidos pelo consenso no momento seguinte. A comunidade da verdade, longe de ser linear, estática e hierárquica, é circular, interativa e dinâmica.

Na sua melhor forma, a comunidade da verdade faz nosso conhecimento progredir através do conflito, e não da competição. A competição é um jogo discreto, que não acrescenta nada, jogado pelos indivíduos em proveito próprio; o conflito é aberto e, por vezes, áspero, mas sempre comunitário, um encontro público no qual todos podem ganhar aprendendo e crescendo. A competição é a antítese da comunidade, um ácido que pode dissolver a trama das relações. O conflito é a dinâmica por meio da qual testamos as ideias ao ar livre, em um esforço comunitário de tirar o máximo proveito uns dos outros para compreender o mundo.

Essa dinâmica comunitária é regida pelas regras de observação e interpretação que ajudam a nos definir como comunidade, ao trazer foco e disciplina ao nosso discurso. Para estar na comunidade da verdade devemos cumprir suas normas e procedimentos, que diferem de uma área para outra, da história da arte para a química ou para a filosofia. Esses padrões são sólidos, mas não imutáveis: eles evoluem, mesmo enquanto o nosso entendimento de uma disciplina evolui. Podemos desafiar e mudar as normas, mas devemos ser capazes de justificar qualquer divergência quanto a elas de modo persuasivo e em público.

---

49 KELLER, E. F. *Feeling for the organism.*[s/l]: Henry Holt, 1984. p. 200.

Implícita nessa exploração sobre como sabemos as coisas está uma imagem da verdade que agora pode se tornar explícita: *a verdade é uma eterna conversa sobre coisas que importam, conduzida com paixão e disciplina.*

Diferentemente dos objetivistas, eu não entendo que a verdade esteja alojada nas conclusões a que chegamos quanto aos objetos do conhecimento. Como poderia, já que as conclusões continuam mudando? Entendo a verdade como o processo apaixonado e disciplinado de investigação e diálogo, como a conversa dinâmica de uma comunidade que continua testando velhas conclusões e chegando a novas.

Precisamos saber quais são as conclusões atuais para entrar em uma conversa. Mas não é o nosso conhecimento das conclusões que nos mantém na verdade, e sim o nosso compromisso com a conversa, nossa disposição em apresentar nossas observações e interpretações para que sejam testadas pela comunidade e em retribuir o favor aos outros. Para estar na verdade, devemos saber como observar, refletir, falar e ouvir, com paixão e disciplina, no círculo que se reuniu em torno de dado assunto.

Se a verdade é uma eterna conversa cujas conclusões e normas continuam mudando, o que acontece com a ideia de conhecimento objetivo? Não acho que a minha imagem da verdade altere nada quanto à natureza da objetividade — exceto o mito objetivista.

Até onde posso dizer, o único conhecimento "objetivo" que possuímos é o que vem de uma comunidade de pessoas olhando para um assunto e debatendo suas observações dentro de uma estrutura consensual de regras processuais. Não conheço nenhuma área, da ciência à religião, em que o que consideramos conhecimento objetivo não tenha surgido de um longo e complexo discurso comunitário que continua até hoje; nenhuma área em que os fatos da matéria tenham caído do céu já plenamente desenvolvidos.

A base mais consistente de todo o nosso conhecimento é a própria comunidade da verdade. Ela não pode nunca nos oferecer uma certeza definitiva — não porque seu processo seja falho, mas porque a certeza está fora do alcance de corações e mentes limitados. No entanto, essa comunidade pode fazer muito para nos salvar da ignorância, do preconceito e do autoengano se estivermos dispostos a apresentar nossas suposições, nossas observações, nossas teorias — na verdade, se estivermos dispostos a apresentarmo-nos — para que sejam detalhadamente examinadas.

Ao rejeitar o modelo objetivista, não abracei um relativismo que reduz a verdade ao que quer que a comunidade decida, pois a comunidade da verdade inclui uma dimensão transcendente do conhecer e do contar a verdade que nos leva além do relativismo e do absolutismo. A menção mais clara e persuasiva dessa dimensão encontra-se em um dístico de Robert Frost: ("Dançamos em um círculo e supomos/ Mas o Segredo está sentado no centro e sabe")[50].

Frost honra o segredo transcendente do sujeito no centro da comunidade da verdade, um segredo que igualmente se perde pelo absolutismo, que afirma que podemos conhecer a realidade das coisas por completo, e pelo relativismo, que afirma que as coisas não têm realidade, exceto pela que conhecemos. A disciplina se conhece melhor do que jamais a conheceremos, e ela sempre foge do nosso alcance guardando seus próprios segredos.

Se não fosse esse o caso, o processo de conhecer teria parado de repente há muito tempo. Por que não nos contentamos com a visão pré-socrática do mundo físico, ou com a visão medieval, ou com a visão dos primórdios da ciência moderna? Por que exercemos pressão, mesmo agora, sobre a visão que temos hoje? Porque no centro da nossa atenção está o assunto de uma disciplina que nos atrai de forma contínua e com mais intensidade ao seu segredo, um sujeito que se recusa a ser reduzido às nossas conclusões sobre ele.

A ideia de uma disciplina que nos atrai é mais do que uma metáfora. Na comunidade da verdade, o conhecedor não é o único agente ativo — a própria disciplina participa da dialética do conhecimento. É como diz Mary Oliver: ("O mundo se oferece à sua imaginação/grita e provoca como os gansos selvagens/ anunciando de novo seu lugar/ na família das coisas")[51].

Dizemos que o conhecimento começa quando algum assunto nos intriga, mas essa sensação é o resultado da ação do conteúdo sobre nós: os geólogos são pessoas que ouvem as rochas falarem, os historiadores são pessoas que ouvem as vozes daqueles que se foram há tempos, os escritores são pessoas que ouvem a música das palavras. As coisas do mundo nos chamam e somos atraídos a elas — cada um de nós a algo diferente, como cada um tem afinidade com amigos diferentes.

Quando tivermos ouvido e respondido esse chamado, o assunto nos convida a sair de nós mesmos e a entrar em sua individualidade. Nos lugares mais profundos, o conhecimento requer que imaginemos o ponto de vista interior da matéria — daquele momento histórico, daquela personagem literária, daquela rocha ou daquela espiga de milho. Como disse um pesquisador: "Se você realmente quiser entender sobre tumores, você tem que *ser* um tumor"[52].

---

50 FROST, R. "The secret sits". LATHEM, E. C. (ed.). *The poetry of Robert Frost*. Nova York: Henry Holt, 1979. p. 362. Copyright 1942 by Robert Frost, © 1970 by Lesley Frost Ballantine, © 1969 by Henry Holt & Co. Reimpressão autorizada por Henry Holt & Co., Inc.

51 M. Dream Work. Califórnia: Publisher Group West, 1986. p. 14.

52 KELLER, E. F. *Feeling for the organism*. [s/l]: Henry Holt, 1984. p. 207.

Não podemos conhecer bem a matéria se não nos colocarmos no lugar do outro. Devemos acreditar na vida interior do assunto e penetrá-lo com empatia, aquela que não temos quando não acreditamos em vida interior nem cultivamos uma. Quando negamos ou menosprezamos a vida interior do conhecedor, como é o costume objetivista, não somos capazes de intuir, quanto menos habitar, a essência do conhecido.

O tipo de ciência que Barbara McClintock fazia requer que se compreenda o mistério da individualidade a fim de compreender o mistério do mundo, de se tornar — como um colega disse sobre ela — "alguém que entende onde está o mistério" ao invés de "alguém que mistifica"[53].

Conforme nos reunimos em torno de um assunto na comunidade da verdade, não somos apenas nós que corrigimos as tentativas uns dos outros de conhecer, rejeitando observações embaçadas e interpretações falsas. O próprio assunto nos corrige, resistindo aos nossos falsos enquadramentos com a força de sua própria identidade, recusando-se a ser reduzido ao nosso modo autoconfiante de dar nome à alteridade.

Por fim, na medida em que nossa percepção se aprofunda, o assunto anseia por ser identificado e concluímos que o conhecemos. Mas o assunto transcendente sempre está pronto para nos surpreender, chamando-nos a novas observações, interpretações e identificações e ao mistério que nunca pode ser especificado por completo.

A abertura à transcendência é o que distingue a comunidade da verdade tanto do absolutismo quando do relativismo. Nessa comunidade, o processo de conhecer e contar a verdade não é nem ditatorial nem anárquico. Ao contrário, é uma eterna e complexa dança de manter intimidade e distância, de falar e ouvir, de saber e não saber, que faz dos conhecedores e dos conhecidos colaboradores e conspiradores.

A GRAÇA DAS COISAS IMPORTANTES

A comunidade da verdade é uma imagem que pode conduzir a missão educacional porque abarca um fato essencial: a realidade à qual pertencemos, a que almejamos conhecer, vai muito além da interação entre os seres humanos. Na comunidade da verdade interagimos com formas não humanas de ser que são tão importantes e poderosas quanto as formas humanas. Às vezes até mais. Trata-se de uma comunidade que se mantém unida não só pelo nosso poder

---

53 James Shapiro, University of Chicago, citado em "Dr. Barbara McClintock, 90, gene research pioneer dies". *New York Times*, 4 set 1992. p. C16.

do pensamento e do sentimento, mas também pelo poder da "graça das coisas importantes"[54].

Essa expressão vem de um ensaio escrito por Rilke. Quando a li, percebi que as nossas imagens convencionais sobre a comunidade educacional ignoram as nossas relações com as coisas importantes que nos convocam a ficar juntos — as coisas que nos convocam a conhecer, a ensinar e a aprender. Eu vi como a comunidade educacional fica diminuída quando exclui a graça das coisas importantes e conta unicamente com as nossas próprias e limitadas graças.

Por coisas importantes, refiro-me aos assuntos em torno dos quais o círculo de investigadores sempre se reuniu — não às disciplinas que estudam esses assuntos, não aos textos que tratam deles, nem às teorias que os explicam, mas às coisas por si mesmas.

Quero dizer os genes e os ecossistemas da biologia, os símbolos e referências da filosofia e da teologia, os arquétipos da traição e do perdão, do amor e da perda, que são a essência da literatura. Quero dizer os artefatos e as linhagens da antropologia, os materiais da engenharia com seus limites e potenciais, a lógica dos sistemas da administração, as formas e cores da música e da arte, as inovações e os padrões da História, a ideia esquiva de justiça sob a lei.

Coisas importantes como essas são o nexo vital da comunidade na Educação. É no ato de nos reunirmos em torno delas e tentarmos entendê-las — como os primeiros seres humanos se reuniram ao redor do fogo — que nos tornamos quem somos como conhecedores, professores e aprendizes. Quando estamos em nossa melhor forma, é porque a graça das coisas importantes despertou em nós as virtudes que dão à comunidade educacional a sua forma mais sofisticada:

- Convidamos a *diversidade* para fazer parte da nossa comunidade não porque é politicamente correto, mas porque os múltiplos mistérios das coisas importantes exigem pontos de vista diversos.
- Abraçamos a *ambiguidade* não porque estejamos confusos ou indecisos, mas porque entendemos a inadequação dos nossos conceitos para abarcar a vastidão das coisas importantes.
- Acolhemos o *conflito criativo* não porque estejamos irritados ou porque sejamos hostis, mas porque o conflito é necessário para corrigir nossa parcialidade e nossos preconceitos quanto à natureza das grandes coisas.
- Praticamos a *honestidade* não só porque devemos isso uns aos outros,

---

54 RILKE, R. M. Rodin and other prose pieces. Londres: Quartet Books, 1986. p. 4.

mas porque mentir sobre o que vimos seria trair a verdade das coisas importantes.

- Vivenciamos a *humildade* não porque lutamos e perdemos, mas porque a humildade é a única lente por meio da qual as coisas importantes podem ser vistas — e, uma vez que elas forem vistas, a humildade é a única postura possível.
- Tornamo-nos homens e mulheres *livres* através da Educação não porque privilegiamos a informação, mas porque qualquer forma de tirania pode ser superada apenas evocando a graça das coisas importantes.

É claro que a comunidade educacional nem sempre está na sua melhor forma! Podemos facilmente citar ocasiões em que a comunidade da verdade foi norteada pela antítese dessas virtudes. *The double helix* é um livro que relata o seguinte caso: a descoberta do DNA por James Watson e Francis Crick, um caso em que se mostra que o ego e a competição, teimosia e ganância estão no centro da iniciativa acadêmica[55].

Então me intriga que as duas grandes figuras dessa história, entrevistadas no quadragésimo aniversário de sua descoberta, falaram sobre o modo como certas virtudes as surpreenderam desde a primeira vez que encontraram essa coisa importante chamada DNA.

James Watson disse: "A molécula é tão bonita. Sua glória refletia em Francis e em mim. Acho que passei o resto da minha vida tentando provar que eu era digno de ser associado ao DNA, o que foi uma tarefa difícil".

Então, Francis Crick — sobre quem Watson disse uma vez: "nunca o vi sendo modesto" — respondeu: "Uma molécula roubou a cena"[56].

A humildade de Crick pode ser incomum e forçada, mas isso só a torna um exemplo mais convincente do poder da comunidade da verdade — aquela na qual a graça das coisas importantes rouba a cena. Quando as coisas importantes desaparecem, perdem sua força gravitacional sobre nossas vidas, saímos da órbita comunitária e entramos no buraco negro da presunção, do narcisismo e da arrogância.

Como as coisas importantes desaparecem? Elas desvanecem, e não desaparecem por inteiro, quando a imagem de comunidade que forma (ou deforma) a Educação tem mais a ver com a intimidade, com a regra da maioria ou com as regras de mercado do que com o conhecimento, o ensino e o aprendizado. Mas há uma

---

55 WATSON, J. D. *The double helix*. Nova York: Atheneum, 1968.

56 JAROFF, L. "Happy birthday, double helix", *Time*, Mar. 15, 1993. p. 58-59.

ameaça ainda maior às coisas importantes: elas são aniquiladas por uma arrogância intelectual que as reduz a nada mais do que maquinações da nossa mente.

As coisas importantes desaparecem diante do absolutismo e do relativismo. Com o absolutismo, afirmamos saber exatamente a natureza dessas coisas. Então, não há necessidade de continuar em diálogo com elas — ou uns com os outros. Os especialistas têm os fatos, e tudo o que resta é eles transmitirem esses fatos para quem não sabe. Com o relativismo, afirmamos que o conhecimento depende por inteiro do ponto onde estamos. Portanto, não podemos saber nada com certeza além do nosso próprio ponto de vista. Mais uma vez, não há necessidade de continuar em diálogo com as coisas importantes ou uns com os outros: uma verdade para mim, outra para você; e não importa a diferença.

É claro que as coisas importantes não desaparecem na realidade — elas apenas somem da nossa vista. Elas sobrevivem a todos os ataques da arrogância humana, pois são elementos irredutíveis da própria vida e da vida da mente. A questão é: vamos abandonar a arrogância que afirma conhecer o mundo com perfeição ou inventar o mundo quando quer? Vamos reconhecer a realidade independente das coisas importantes e seu poder de influir em nossas vidas?

Vivenciaremos o poder das coisas importantes apenas quando concedermos a elas uma vida própria — uma essência, identidade e integridade que as tornam mais do que objetos, que as tornam uma qualidade de ser e um instrumento que não conta conosco nem com nossas ideias sobre elas.

Para entender melhor, precisamos apenas ver o que acontece quando privamos as coisas importantes de sua integridade. No estudo da literatura, agora é comum ensinar textos clássicos por meio de lentes analíticas afirmando que eles estão repletos dos preconceitos de seus autores e suas épocas. A partir desse ponto de vista, não importa que *Moby Dick* toque a fundo coisas importantes da experiência humana, como o excesso de confiança e o destino. Importa somente que Melville era um preconceituoso patriarcalista.

David Denby demonstrou a presunção dessa postura: "Ela dá a nós, professores e alunos, sentimentos de superioridade quanto ao texto, privando-nos assim da oportunidade de aprender algo com ele, a não ser como somos superiores"[57]. É impossível estar em uma relação de aprendizado com um texto ou uma pessoa que consideramos moralmente questionável. Quando reduzimos as coisas importantes a categorias tão depreciativas, privamo-nas de sua individualidade e sua voz.

---

57 DENBY, D. *Great books*. Nova York: Simon & Schuster, 1996.

Não é misticismo barato afirmar que todas as coisas importantes têm uma vida interior que se comunicará com as nossas — se permitirmos. Os textos literários são só o exemplo mais claro dessas vozes, que chegam a nós com uma clareza surpreendente através de enormes lacunas de espaço e tempo. A história do terceiro Reich revela uma voz do mal que encontrará ecos na minha alma se eu ouvi-la com atenção.

Um biólogo marinho pode pegar uma concha e, ao ouvir de forma atenta, aprender muito sobre o que aconteceu ao longo da vida do seu habitante e da evolução de sua espécie. Todo geólogo sabe que até as rochas falam, contando relatos por meio de lacunas do tempo maiores do que registra a História, histórias que não conheceríamos se a vocalização humana fosse o único discurso que pudéssemos ouvir.

Annie Dillard deu a um de seus livros o título *Teaching a stone to talk* (em português, ensinando uma pedra a falar), mas a verdadeira questão, como sabe Dillard, é ensinar a nós mesmos a ouvir[58]. A vida interior de qualquer coisa importante será incompreensível para mim até que eu desenvolva e aprofunde minha própria vida interior. Não posso conhecer em outro ser algo que não conheço em mim mesmo.

A conclusão parece evidente: não podemos conhecer as coisas importantes do universo até sabermos que somos coisas importantes também. O absolutismo e o relativismo devastaram não só as coisas do mundo, mas também a nossa noção de individualidade conhecedora. Estamos divididos entre a sobrevalorização arrogante de nós mesmos e um menosprezo servil de nós mesmos, mas o resultado é sempre o mesmo: uma distorção da humilde, porém exaltada, realidade da individualidade humana, uma pérola paradoxal de grande valor.

Certa vez ouvi um conto hassídico: "Precisamos de um casaco com dois bolsos. Em um, há pó, e no outro, ouro. Precisamos de um casaco com dois bolsos para nos lembrarmos de quem somos"[59]. Conhecer, ensinar e aprender sob a graça das coisas importantes é algo que virá de professores que possuem esse casaco, e que o vestem para ir à escola todos os dias.

O CONHECIMENTO E O SAGRADO

As imagens de conhecimento fundamentais para este capítulo — a comunidade da verdade, a graça das coisas importantes, o sujeito transcendente, o

58 DILLARD, A. *Teaching a stone to talk*. Nova York: HarperCollins, 1982.

59 Um rabino me contou esse conto hassídico. Não encontrei uma versão impressa.

"Segredo" que "está sentado no centro e sabe" — surgem, para mim, da minha experiência de realidade como algo sagrado e do sagrado como algo real. Outros podem chegar a uma compreensão semelhante a partir de diferentes pontos de partida. Mas acredito que o conhecimento, o ensino e o aprendizado estão fundamentados em um solo sagrado, e que a renovação da minha vocação como professor requer o cultivo de uma noção de sagrado.

Estou plenamente ciente de que o casamento entre o conhecimento e o sagrado nem sempre produziu uma descendência admirável. Mas a história da Educação mostrará que a espiritualidade não é pior do que o secularismo em sua propensão a plantar sementes ruins. Não conheço nenhuma patologia religiosa, do medo ao fanatismo e a uma rígida ortodoxia, que não seja encontrada em uma forma secular, confortavelmente abrigada na esfera acadêmica. A saúde da Educação depende da nossa habilidade em manter o sagrado e o secular juntos, de modo que eles possam corrigir e enriquecer um ao outro.

O que quero dizer com *sagrado*? Trata-se de um conceito paradoxal — como seria de se esperar quando exploramos a verdade mais profunda de todas. Por um lado, a palavra aponta uma inefável imensidão que vai além do conceito e da definição, o sagrado como é definido por Rudolf Otto em *The idea of the Holy* — o *mysterium tremendum*, a energia numinosa no centro da realidade[60]. Por outro lado, o sagrado significa, de maneira bem simples, "digno de respeito". O acesso ao *mysterium tremendum não é* a base da minha experiência diária. Então não posso depender de um fluxo constante do numinoso para renovar minha prática docente. Mas posso praticar o respeito contínuo pelas coisas importantes do mundo.

Muitos críticos têm notado um crescente desrespeito inerente às nossas relações sociais e as tristes implicações dessa indelicadeza para o futuro da democracia. Mas poucos notaram nosso crescente desrespeito pela "graça das coisas importantes" e suas tristes implicações para o futuro do ensino-aprendizagem e para a vida da mente.

Em uma cultura de desrespeito, a Educação tem o pior destino possível: ela se torna banal. Quando nada é sagrado, considerado digno de respeito, a banalidade é o melhor que podemos fazer. O que seria mais banal do que ficar no meio desse universo surpreendente, filtrando suas maravilhas por meio de peneiras reducionistas, depreciando o espanto com informações e lógica, reduzindo o mistério aos padrões da nossa mente? A raiz de toda banalidade — incluindo, como disse Hannah Arendt, a "banalidade do mal" — é a nossa incapacidade de achar o outro digno de respeito[61].

---

60 OTTO, R. *The idea of the Holy*. Londres: Oxford University Press, 1952.

61 ARENDT, H. *Eichmann in Jerusalem: A report on the banality of evil*. Nova York: Viking Penguin, 1964.

Em um mundo privado do sagrado, a paisagem interior não possui mistério, pois não tem variedade. Viajando por essa paisagem, não se passa da pradaria aos bosques e à água, do deserto à montanha e ao vale, do terreno loteado e cultivado ao primitivo e selvagem. A paisagem dessacralizada é inteiramente plana, desprovida de textura e caos, de cor e instinto — e atravessá-la em pouco tempo se torna muito entediante.

Se fosse apenas uma falha estética, seria ruim o bastante. Mas a planura da paisagem dessacralizada não gera só fatiga sensorial, como cria uma patologia espiritual específica que diminui nossa capacidade de conhecer, ensinar e aprender: perdemos nossa capacidade de nos surpreendermos.

Em uma paisagem sagrada, com suas complexidades e convoluções, a surpresa é uma companheira constante: ela fica logo após a curva ou escondida no próximo vale e, embora às vezes nos assuste, em geral nos traz satisfação. Mas, nas regiões planas de um mundo dessacralizado, onde nos acostumamos a ver as coisas se aproximando de nós muito antes de chegarem, a surpresa não é nem esperada nem bem-vinda. Quando ela surge de repente, saindo aparentemente do nada, somos acometidos pelo medo e podemos até reagir com violência.

É isso que acontece na cultura acadêmica quando somos surpreendidos por uma nova ideia que não se encaixa na estrutura convencional — o *insight* pedagógico de que os sentimentos são tão importantes quanto os fatos ou a hipótese científica de Barbara McClintock de que os genes "saltam" ou são transponíveis.

Nem sempre acolhemos essas noções originais. Ao contrário, nós as afastamos como se fossem uma tolice irritante. Dependendo das circunstâncias, podemos até tentar destruí-las como se fossem inimigos em um campo de batalha tentando obter vantagem estratégica. O geneticista James Shapiro faz uma boa síntese desse padrão de resistência: ele aponta que a notícia de McClintock sobre elementos transponíveis é "um exemplo de como as novas ideias são friamente aceitas pela comunidade científica". Quando McClintock anunciou o fenômeno pela primeira vez, ela foi chamada de louca; "então, disseram que era próprio do milho; depois, disseram que acontece em todo lugar, mas não tinha importância; e por fim acordaram para a sua importância"[62].

É possível reagir de modo diferente às surpresas, permitir que uma nova ideia gere outra em nós — um processo às vezes chamado de pensamento. Mas, em uma cultura achatada e dessacralizada, o pensamento não é o que acontece quando somos pegos de surpresa ou ameaçados por ela. Ao contrário, nós nos

---

62 MCGRAYNE, S. B. *Nobel Prize women in science*. Nova York: Carol, 1993. p.170.

defendemos automaticamente, procurando pegar uma arma que saibamos usar, uma velha ideia cujo uso dominamos há tempos.

Ter um novo pensamento nesse momento de perigo nos deixaria abertos e vulneráveis, pois não sabemos que lado ele pode deixar exposto. Então, agarramos uma velha ideia, uma associação conceitual que saibamos usar porque brandimos essa arma muitas vezes e espancamos a surpresa até a morte — ou fugimos antes que ela possa deixar uma marca em nossas mentes. Surpreendidos pela alteridade, reagindo guiados pelo medo, destruímos a possibilidade de aprender algo novo ao permitir que a velha luta, ou síndrome da luta, influencie-nos.

Esse reflexo está enraizado em um milhão de anos de evolução. Portanto, pode parecer inexorável. No entanto, há algumas evidências fisiológicas de que não precisa ser esse o caso[63]. Em geral, quando somos pegos de surpresa, há uma repentina limitação da nossa periferia visual que exacerba a reação de luta ou fuga — um foco intenso, receoso e autodefensivo do "olhar penetrante", associado tanto ao combate físico quanto ao intelectual. Mas, na arte japonesa de autodefesa *aikido*, essa restrição visual contrasta com uma prática chamada de "olhar sereno", na qual se aprende a ampliar a periferia para assimilar mais do mundo.

Se você apresentar um estímulo repentino a uma pessoa despreparada, o olhar se estreita e a síndrome da luta ou fuga entra em ação. Mas se você treina uma pessoa para praticar o olhar sereno, então apresente esse mesmo estímulo e o reflexo em geral será transcendido. Essa pessoa vai se voltar para o estímulo, assimilá-lo e, então, ter uma reação mais autêntica, como, por exemplo, um novo pensamento.

Parece-me que o olhar sereno é uma imagem sugestiva do que acontece quando contemplamos a realidade sagrada. Agora nossos olhos estão abertos e receptivos, aptos a assimilar a grandeza do mundo e a graça das coisas importantes. Com os olhos arregalados pelo encanto não precisamos mais resistir ou fugir quando pegos de surpresa. Agora podemos nos abrir ao grande mistério. Podemos convidar os nossos alunos a fazer parte do grande caso de amor de que fala Diane Ackerman, o caso de amor chamado de viver e aprender: "O grande caso, o caso de amor com a vida, é viver de forma tão diversa quanto possível, tratar da própria curiosidade como de um puro sangue vivaz, subir e galopar pelas densas colinas iluminadas pelo sol todos os dias. Onde não existam riscos, o terreno emocional seja plano e inflexível e, apesar de todas as suas dimensões, vales,

---

63 Sou grato a Dawna Markova, estudiosa e praticante da área de conhecimento corporal, pelas informações sobre a síndrome da luta ou da fuga, sobre o "olhar sereno" e a prática do *aikido*. Para mais informações sobre esses assuntos, veja: BRYNER, A.; MARKOVA. D. *An unused intelligence*. Berkeley, Calif.: Conari Press, 1996.

cumes e desvios, parecerá que a vida não tem nada de sua magnífica geografia, apenas extensão. Começou como um mistério e vai terminar como um mistério. Mas entre o começo e o fim existe um país lindo e selvagem"[64].

64 ACKERMAN, D. *A natural History of the senses.* Nova York: Vintage Books, 1991. p. 309.

5

ENSINAR EM COMUNIDADE:
UMA EDUCAÇÃO CENTRADA NO SUJEITO

Ver o mundo em um diminuto grão
E em uma flor o firmamento,
Ter o infinito na palma da mão
E a eternidade em um momento.

— *William Blake, "Auguries of innocence"*
("Augúrios da inocência")[65]

O TERCEIRO ELEMENTO

Nosso conhecimento sobre o mundo surge do ato de nos reunirmos em torno das coisas importantes em uma complexa e interativa comunidade da verdade. Mas os bons professores fazem mais do que contar as notícias sobre essa comunidade aos seus alunos. Eles repetem o processo do conhecimento envolvendo os alunos na dinâmica da comunidade da verdade.

Enquanto argumento que a boa prática docente é sempre e, por natureza, comunitária, não estou abandonando minha afirmação de que o ensino não pode ser reduzido à técnica. A comunidade, ou a capacidade de estabelecer conexões, é o princípio por trás da boa prática docente, mas professores diferentes, com dons diferentes, criam comunidades de formas surpreendentemente diversas, usando métodos bastante divergentes.

Envolver os alunos na comunidade da verdade não requer que coloquemos as carteiras em círculo e tenhamos uma conversa. Uma noção de conectividade também pode ser criada — em salas grandes e pequenas — por meio de explanações, exercícios de laboratório, trabalho de campo, aprendizagem de serviços, mídia eletrônica e muitos outros métodos pedagógicos, tradicionais e experimentais. Como o próprio ensino, a criação de uma comunidade educacional não

65 ERDMAN, D. V. (ed.). "Auguries of innocence". In: ERDMAN, D. V. (ed.)*The Complete poetry and prose of William Blake.* Nova York: Doubleday Anchor, 1988. p. 489.

pode ser reduzida à técnica. Ela surge de um princípio que pode se expressar de infinitas formas, dependendo da identidade e da integridade do professor.

Mas a nossa pedagogia convencional surge a partir de um princípio que não é comunitário. Está centrada em um professor que não faz muito mais do que transmitir conclusões aos alunos. Ela supõe que o professor tem todo o conhecimento e os alunos têm pouco ou nenhum; que o professor deve dar e os alunos devem receber; que o professor estabelece todos os padrões e os alunos devem atender às expectativas. Professor e alunos se reúnem na mesma sala ao mesmo tempo não para vivenciar a comunidade, mas apenas para que o professor não tenha que dizer algo mais de uma vez.

Em reação a essa situação surgiu uma abordagem pedagógica baseada em um princípio antitético: os alunos e o ato de aprender são mais importantes do que os professores e o ato de ensinar. O professor é visto como um manancial de conhecimento a ser explorado, e os alunos, incentivados a ensinar uns aos outros. Os padrões de responsabilidade surgem do próprio grupo, e o papel do professor varia de facilitador ao de aprendiz também, ou ao de mal necessário. Isso pode parecer comunidade, mas, como vou argumentar em breve, pode facilmente se degenerar e tornar-se qualquer coisa menos uma comunidade da verdade.

Conforme o debate oscila entre o modelo centrado no professor, sua preocupação com o rigor, o modelo centrado no aluno e sua preocupação com uma aprendizagem ativa, alguns de nós ficamos divididos entre os dois polos. Encontramos *insights* e excessos em ambas as abordagens e nenhuma delas parece adequada para a tarefa. O problema, por certo, é que nos vemos ainda em outra questão do tipo *ou-isso-ou-aquilo*. Divididos, sem ter como manter a tensão, não conseguimos encontrar uma síntese que poderia abarcar o melhor de ambos.

Talvez haja pistas para essa síntese na imagem da comunidade da verdade, em que o sujeito "se senta no centro e sabe". Talvez a sala de aula não devesse ser nem centrada no professor nem no aluno, mas sim na matéria. Com base na comunidade da verdade, essa é uma sala de aula na qual tanto o professor quanto os alunos estão concentrados em algo importante, na qual as melhores características da educação centrada no professor e da educação centrada no aluno se fundem e transcendem ao não colocar nem o professor nem o aluno, mas sim o assunto da disciplina, no centro da nossa atenção.

Se quisermos uma comunidade da verdade na sala de aula, uma que possa nos manter honestos, devemos colocar uma terceira coisa, importante, no centro do círculo pedagógico. Quando o aluno e o professor são os únicos agentes ativos, a comunidade facilmente cai no narcisismo, no qual o professor impera absoluto ou o aluno não erra nunca. Uma comunidade de aprendizagem que incorpora tanto o rigor quanto o envolvimento vai se esquivar de nós até estabelecermos um fio de prumo que meça professor e alunos da mesma maneira — como podem fazer as coisas importantes.

Uma comunidade verdadeira, em qualquer contexto, requer uma terceira coisa transcendente que responsabiliza tanto o eu quanto o tu perante algo além de nós mesmos, um fato de conhecimento geral fora da Educação. Na vida religiosa, quando uma comunidade vincula um caráter supremo aos líderes que consagra ou ao ponto de vista dos seus membros, ela se torna idolatria até que se volte a um centro transcendente que possa julgar tanto os paroquianos quanto os sacerdotes. Na vida política, quando uma nação não tem um centro transcendente que possa convocar líderes que fomentam o medo e seguidores cheios de medo para propósitos maiores que seus medos, sua vida civil vai degenerar e, por vezes, tornar-se um tipo fascista de mal.

A sala de aula centrada na disciplina se caracteriza pelo fato de que a terceira coisa tem uma presença tão real, tão vívida e tão vocal que ela pode responsabilizar, do mesmo modo, professor e alunos pelo que dizem e fazem. Em uma sala de aula dessas, não há fatos inertes. Essa coisa importante está tão viva que o professor pode se voltar para o aluno ou o aluno para o professor e qualquer um deles reivindicar algo do outro em nome dessa coisa. Aqui, professor e alunos têm um poder que vai além deles mesmos com o qual lutar — o poder de um assunto que transcende nossa tendência a fechar-nos sobre nós mesmos e se recusa a ser reduzido ao que afirmamos sobre ele.

Posso ilustrar essa ideia com um exemplo simples e até humilhante. Estou pensando em um momento embaraçoso que conheço — e talvez você também conheça —: aquele em que faço uma afirmação sobre o assunto e um aluno me pega contradizendo algo que eu disse antes, algo do texto ou algo que o aluno sabe independentemente do texto ou de mim.

Em uma sala de aula centrada no professor, ser pego em contradição dá a sensação de fracasso. Constrangido, recorro a um jogo de pés sofisticado o bastante para impressionar Muhammad Ali: "Bem, pode parecer uma contradição para você, mas se olhar para as principais fontes dessa questão — coisa que você provavelmente não fez, já que elas ainda não foram traduzidas do original em finlandês — vai descobrir que"...

Mas, em uma sala de aula centrada na disciplina, reunidos em torno de algo importante, ser pego em contradição pode significar êxito: agora eu sei que essa coisa importante tem uma presença tão vívida entre nós que qualquer aluno que prestar atenção pode verificar e me corrigir. Nesse momento, a coisa importante não está mais confinada ao que eu digo sobre ela: os alunos têm acesso direto, sem intermediários, à disciplina, e podem usar seu conhecimento para desafiar as minhas afirmações. Não é um momento para constrangimento, e sim para a celebração da boa prática docente, prática essa que dá à disciplina — e aos alunos — vida própria.

Em uma sala de aula centrada na disciplina, a principal tarefa do professor é dar uma voz independente a uma coisa importante — uma capacidade de mostrar sua verdade independentemente da voz do professor, de forma que os alunos possam ouvir e entender. Quando a coisa importante fala por si mesma, é mais provável que o professor e os alunos tomem parte em uma genuína comunidade de aprendizagem; uma comunidade que não entra em colapso diante dos egos dos alunos ou do professor, mas sabe que é responsável perante a disciplina em seu cerne.

Para que a sala de aula centrada na disciplina não pareça um tanto exótica, leve em consideração o jardim de infância. Observe um bom professor sentado no chão com um grupo de alunos de cinco anos, lendo uma história sobre um elefante. Visto pelos olhos daquelas crianças, quase se pode ver o elefante no meio do círculo! E com essa coisa importante como meio de propagação, outras coisas importantes também são trazidas para a sala de aula — coisas como a linguagem e o milagre dos símbolos que carregam significados.

Leve em consideração os programas de aprendizagem de serviços que estão se desenvolvendo em cada vez mais campi hoje em dia; programas que colocam os alunos em atividades comunitárias relacionadas à área que estão estudando. Em uma turma grande de ciência política em uma universidade estadual, atribuiu-se a três quartos dos alunos o programa normal do curso, enquanto ao restante foi atribuído o programa normal acrescido de atividades de campo. Alguns poderiam pensar que os alunos desse último grupo teriam dificuldades na área acadêmica; afinal, tiveram que gastar mais tempo e energia com os trabalhos de campo e poderiam até ficar ressentidos com esse fato. Mas esses alunos se saíram melhor no âmbito acadêmico, e tornaram-se pessoal e substancialmente mais envolvidos com o curso porque as coisas importantes que conheceram ao estarem envolvidos com a comunidade tornaram seus estudos mais reais[66].

---

66 "Integrating Community Service and Classroom Instruction Enhances Learning: Results from an Experiment", *educational evaluation and policy analysis*, 1993, 15, 410-419.

Ou leve em consideração o modo como os alunos estão aprendendo agora por meio da tecnologia digital — um modo notável de manter as coisas importantes no centro das nossas atenções, se a minha experiência pessoal servir de base. Há tempos sou fascinado pelo sistema solar e seu funcionamento, mas nem as aulas de astronomia que fiz na faculdade nem os livros que li depois satisfizeram minha sede de compreensão. Mas, há pouco tempo, sentado diante do meu computador, usando meu "laboratório" de astronomia em CD-ROM ou na internet, comecei a digerir os fundamentos dessa disciplina de uma maneira muito recompensadora.

Uma razão para o meu aprendizado acelerado é o poder que o computador tem de criar a realidade virtual. Com ela, posso fazer e manipular modelos dos planetas, de suas luas, de suas relações e da ação da gravidade que me permitem colocar essa imensidão no centro das minhas atenções, e então passear por ela e entrar ali como se fosse meu lar (coisa que ela é, e de certo modo eu entendo isso de uma maneira mais vívida!). Ao mesmo tempo, tenho acesso imediato a fotos e informações técnicas para aprimorar meu entendimento, bem como a mapas que me dirão para onde olhar no céu à noite. Usando uma tecnologia semelhante, alunos em muitas salas de aula agora conseguem se relacionar de forma mais pessoal com coisas importantes em disciplinas que variam da arquitetura à zoologia.

É irônico que o objetivismo, que *parece* colocar o objeto de conhecimento acima de todo o resto, promova na prática uma sala de aula centrada no professor. O objetivismo é tão obcecado em proteger a pureza do conhecimento que proíbe o acesso direto do aluno ao objeto de estudo, para que sua subjetividade não o corrompa. O que quer que saibam sobre isso deve ser mediado pelo professor, que substitui o objeto, funciona como seu porta-voz e é o único foco de atenção do aluno.

Em seu ponto extremo, a abordagem purista é representada pelo professor de matemática que resistia ao movimento de reforma pedagógica em sua disciplina, alegando o seguinte: "Nossa principal responsabilidade como matemáticos não é para com os alunos, mas sim para com a matemática: preservar, criar e melhorar a boa matemática e proteger a disciplina para as gerações futuras". Os bons alunos, afirmava ele, aqueles que estavam destinados a se tornarem matemáticos, "sobreviverão a qualquer sistema educacional, e é com eles que o nosso futuro está"[67].

A ideia de uma sala de aula centrada no aluno surgiu a partir desses abusos do modelo centrado no professor, mas encorajou seus próprios abusos. Em um ambiente centrado no aluno, às vezes há uma tendência para o relativismo

67 TURNER, J. A. "Mathematicians debate calculus reform and better teaching", *Chronicle of higher education*, Jan., 31, 1990, p S.A15.

irracional: "Uma verdade para mim, outra para você, e não importa a diferença". Quando os alunos são colocados no centro do círculo, os professores podem desistir com muita frequência de sua liderança. É difícil confrontar a ignorância e o preconceito nos indivíduos ou no grupo quando o fio de prumo consiste dos próprios alunos.

Tendo visto a possibilidade de uma sala de aula centrada na disciplina, agora ouço de uma nova maneira as histórias dos alunos sobre seus grandes professores, nos quais "a paixão pela disciplina" é um traço citado com tanta frequência (uma paixão que não precisa ser ruidosa, mas que pode ser silenciosamente intensa). Sempre pensei que a paixão tornasse um professor excelente porque trazia uma energia contagiante para a sala de aula. Mas agora percebo que tem uma função mais profunda. A paixão pela matéria impulsiona-a, e não o professor, a ocupar o centro do círculo de aprendizagem — e quando uma coisa importante está no meio dele, os alunos têm acesso direto à energia da aprendizagem e da vida.

Uma sala de aula centrada na disciplina não é aquela em que os alunos são ignorados. Ela respeita uma das necessidades mais essenciais dos nossos alunos: serem apresentados a um mundo maior do que suas experiências e egos, um mundo que expande seus limites pessoais e amplia seu senso de comunidade. É por isso que os alunos descrevem grandes professores como pessoas que "trazem à vida" coisas sobre as quais os alunos nunca ouviram falar, oferecendo-lhes um encontro com a alteridade que traz os alunos à vida também.

Essa sala de aula respeita ainda uma das nossas necessidades mais essenciais como professores: revigorar essas conexões entre nossas disciplinas, nossos alunos e nossas almas, que ajudam a nos tornarmos inteiros repetidas vezes. Ao colocar o "Segredo", sobre o qual escreve Frost, no centro do círculo, nós reconstituímos a memória da paixão que nos levou a esse trabalho em primeiro lugar — uma reconstituição que não pode acontecer quando nós e nossos alunos nos sentamos nesse círculo sozinhos.

ENSINAR A PARTIR DO MICROCOSMO

Quando me lembro que ensinar é criar um espaço no qual se pratica a comunidade da verdade — preciso gastar menos tempo preenchendo o espaço com dados e com os meus pensamentos e mais tempo abrindo um espaço onde os alunos possam ter um diálogo com a matéria e uns com os outros —, costumo ouvir uma voz interior que discorda: "Mas a minha área está cheia de informações factuais que os alunos devem ter antes de continuar".

Essa voz me encoraja a fazer aquilo para o que fui treinado: ocupar todo o espaço com o meu conhecimento, mesmo que isso afaste meus alunos. À medida que ouço essa voz, o modelo de uma sala de aula centrada na disciplina se torna atrativo pelo motivo errado: eu poderia fazer mal uso dele como uma desculpa para preencher todo o espaço com as exigências informativas da própria disciplina.

Quando me rendo a essa tentação, não é só porque fui treinado para isso ou porque meu ego quer ser o centro das atenções. Como muitos outros professores que conheço, preencho o espaço porque tenho uma ética profissional, que me responsabiliza tanto pela integridade da minha disciplina quanto pela necessidade que meus alunos têm de estar preparados para a continuação dos estudos ou para o mercado de trabalho. Para citar alguns professores universitários que se sentem motivados por ela, trata-se de uma ética que requer que nós "cubramos todas as bases".

Esse senso de responsabilidade não pode ser desmerecido. Mas a conclusão que tiramos disso — de que devemos sacrificar o espaço a fim de cobrir todas as bases — baseia-se na falsa premissa de que o *espaço* e as *coisas* se excluem mutuamente. Para ensinar na comunidade da verdade, devemos encontrar algum modo de transformar essa aparente contradição em um paradoxo que respeite tanto as coisas que devem ser aprendidas quanto o espaço que a aprendizagem requer.

Podemos começar com um fato pedagógico simples: se o objetivo de um curso é passar uma grande quantidade de informações, a pior maneira de fazer isso é falar sem parar (embora a explanação possa servir muito bem a outros propósitos, da maneira que vou descrever mais adiante). O cérebro humano simplesmente não é bom em reter uma multidão de fatos enquanto marcham em fila indiana através de uma explanação carregada de informação. Os fatos são disponibilizados de modo bem mais adequado por meio de textos ou formatos eletrônicos, com os quais os alunos podem fazer o que o cérebro requer: observá-los uma vez, observá-los de novo, verificá-los mais uma vez, então massageá-los, correlacioná-los e aplicá-los — em breves, porém frequentes parcelas.

Quando fatos sobre o assunto são despejados em massa, os alunos ficam sobrecarregados, e sua compreensão é passageira. Sabendo disso, podemos revisitar a metáfora sobre cobrir todas as bases, que retrata a prática docente, de forma inconsciente, como o ato de estender uma lona sobre um gramado até que ninguém mais possa ver o que está embaixo, a grama morra e nada novo possa crescer. Essa é uma boa descrição do que acontece com os alunos em cursos carregados de informação: eles não conseguem entender a matéria, retendo a informação apenas pelo tempo suficiente para passar na prova, e nunca mais querem pegar um livro sobre o assunto de novo.

Como podemos conciliar as exigências do espaço e das coisas? Começaram a me ocorrer algumas abordagens quando perguntei a mim mesmo: "Qual é o melhor uso possível do breve período de tempo no qual meus alunos e eu compartilhamos esse espaço chamado de sala de aula?".

Ao invés de usar esse espaço para dizer aos meus alunos tudo o que os profissionais sabem sobre a disciplina — informação que eles não vão reter nem saber usar —, preciso trazê-los ao círculo de prática daquela área, para a versão da comunidade da verdade que ela oferece. Para fazer isso, posso apresentar pequenas, mas críticas, amostras de dados da área para ajudar os alunos a entenderem como um profissional dessa área gera, verifica, corrige dados, como pensa, usa e aplica esses dados e os compartilha com os outros.

Em outras palavras, posso ensinar mais com menos, criando espaço e respeitando as coisas em questão ao mesmo tempo. Entretanto, como uma amostra pequena, mas crítica, de dados pode representar de forma adequada a vastidão de qualquer área, a vastidão das coisas importantes que estamos tentando entender? As respostas surgem conforme nos lembramos de que todas as disciplinas têm uma *gestalt*, uma lógica interna, um modo padronizado de se relacionar com as coisas importantes em seu cerne.

Dessa forma, toda disciplina é como um holograma, o modelo mencionado no capítulo IV que alguns físicos usam para descrever a lógica subjacente da própria realidade. Um holograma é uma organização da informação visual que consideramos notável pelo modo como nos permite ver um objeto tridimensional em uma superfície bidimensional. Mas um holograma tem um traço ainda mais extraordinário: cada parte do holograma contém toda a informação que o todo possui.

Como descreve um físico: "Se cortarmos o holograma de uma rosa ao meio e depois o iluminarmos com um laser, descobriremos que cada metade ainda contém a imagem inteira de uma rosa. Se as metades forem divididas de novo, sempre descobriremos que cada fragmento contém uma versão menor, porém intacta, da imagem original"[68]. Pegue qualquer fragmento de um holograma e a partir dele você poderá reconstruir o todo.

A lógica holográfica foi prevista há dois séculos e meio por William Blake em uma simples imagem de "Auguries of innocence" ("Augúrios da inocência"),

68 "Does objective reality exist, or is the universe a phantasm?", World Wide Web Virtual Library: Sumeria [http://www.livelinks.com/sumeria].

em que ele sugere que podemos "*see a World in a Grain of Sand*"[69] ("Ver o Mundo em um diminuto Grão" - tradução de Aline Storto Pereira). Cada disciplina acadêmica tem desses "grãos de areia", através dos quais seu mundo pode ser visto. Então por que continuamos despejando caminhões de areia nos nossos alunos, cegando-os por completo, ao invés de erguer um grão para que eles possam aprender a ver por si próprios? Por que continuamos tentando cobrir todas as bases quando podemos honrar mais a disciplina ensinando uma quantidade menor dela mais a fundo?

Cada disciplina tem uma lógica interna tão profunda que cada parte crítica dela contém a informação necessária para reconstruir o todo — se for iluminada por um laser ou um raio de luz altamente organizado. Esse laser é o ato de ensinar.

Pode parecer difícil traduzir essa teoria para a prática, mas ela é implementada todos os dias em algumas das nossas práticas pedagógicas mais respeitadas. Leve em consideração o laboratório de ciências. Ali estão trinta estudantes de botânica observando em trinta microscópios partes do caule de uma mesma planta. De forma individual e em conjunto, orientados por um professor, eles analisam esse grão de areia e, enquanto isso, aprendem a lógica da disciplina, suas regras de observação e interpretação, bem como alguns fatos substanciais. O que eles descobrem analisando esse microscópio — depois outro, e outro, e outro — pode por fim ser traduzido como um ensinamento da disciplina em geral. Ao mergulhar fundo na particularidade, esses alunos estão desenvolvendo uma compreensão do todo.

Não importa qual seja o assunto importante que estivermos estudando, sempre haverá um equivalente às partes do caule no microscópio. Em todo grande romance há uma passagem que, quando compreendida profundamente, revela como o autor desenvolveu as personagens, estabeleceu a tensão, criou o movimento dramático. Com essa compreensão, o aluno pode ler o resto do romance de maneira mais perspicaz. Em todo período histórico há um evento que, quando compreendido profundamente, revela não só o modo como os historiadores fazem seu trabalho, mas também ilumina a dinâmica geral da época. No trabalho de todo filósofo há uma ideia crucial que, quando compreendida profundamente, revela a base do seu sistema ou não-sistema de pensamento.

Ensinando dessa forma, não abandonamos a ética que nos leva a cobrir todas as bases, e sim a honramos de uma maneira mais profunda. Ensinando a

---

69 ERDMAN, D. V. (ed.) The Complete Poetry and Prose of William Blake. Nova York: Doubleday Anchor, 1988. p. 489.

partir do microcosmo, exercitamos a responsabilidade tanto para com a matéria quanto para com os nossos alunos, recusando-nos a apenas enviar "bocados" de informação pela cadeia alimentar intelectual abaixo e ajudando nossos alunos a entender de onde vem a informação e o que ela significa. Respeitamos tanto a disciplina quanto nossos alunos ensinando-os a pensar como historiadores, biólogos ou críticos literários, e não apenas a repetir as conclusões a que os outros chegaram.

Quero oferecer dois exemplos da vida real de como ensinar a partir do microcosmo pode ser realizado em áreas carregadas de informação. A seguir, vou contar uma longa história sobre a reforma da educação médica. Na sequência, contarei uma breve sobre um curso que ministrei sobre métodos de pesquisa social. Com essas histórias, espero mostrar não apenas que ensinar a partir do microcosmo funciona no mundo real, mas também que pode funcionar melhor do que as nossas tentativas bem intencionadas, mas mal orientadas, de cobrir todas as bases.

O MICROCOSMO NAS FACULDADES DE MEDICINA

Em uma grande universidade na qual eu tinha falado sobre a comunidade na Educação, fui convidado para o almoço pelo reitor da faculdade de medicina, que disse ter uma história que poderia ser do meu interesse.

Muitos anos antes, ele e alguns colegas ficaram preocupados com o tipo de médicos que seus alunos estavam se tornando. A compaixão que tinha levado muitos desses alunos a entrar na faculdade de medicina, em grande parte, desaparecia quando terminavam os estudos. Eles chegavam ao curso com uma grande preocupação quanto às pessoas e à sua saúde, mas, quatro anos depois, tendiam a tratar os pacientes como objetos a serem reparados, se possível, ou ignorados, se não o fosse.

O reitor e seus colegas também se preocupavam com o fato de que poucos de seus graduandos tinham aprendido a aprender. Eles sabiam agregar a teoria e o fato ensinados no currículo convencional, mas nada os ensinava a se manter atualizados com um fluxo veloz de conhecimento, que vai ficar bem diferente do que é agora em poucos anos.

Então, o reitor e seu pequeno grupo começaram a defender uma abordagem alternativa. Para explicar a importância dessa abordagem, o reitor propôs essa imagem da educação médica tradicional:

> Durante os dois primeiros anos, os alunos se acomodam em um auditório enquanto um professor, no palco, passa uma varinha pelos ossos de um esqueleto pendurado em um suporte. A tarefa dos alunos é memorizar toda essa informação, demonstrá-la nas provas e usá-la em ambientes laboratoriais.
>
> Depois, no início do terceiro ano, eles encontram seu primeiro paciente vivo — e nós nos perguntamos por que tratam esse paciente como aquele esqueleto pendurado em um suporte! Isso sem mencionar o fato de que esse tipo de aprendizagem de segunda mão não dá aos alunos nenhuma experiência em encontrar coisas por conta própria.

Mas tratar o paciente como objeto e "entorpecer" o aluno não eram os únicos problemas que inquietavam o reitor e seus colegas. Eles também estavam preocupados com uma cultura acadêmica que motivava seus alunos a aprenderem não para tratar os pacientes, mas para competir uns com os outros e ganhar — o que levava a resultados deploráveis.

De vez em quando, um professor designava a leitura de um artigo de revista acadêmica e o deixava reservado na biblioteca. Mas, quando o quarto ou quinto aluno ia fazer a leitura, alguém, procurando obter vantagem, o tinha cortado com uma navalha. Mais uma vez, a compaixão pelo paciente tinha desaparecido, pois a informação naquele artigo poderia ter ajudado um médico a tratar um paciente algum dia. De novo, os alunos deixaram de aprender a aprender com automotivação e aprenderam apenas a ganhar às custas uns dos outros.

Então, o reitor e seus aliados propuseram uma nova abordagem, desenvolvida originalmente na McMaster University, em Hamilton, Ontario. Sua característica fundamental era que os alunos, desde o primeiro dia na faculdade de medicina, reuniam-se em pequenos círculos em torno de um paciente vivo com um problema verdadeiro e pedia-se que eles fizessem o diagnóstico do estado do paciente e prescrevessem o tratamento.

O reitor me assegurou rapidamente de que há um mentor em cada círculo, um professor médico que garante que esse grupo de amadores não prejudicará o paciente. Mas o dever do mentor não é dizer qual o diagnóstico ou a prescrição. Ele está ali para orientar uma investigação coletiva quanto a essa "coisa importante" — o paciente e a questão da doença e da saúde — que foi colocada no centro da atenção dos alunos.

O reitor explicou:

> Por um lado, os alunos que participam desse círculo não sabem muito. Alguns deles não passaram por nenhum curso de pré-medicina[70], já que admitimos todos os tipos de especialização nas faculdades de medicina hoje em dia, e mesmo aqueles que o fizeram não têm nenhuma experiência clínica.
>
> Mas, por outro lado, os alunos sabem muito. Como indivíduos, eles sabem certas coisas simplesmente porque já estiveram doentes e conheceram pessoas que estavam doentes. Então, eles têm pistas experienciais sobre doença e saúde.
>
> Como grupo, eles sabem ainda mais. Aqui há um aluno que tem o dom da observação, que percebe o olhar embotado do paciente. Ali há um aluno com o dom da intuição, que pega informações da linguagem corporal do paciente. E há um aluno com o dom de fazer perguntas, que consegue obter mais informações em poucos instantes do que a maioria de nós conseguiria em uma hora.
>
> Se você conseguir fazer todas essas pessoas e suas percepções se multiplicarem exponencialmente em um bom processo em grupo, às vezes é possível que um grupo de amadores tenha *insights* sólidos.

Nesse modelo de formação médica, esse pequeno círculo de estudantes em torno de um paciente, essa pequena versão de uma comunidade da verdade, é o eixo que faz o mundo dar mais voltas. A partir desse eixo, desse centro vivo, os alunos passam para outros ambientes educacionais em busca de *insights* que não estão disponíveis no eixo — desde a biblioteca para o pesquisador independente, passando pelo salão de conferências em busca de dados sistemáticos sobre vários tópicos, seminários, *workshops* e laboratórios para a prática do uso de habilidades específicas. Mas, aonde quer que vão, eles sempre voltam para o eixo com novos fatos e teorias que os ajudam a entender o paciente e o problema. E saem do eixo outra vez com novas perguntas que focam o conhecimento que eles reuniram em outros locais.

O reitor e seus aliados propuseram esse modelo. Depois de um debate considerável entre os demais membros do corpo docente, ele foi adotado com poucos votos de vantagem. Quando a poeira baixou, os professores que discordaram fizeram duas previsões. A boa notícia era que a nova abordagem pedagógica com

70 Nota da tradutora: nos Estados Unidos, o curso de pré-medicina é uma opção para os alunos que pretendem estudar medicina. Ao fim do curso, que tem uma série de disciplinas obrigatórias, os alunos passam por uma prova de admissão para a faculdade de medicina.

certeza melhoraria o atendimento à cabeceira dos pacientes e a ética dos graduandos. Mas a má notícia era mais do que suficiente para ofuscar a boa.

A nova abordagem pedagógica, diziam os dissidentes, faria as notas dos testes padronizados caírem: em nenhum ponto desse currículo havia alguém cobrindo de forma sistemática todas as bases e forçando os alunos a aprenderem os fatos. Apesar de todos os méritos humanísticos do novo plano, seu fracasso em "levar a sério o conhecimento objetivo" colocaria tanto os alunos quanto a faculdade em risco, pois ambos confiavam cegamente nas notas dos testes.

O reitor perguntou se eu advinharia o que tinha acontecido nos seis anos seguintes, desde a adoção desse plano. Pensei que provavelmente sabia a resposta, porque não costumamos convidar as pessoas para almoçar para falar sobre os nossos fracassos. Mas eu queria que o reitor contasse a história com suas próprias palavras.

> Aqueles que criticaram estavam certos quanto à melhora na ética médica e no atendimento à cabeceira dos pacientes. Faz muitos anos que os artigos não são mais arrancados das revistas acadêmicas e recebemos com frequência relatos dos pacientes sobre como os nossos alunos são prestativos.
>
> No entanto, eles estavam errados quanto às provas objetivas. As notas dos testes não caíram. Na verdade, elas começaram a aumentar e, durante o tempo em que ensinamos dessa forma, elas continuaram, de modo lento, a aumentar. Nessa abordagem da formação médica, nossos alunos não só se tornaram mais compassivos, como também parecem estar ficando mais inteligentes, mais rápidos.

Por que isso acontece? O motivo pelo qual quero fazer uma breve análise está relacionado ao poder de ensinar a partir do microcosmo na comunidade da verdade — o microcosmo sendo, nesse caso, a coisa importante chamada paciente no centro do círculo de aprendizagem. O paciente representa o motivo pelo qual a maioria dos alunos quer ser um médico: ajudar as pessoas a melhorarem. Então, desde o primeiro dia de sua formação médica, os alunos estão envolvidos por essa abordagem pedagógica no nível de sua motivação original, e continuam envolvidos nesse nível durante todo o curso.

Essa é uma das razões do crescente comportamento ético que esses alunos mostram agora — uma ética que, espera-se, acompanha-los-á para a vida profissional. O relato do reitor de que os artigos não estão sendo mais arrancados das revistas sugere que o comportamento se torna mais ético quando uma coisa importante, e não o próprio ego, é o centro da atenção de uma pessoa. Esses artigos permanecem nas revistas porque esses alunos são lembrados com frequência de que estão aprendendo para ajudar as pessoas a melhorarem, e não para ganhar uma competição.

Mas as consequências de colocar uma coisa importante no centro da nossa atenção não são apenas éticas, mas também intelectuais: esses alunos estão "ficando mais inteligentes, mais rápidos". Há pelo menos dois motivos para isso, e ambos têm a ver com o poder pedagógico da comunidade da verdade.

Em primeiro lugar, o cérebro humano funciona melhor com informações apresentadas não sob a forma de partes de dados isolados, mas em padrões de conexão significativa em uma comunidade de dados, por assim dizer. Formar padrões é o que acontece quando os alunos aprendem os fatos médicos por meio da história de um paciente, pois ela oferece conexões internas e externas: conecta vários fatos sobre o paciente uns com os outros em um padrão de correlação, interpretação e explanação, e também o aluno ao paciente em um padrão de significado humano.

O reitor defendeu esse ponto de vista com um comentário fiel ao que sabemos sobre como o cérebro humano funciona: "Daqui a vinte anos, quando um desses alunos se lembrar de como o fígado funciona, vai se lembrar dessa informação não como um factoide em um livro, mas no contexto da história da Sra. Smith". Em outras palavras, a memória vai tomar uma forma comunitária, a da própria realidade.

Em segundo lugar, essa comunidade da verdade tem poder pedagógico porque permite que os alunos façam seu aprendizado juntos. Embora insistamos em acreditar que a competição é o melhor modo de motivar as pessoas a aprender, esses alunos são muito mais motivados pelo fato de que seu aprendizado individual permite que contribuam com a investigação comunitária — ou pelo menos que não se constranjam por decepcionar o grupo. Aprender em conjunto também oferece a eles uma oportunidade de olhar para a realidade através dos olhos dos outros, ao invés de forçá-los a processar tudo por meio de sua própria visão limitada. Eles podem verificar e corrigir o que veem a partir de vários pontos de vista, chegando mais perto de acertar.

Dizem que todos nós juntos somos mais inteligentes do que qualquer um de nós sozinho. E talvez essa máxima não seja apenas sonho. A história dessa faculdade de medicina encoraja minha crença de que uma abordagem pedagógica baseada na comunidade da verdade não é uma fantasia romântica, mas pode ser uma reação prática a algumas das nossas necessidades educacionais mais urgentes.

O MICROCOSMO NA PESQUISA SOCIAL

Meu segundo exemplo de um ensino que acontece a partir do microcosmo é bem mais modesto do que a reforma da educação médica. Então, pode ajudar a aproximar essa abordagem da prática cotidiana.

Métodos da Pesquisa Social é um dos cursos mais entediantes no currículo da ciência social, pois tipicamente é ensinado como um fluxo sem fim de informações. Eu mesmo o ensinei dessa forma durante alguns anos, até que meus alunos entraram em coma e fui forçado a procurar uma abordagem mais vivificante. Na universidade onde eu estava lecionando naquela época, Métodos era um curso obrigatório que costumava atrair cento e cinquenta alunos. Precisei, então, encontrar uma maneira de estimular a comunidade da verdade em um salão de conferências, e não em uma sala confortável.

Para ilustrar minha tentativa de estimulá-los, focalizei um período de duas semanas no meio do curso. Durante esse tempo, eu queria que meus alunos aprendessem certas coisas importantes sobre o modo como os fenômenos sociais são conhecidos: como formar conceitos, desenvolver indicadores, colher dados com esses indicadores, correlacionar esses dados a padrões e interpretar o que esses padrões poderiam significar. Mencionar esses objetivos de forma clara enquanto as duas semanas se iniciavam colocou alguns limites em torno do espaço que, em pouco tempo, conteria uma bagunça criativa.

Para colocar esses quatro assuntos no centro da atenção, desenhei uma tabela simples, de quatro células, na lousa, e a deixei ali durante todo o período de duas semanas como o "grão de areia" que seria o foco da nossa exploração (veja a figura 5.1). Com essa tabela ocupando o centro da nossa investigação, dei aulas fazendo pergunta após pergunta sobre ela. Conforme se desenrolava o processo, tentei esperar até que o silêncio acabasse e as respostas viessem para envolver os alunos em um diálogo uns com os outros, não apenas comigo. Quando, no final, a discussão se tornou confusa, tentei colocar as coisas em ordem com uma "pequena explanação", sempre seguida de uma nova rodada de perguntas e diálogo. Minha esperança era levar esses alunos a mergulhar tão a fundo nesse microcosmo de metodologia que eles aprenderiam a lógica da prática nessa área, ou, pelo menos, tornar-se-iam consumidores inteligentes de pesquisa social.

Nem eu tenho páginas suficientes nem você teria paciência para acompanhar cada passo que meus alunos e eu seguimos nesse período de duas semanas. Mas posso insinuar o que aconteceu descrevendo nossa abordagem de *formação de conceito*.

Para tornar acessível a natureza abstrata da formação de conceitos, escolhi focar nossa investigação no tema *raça*, pois essa é uma questão obviamente controversa em nossa sociedade — e já era bastante controversa na universidade onde eu estava ministrando o curso naquela época. Eu acreditava que explorar a raça como conceito criaria a tensão necessária para conseguir manter a atenção dos meus alunos. E assim aconteceu.

Raça / Renda	Negro	Branco
Alta	15%	45%
Baixa	85%	55%

Figura 5.1. A relação entre renda e raça

Comecei a primeira aula observando que os pesquisadores que fizeram essa tabela não apenas apontaram a raça como o fator que queriam estudar, mas também, aparentemente, encontraram uma maneira de determinar a classificação racial das pessoas que entrevistaram.

Eu perguntei:

— Como vocês determinam de que raça uma pessoa é?

Alguns alunos olharam para mim, atônitos com a estupidez da minha pergunta. Mas muitos deles desviaram o olhar, pelo mesmo motivo!

Tive que fazer um grande esforço interior apenas para manter esse espaço. Um espaço e uma estupefação que me fizeram ficar extremamente tentado a esquecer do ensino a partir do microcosmo e voltar à explanação.

Mas consegui resistir por tempo suficiente para que uma aluna mais ao fundo da sala levantasse a mão, hesitante.

Eu disse:

— Sim, por favor.

— Você olha — ela disse. — Você apenas olha!

Quando se ensina dessa forma e o silêncio se torna uma agonia, qualquer resposta é bem-vinda. Nesse momento de alívio, era como se essa aluna tivesse descoberto a teoria da relatividade geral! Eu a agradeci pela resposta e então prossegui, agitado.

— Digam-me — perguntei — para o que olhamos?

Agora mais alunos estavam convencidos de que eu tinha enlouquecido, mas o nível de energia aumentou um pouco, talvez porque sentissem cheiro de sangue.

— Bem, olhamos para a cor, a cor da pele! — disse alguém mais à frente, dando mostras de estar sentindo-se irritado e, ao mesmo tempo, achando graça.

— Obrigado — eu disse. — Agora vamos dar uma olhada nos rostos que estão nesta sala de aula. Parece haver dez ou doze cores aqui, variando de um ébano profundo a um branco pálido. Isso significa que temos dez ou doze raças nesta sala? Ou significa apenas que alguns dos alunos brancos têm tomado sol?

O diálogo continuou, às vezes frustrante, às vezes engraçado. Mas, passo a passo, mesmo que desajeitados, fomos avançando em direção a um fato essencial sobre a "raça".

No que diz respeito à questão de a raça ser um conceito válido — uma questão que meus alunos passaram a levar mais a sério depois da nossa discussão —, não se trata de uma receita milagrosa deixada por Deus ou pela Mãe Natureza. A raça é uma sequência contínua e diferenciada de frequências gênicas que dividimos em categorias, por meio de um ato chamado formação de conceitos. Colocamos marcadores em vários pontos dessa contínua sequência gênica: passe por esse marcador e você é caucasiano, passe por esse marcador e você é negro, passe por esse marcador e você é asiático.

À medida que nossa investigação continuava, meus alunos começaram a entender várias coisas importantes quanto às exigências da formação de conceitos. O conceito chamado de raça é um artefato do modo como as nossas mentes dividem e simplificam um complexo grupo de informações sobre os seres humanos. A forma desse artefato não é uma questão sem propósito. Para o bem ou para o mal, a maneira como conceituamos a raça faz a diferença neste mundo.

Porque o conceito de raça faz a diferença, social e cientificamente, é importante saber se há regras legítimas para a divisão da informação. A formação de conceitos é um ato arbitrário, orientado apenas pelo preconceito social, ou há maneiras de penetrar essa sequência contínua de frequências gênicas que são mais fiéis aos dados — e aos seres humanos — do que as outras?

Existem, é claro, regras legítimas. E meus alunos estavam mais ansiosos para aprendê-las pois, por meio do seu próprio envolvimento com o microcosmo e com as questões que ele apresentava, tinham compreendido os riscos inerentes à definição de raça de uma forma mais profunda do que eu poderia tê-los feito alcançar com uma explanação.

A compreensão a que chegaram foi além das particularidades de raça, e chegou à dinâmica subjacente a qualquer conceito. Alguns desses alunos podem usar seu conhecimento para criar novos conceitos — conhecendo agora, como conhecem, as normas de discernimento que permitem que se delimite o padrão dos dados e reivindicar mais um pouco de conhecimento. Outros podem se tornar mais criteriosos como ouvintes e falantes. Eles não estarão dispostos a aceitar o uso descuidado dos outros conceitos, como *gênero* ou *nacionalidade*, agora que sabem quantas coisas dependem do modo como nossas mentes "conectam os pontos" e estruturam os fenômenos da experiência.

Antes de ensinar a partir do microcosmo, eu dava explanações decentes sobre esses assuntos e meus alunos aprendiam coisas significativas. Mas, quando eu ensinava a partir do microcosmo, usando menos espaço para as minhas palavras e abrindo mais espaço para que os alunos se envolvessem com a matéria, eles aprendiam mais e melhor — aprendiam não só coisas que os cientistas sociais sabem, mas também algo sobre fazer ciência social por si mesmos.

ESPAÇO ABERTO E MEIOS PERSPICAZES

Não importa quantas histórias de sucesso eu colecione, de outros educadores ou da minha própria experiência. Quando tento ensinar criando um espaço no qual a comunidade da verdade possa ser praticada, nado contra as fortes correntes da minha própria formação.

Como à maioria dos profissionais, ensinaram-me a ocupar espaço, e não a abri-lo. Afinal de contas, somos nós que sabemos, então temos a obrigação de ensinar tudo sobre o assunto aos outros! Embora eu tenha rejeitado essa norma absurda, ainda me sinto culpado quando a desafio. Uma voz não muito baixa dentro de mim insiste que, se eu não estiver preenchendo todo o espaço disponível com o meu próprio conhecimento, não estou merecendo ganhar o meu sustento.

Conheço médicos que passam pela mesma situação quando convidam o paciente a colaborar em seu próprio diagnóstico e tratamento, ao invés de simplesmente dizer a eles o que está "quebrado" e como a ciência médica pode consertá-lo — ou determinou que não pode ser consertado. Quase todos os profissionais foram deformados pelo mito de que fazemos o melhor por nossos clientes, tomando todo o espaço com a onisciência que conquistamos com tanto esforço.

Nossa resistência em abrir o espaço ao invés de preenchê-lo é agravada pelo fato de que, se decidimos mudar a maneira como praticamos nosso ofício, a transição leva tempo — e enquanto estamos no meio do caminho, não somos muito bons no que estamos fazendo. A caminho de uma nova abordagem pedagógica, haverá dias em que não faremos um bom trabalho com os alunos, aqueles em que nossa culpa apenas aumenta.

Para neutralizar a culpa, preciso de duas coisas: uma lógica para o que estou fazendo quando abro espaço — por isso estou escrevendo este capítulo! — e uma compreensão dos meios perspicazes necessários para manter esse espaço aberto.

Enquanto o nosso único teste de competência profissional for a habilidade de preencher o espaço — enquanto criar espaço significa apenas seguir o fluxo —, nunca seremos capazes de abrir a porta da sala de aula para a comunidade da verdade. Enquanto não entendermos que abrir um espaço de aprendizagem requer mais habilidade e autoridade do que preenchê-lo, perderemos nossa batalha com culpa e a nossa prática docente vai voltar ao padrão de cobrir todas as bases. Se quisermos honrar e desenvolver as habilidades necessárias para criar um espaço para a aprendizagem, devemos mencioná-las e explicitá-las.

Algumas dessas habilidades são necessárias mesmo antes de a aula começar — ao conceituar o programa de estudos, selecionar materiais, estruturar as tarefas e os exercícios e planejar o tempo. Se eu não tomar essas decisões de um modo consoante com a abertura de espaço, ele desaparecerá antes que a aula comece.

Devo definir o curso de uma maneira mais envolvente e menos saturada, contrapondo minha tendência de encher os alunos de dados e permitindo, ao contrário, que encontrem a matéria, uns aos outros e a si mesmos. Devo fornecer leituras que tenham a substância que os alunos precisam saber, mas com lacunas nas quais eles possam ter suas próprias ideias — e, porque essa virtude é encontrada com mais frequência em textos fundamentais, devo conhecer bem a literatura da minha área e criar exercícios que convidem os alunos a sondar o desconhecido, bem como aqueles que revelem o que aprenderam. Devo estabelecer uma programação que deixe tempo para o inesperado, mesmo enquanto encontra tempo para obter os fatos previsivelmente necessários.

Preparar um espaço de aprendizagem requer tanta competência quanto preparar uma boa explanação — e mais competência do que preparar uma explanação ruim. Mas apesar da competência necessária para preencher essa lista de "deveres", eu ainda não passei pela porta da sala de aula. Quando essa porta se fecha, outra série de habilidades é necessária para usar e proteger esse espaço. Por exemplo, no curso de Métodos, contei com a habilidade chamada questionamento — que me parecia fácil até que tentei usá-la. Então, descobri a enorme variedade de perguntas entre as quais eu tinha que escolher.

Algumas perguntas fecham o espaço e impedem que os alunos pensem: "O que o livro didático tem a dizer sobre os conceitos e indicadores no Capítulo 4?". Outras perguntas abrem tanto espaço em uma terra deserta, sem vestígios: "O que acontece nessa tabela de quatro células?". As perguntas que ajudam as pessoas a aprender se encontram entre esses dois extremos: "Se você fosse um desses pesquisadores, como teria decidido de que raça eram os indivíduos?".

É evidente que a habilidade de fazer perguntas vai além de fazer o tipo certo de pergunta. Envolve perguntar de uma forma não ameaçadora nem degradante, e receber respostas da mesma forma aberta e acolhedora. Todo bom professor sabe como é fácil responder com as palavras certas, mas com um juízo de valores não-verbal desdenhoso — e como elas podem paralisar rapidamente uma discussão.

Quando aprendemos a fazer boas perguntas, descobrimos que ainda outra habilidade é necessária: a de transformar uma sessão de perguntas e respostas entre o professor e os alunos, de modo individual, em um diálogo comunitário complexo que perpasse por toda a sala. Meus alunos vão aprender muito mais quando eu fizer com que eles deixem de olhar sempre para mim e voltem seus olhares uns para os outros.

Devo evitar os comentários dirigidos a mim e redirecioná-los ao grupo, talvez apenas dizendo: "o que acham da observação que Sandra acaba de fazer?", mas, de preferência, sendo mais sutil. Independentemente da forma que eu faça, esse redirecionamento envolve um desafio à minha alma: devo aprender a confiar que a comunidade tem os recursos necessários para lidar com a questão em apreço.

Sinto esse desafio de modo mais imediato quando um aluno diz algo completamente falso — e tudo o que há em mim quer se rebelar e derrotar essa falsidade com a Espada da Verdade. Se eu quiser encorajar o diálogo que a comunidade da verdade requer, devo aprender a fazer a mim mesmo, nesse momento crucial, uma pergunta simples, porém difícil: com que velocidade devo derrotá-la? Posso esperar trinta segundos? Um minuto? Uma hora? Até a aula seguinte?

Quando levo em consideração minhas opções, torna-se mais claro que não preciso fazer isso imediatamente. Mesmo tendo essa falsidade à nossa frente, nós

— e a verdade — sobreviveremos por mais alguns minutos, horas ou dias. Então, quando me afasto do meu senso de urgência, torna-se mais provável que outra pessoa no grupo tome a iniciativa de desafiar o que foi dito. Quando isso acontece, a comunidade da verdade ganha vida de uma forma mais completa.

Mesmo que eu aprenda a fazer boas perguntas, redirecione as respostas e conecte os alunos em um diálogo, o trabalho ainda não estará terminado. Devo aprender a habilidade de realçar e reestruturar o que meus alunos estão dizendo, de modo que tenhamos pontos de referência que nos mostrem onde chegamos e quanto ainda temos de caminhar até o que quer que estejamos tentando aprender.

A riqueza da comunidade da verdade está no fato de que seu processo não é linear. Seus caminhos levam a diversas direções, às vezes dando voltas em torno de si mesmo, às vezes dando saltos a um ponto mais distante. Em meio a esse caos criativo, o professor deve saber quando e como traçar uma linha reta, conectando os comentários que foram feitos, revelando uma trajetória de investigação que pode tanto confirmar o que sabemos quanto nos levar a algo novo.

Para isso, devo ouvir com tanta atenção o que os meus alunos dizem de modo que eu possa relacionar o comentário que acabou de ser feito com aquele que foi feito vinte minutos antes. Ouvir com atenção nunca é tarefa fácil: ela consome energia psíquica em uma proporção que me cansa e surpreende. Mas fica mais fácil quando contenho meus impulsos autoritários. Quando suspendo, por um instante, minha conversa interior sobre o que vou dizer a seguir, abro um espaço dentro de mim para receber a conversa exterior.

Tendo ouvido e traçado uma trajetória, estou pronto para reestruturar — articular o que aprendemos de modo que esse aprendizado esteja relacionado ao ponto onde estivemos e aquele aonde estamos prestes a chegar. Por exemplo, meus alunos do curso de Métodos se aproximaram, por conta própria, da percepção de que a raça é um constructo mental, e não uma realidade biológica. No entanto, eles não chegaram a enquadrá-la como uma "sequência contínua e diferenciada de frequências gênicas que dividimos em categorias".

Aos meus alunos faltava esse tipo de linguagem. Era meu dever, então, reestruturar as partes dispersas do nosso diálogo. Mas eu precisava esperar pelo momento no qual meus alunos pudessem vivenciar essa linguagem como se fosse deles, como forma de dar nome a uma descoberta que tivessem feito por conta própria, mas que ainda não conseguissem expressar com palavras. Com essa reestruturação, alcançamos três coisas importantes: reunimos os elementos do nosso diálogo e lhes demos coerência, construímos uma ponte para o próximo tópico e fizemos tudo de uma maneira que tornou os alunos plenos participantes dessa versão em miniatura da comunidade da verdade.

Reconstruindo a dinâmica do ensino-aprendizagem na comunidade da verdade, lembro-me de que ensinar dessa forma envolve muito mais do que seguir o fluxo. Devo aperfeiçoar certas habilidades e aprender outras quando vou abrir espaço para que esse tipo de Educação aconteça.

COMUNIDADE: VARIEDADES E OBSTÁCULOS

Envolver os alunos na dinâmica da comunidade da verdade é princípio de uma pedagogia sólida. Mas os métodos que analisei para criar essa comunidade na sala de aula não são normativos nem exaustivos. O método "certo" a usar para reproduzir a comunidade da verdade é aquele que surge da identidade e da integridade do professor.

O que parece certo para mim, após tantos anos de procura, é sentar-me em um círculo com meus alunos (ou tentar me relacionar com a multidão em uma sala de conferências como se estivéssemos em um círculo) e conduzir uma investigação quanto à coisa importante que havia entre nós. Mas há outras formas de criar uma comunidade na sala de aula. E algumas delas não se parecem nada com o encontro interativo que costumamos associar a essa palavra.

Só preciso recordar o mentor sobre o qual escrevi no Capítulo 1. Em seus cursos de história do pensamento social, ele dava as aulas falando sem parar, enquanto nós sentávamos em filas e fazíamos anotações. Mas suas aulas não eram centradas no professor: suas explanações colocavam a disciplina, e não a si mesmo, no centro da nossa atenção; e nós, de algum modo, reuníamo-nos em torno dessa matéria e interagíamos com ela, embora quase não abríssemos a boca.

Como o meu mentor conseguia estimular a comunidade da verdade e atrair os alunos para ela? Suas explanações não apenas apresentavam dados da teoria social, mas também encenavam o drama do pensamento social. Ele fazia isso não só explicando as ideias dos grandes pensadores, mas também contando a história de suas vidas. Quase podíamos ver Karl Marx sentado sozinho na Biblioteca do Museu Britânico escrevendo *O capital*. Por meio de uma imaginação ativa, criou-se uma relação entre nós e o próprio pensador e com as condições pessoais e sociais que estimularam seu pensamento.

Mas o drama das aulas do meu mentor ia ainda mais longe. Ele fazia uma sólida afirmação marxista e nós a escrevíamos no caderno como se fosse a Escritura Sagrada. Então, seu rosto adquiria uma expressão perplexa. Ele fazia uma pausa, dava um passo para o lado, virava-se e olhava para o lugar de onde tinha acabado de sair e discutia sua própria afirmação a partir de um ponto de vista hegeliano! Isso não era um mecanismo artificial, mas uma expressão genuína do drama intelectual que ocupava de forma ininterrupta a mente e o coração desse professor.

Drama não quer dizer representação teatral, é claro. E lembrar-nos desse fato pode nos ajudar a nomear uma forma de comunidade palpável e poderosa sem ser abertamente interativa, ou mesmo cara a cara. Quando vou ao teatro, às vezes me sinto muito conectado à ação, como se a minha própria vida estivesse sendo retratada no palco. Mas não tenho vontade de levantar a mão e responder à fala que acabou de ser dita, ou atravessar o corredor, subir no palco e participar da ação. Sentado na plateia já estou no palco "em pessoa", conectado de um modo íntimo e invisível ao qual raras vezes damos crédito como a forma poderosa de comunidade que é.

Com um bom drama, não preciso de uma interação aberta para estar "em comunidade" com aquelas personagens e suas vidas. Do mesmo modo, quando uma boa explanação coloca o drama das coisas importantes exatamente no meio de nós, ela pode manifestar a comunidade da verdade de maneira tão plena, a seu próprio modo, quanto o currículo da faculdade de medicina ou a minha abordagem dialógica da disciplina de Métodos da Pesquisa Social.

Eu costumava me perguntar como o meu mentor, tão desajeitado em suas relações cara a cara com os alunos, conseguia estimular a comunidade tão bem. Agora entendo: ele estava em comunidade sem nós! Quem precisa de jovens de vinte anos, oriundos de bairros nobres, quando passa muito tempo com pessoas como Marx e Hegel, Durkheim, Weber e Troeltsch?

No entanto, este homem, embora se comunicasse de um modo mais íntimo com as grandes figuras do pensamento social do que com as pessoas próximas, importava-se muito com os alunos. A paixão com que dava aulas não era apenas para a sua matéria, mas para que soubéssemos sua matéria. Ele queria que nos encontrássemos e aprendêssemos com a companhia constante de seu intelecto e de sua imaginação. E ele fazia essas apresentações de uma maneira profundamente intrínseca à sua natureza.

Por meio deste professor e de suas explanações, alguns de nós se uniram a uma forma poderosa de comunidade marcada pela habilidade de falar com os mortos. Essa não é a marca de uma pessoa louca, e sim de uma pessoa instruída. Aprender a falar e ouvir nessa comunidade invisível de História e pensamento torna o mundo de uma pessoa infinitamente maior e muda para sempre sua vida.

Mas, para alguns professores que se preocupam com essas coisas, não faz diferença se definimos comunidade como interação aberta, drama ou diálogo interior. Esses professores afirmam que a Educação nunca alcançará nenhuma forma de comunidade enquanto as relações professor-aluno forem tão desiguais quanto ao *status* e ao poder. Os professores devem avaliar o trabalho feito pelos alunos e atribuir a ele uma nota — o que coloca-os contra os alunos, e os alunos uns contra os outros. Como é possível estabelecer uma comunidade quando dinâmicas divisoras estão em ação?

A pergunta supõe que a comunidade só pode acontecer onde não há divisões de *status* e poder. Mas esses lugares não existem. Se deve surgir uma comunidade, terá de ser em meio a desigualdades que aparecem sempre que duas ou três pessoas estão reunidas. Argumentar que as notas devam ser eliminadas antes que possa surgir a comunidade é ter por certa a existência de uma alternativa utópica que não pode ser encontrada em parte alguma: é desistir da comunidade por completo.

Quando uma comunidade autêntica surge, as falsas diferenças de poder e *status* desaparecem, como aquelas baseadas em gênero ou raça. Mas as diferenças verdadeiras permanecem, e assim deveria ser, pois elas são criadas por funções que precisam ser executadas para que a comunidade se desenvolva — tal como o dever do líder de manter os limites e sustentar os padrões que definem a comunidade em sua melhor forma.

A avaliação é uma dessas funções. A comunidade da verdade exige discernimento contínuo: algumas observações são precisas, e outras não; algumas alegações são válidas, e outras não; algumas hipóteses são legítimas, e outras não. Quando as notas são usadas para fazer distinções desse tipo, são apenas uma réplica das dinâmicas do mundo real sobre a qual essa abordagem de ensino é desenvolvida.

Com esse princípio do mundo real em mente, podemos inventar modos de usar as notas que enfatizem o aprendizado, e não o juízo de valor, a colaboração e a competição, aumentando as contribuições que as notas podem fazer à comunidade. Por exemplo, ofereço aos alunos a oportunidade de reescrever a monografia quantas vezes quiserem antes de o curso terminar. Atribuo notas a cada uma das versões, comentando seus pontos fortes e fracos. Quando dou uma nota final, não faço uma média; uso a nota dada para a última versão. Dessa forma, espero mostrar aos alunos que a intenção da avaliação é oferecer diretrizes para o aprendizado ao invés de julgamento final.

Também passo trabalhos que requerem que os alunos trabalhem juntos em um projeto, deixando-os cientes de que todos receberão a mesma nota pelo produto final, e não notas diferentes para as partes com as quais eles contribuíram. Dar notas representa poder, e a pergunta que deveríamos fazer não é como nos livramos do nosso poder, mas como os usamos para atingir melhores resultados.

Não estou sugerindo que as notas que classificam por letras sejam uma boa forma de avaliação. Na verdade, trata-se de uma forma bastante insatisfatória, se comparada a métodos que apresentam mais nuances, como o portfólio estudantil[71]. Mas as notas têm sido utilizadas há muito tempo e serão utilizadas pelos próximos anos, então seria errado usá-las como desculpa esfarrapada para evitar os desafios da comunidade na sala de aula.

A verdadeira ameaça à comunidade na sala de aula não são as diferenças de poder e *status* entre professores e alunos, mas a falta de interdependência que essas diferenças encorajam. Os alunos dependem dos professores para obter notas. Porém, para que os professores dependem dos alunos? Se não pudermos responder essa pergunta com algo tão real para nós quanto as notas são para os alunos, a comunidade não vai acontecer. Quando não dependemos uns dos outros, a comunidade não pode existir.

O problema é que nós que ensinamos fomos treinados, como a maioria dos profissionais, a trabalhar em total autonomia, um modo que nos torna, e também nossos destinos, em grande medida, independentes dos nossos alunos. Para ser franco, não precisamos deles para ser bem-sucedidos.

Nosso poder e *status* superiores *permitem* que trabalhemos dessa maneira, mas não nos *forçam* a trabalhar assim. É possível ensinar de um modo que coloquemos parte de nosso destino nas mãos dos alunos, e parte do destino deles em nossas mãos. Esse modo de ensinar produz mais comunidade e aprendizado ao nos atrair mais profundamente à comunidade da verdade.

Posso ilustrar isso com uma história sobre uma conferência que fui convidado a dar. A professora me disse que a sessão tinha duração de uma hora e meia. Quando respondi que falaria por vinte ou trinta minutos apenas e então abriria uma discussão, ela insistiu que eu não o fizesse.

— É uma turma grande — ela disse —, mais ou menos cento e cinquenta alunos, e eles estão acostumados com explanações, não com discussões. Receio que sua abordagem não funcione muito bem.

Persisti com os meus planos e, quando chegou o dia e eu estava na metade da minha fala diante de um mar de rostos impassíveis, comecei a achar que minha

---

71 Nota da Tradutora: os portfólios estudantis são um método recente de avaliação que se referem à coleção de trabalhos feitos pelo aluno, mostrando as suas conquistas e o seu crescimento.

anfitriã estava correta. Quando terminei de falar e perguntei quem gostaria de começar com um comentário ou uma pergunta — violando minha própria regra quanto a fazer perguntas específicas e concretas! —, gostaria de ter seguido seu conselho: aquilo se parecia cada vez menos com a participação de um convidado e cada vez mais com um enforcamento público.

Então, como acontece às vezes, uma aluna que parecia tão ansiosa quanto eu, talvez porque sentisse pena de mim, levantou a mão e fez uma pergunta, e eu respondi. Essa troca levou duas outras pessoas a levantarem a mão e a mais e mais trocas. A energia se elevou e, depois de um tempo, um verdadeiro diálogo surgiu, em múltiplos níveis, mas seguindo uma direção firme.

Quando era hora de ir embora, agradeci aos alunos daquela turma por uma ótima lição. Eles me aplaudiram entusiasticamente e uns vinte deles vieram conversar comigo. Depois de dez minutos, a outra turma começou a chegar. Transferimos então a conversa para o corredor, onde umas doze pessoas continuaram a falar por mais dez ou quinze minutos. Estava claro que um aprendizado verdadeiro tinha ocorrido para um bom número delas.

Enquanto minha anfitriã me acompanhava ao estacionamento, ela disse:

— Aquilo foi extraordinário! Nunca vi aquela turma tão animada. Notei que você usou algumas técnicas inteligentes para estimular o diálogo.

Ela obviamente não me conhecia muito bem, ou não teria me acusado de usar uma "técnica"!

Mas eu estava curioso:

— O que você quer dizer?

Ela disse:

— Toda vez que alguém levantava a mão, mesmo que timidamente, você inclinava o corpo para frente e fazia um gesto assim para a pessoa — ela fez com a mão um gesto de encorajamento —, e então dizia "por favor". E então, não importava o que a pessoa dissesse, você sorria e dizia "obrigado" com sinceridade.

Minha anfitriã parecia achar que essas eram jogadas estratégicas projetadas para manipular as emoções do grupo. Mas não era esse o caso. Aquelas eram as atitudes desesperadas de um homem prestes a morrer!

Há um nome para aqueles momentos em que eu dizia "por favor" e fazia gestos suplicantemente — chama-se implorar. Há um nome para aqueles momentos em que eu dizia "obrigado" pela menor migalha — chama-se gratidão. Quando você está faminto, implora por ajuda sem vergonha e sente-se verdadeiramente agradecido por qualquer coisa que te ofereçam. Naquela manhã, minha explanação acabou quando ainda faltava uma hora para o término do horário, e eu precisava da ajuda daqueles alunos para que o nosso encontro valesse a pena.

Quando estamos dispostos a abandonar nossa autonomia profissional autoprotetora para nos tornarmos tão dependentes de nossos alunos quanto eles são de nós, aproximamo-nos da interdependência que a comunidade da verdade requer. Quando podemos dizer "por favor" porque precisamos de nossos alunos, e "obrigado" porque estamos verdadeiramente gratos a eles, os obstáculos à comunidade começarão a desaparecer, professores e alunos se encontrarão em novos e mais profundos níveis de reciprocidade e significado, e o aprendizado acontecerá para todos de formas surpreendentes e vivificantes.

6

APRENDER EM COMUNIDADE:

O DIÁLOGO COM OS COLEGAS

'A melhor coisa quando se sente triste', respondeu Merlin... 'é aprender algo. Essa é a única coisa que nunca falha. Você pode envelhecer e seu corpo pode começar a tremer; você pode ficar acordado à noite ouvindo a confusão das suas veias;... você pode ver o mundo ao seu redor assolado por lunáticos cruéis ou saber que sua honra está sendo enlameada no esgoto das mentes vis. Nesse caso, só há uma saída: aprender. Aprenda por que o mundo se move e o que o faz se mover. Essa é a única coisa da qual a mente nunca se cansa, que nunca a torna alienada, que nunca a tortura, que a mente nunca teme, da qual nunca desconfia e da qual nunca nem sonha em se arrepender. Aprender é o que você precisa'.

— T. H. WHITE, *The Once and future king.*[72]

ENSINAR ATRÁS DE PORTAS FECHADAS

Quando imagino a comunidade da verdade reunida em torno de algo importante — desde o DNA até o livro *Coração das trevas*, ou até a Revolução Francesa —, eu me pergunto: será que os professores poderiam se reunir em torno dessa coisa importante chamada "ensino-aprendizagem" e explorar seus mistérios com o mesmo respeito que concedemos a qualquer assunto que valha a pena saber?

Precisamos aprender a fazer isso, pois esse tipo de reunião é um dos poucos meios que temos para aprender a ser professores melhores. Não há fórmulas para uma boa prática de ensino e os conselhos dos especialistas são de mínima utilidade. Se quisermos crescer em nossa prática, temos que ir a dois lugares principais: ao espaço interior de onde vem a boa prática docente e à comunidade de colegas docentes com quem podemos aprender mais sobre nós mesmos e nosso ofício.

Se eu quiser ensinar bem, é essencial que explore meu interior. Mas posso me perder por lá, iludindo-me e movendo-me em círculos que sirvam ao meu interesse. Então, preciso da orientação que uma comunidade de diálogo entre colegas proporciona — isso sem mencionar a ajuda que ela pode oferecer, apoiando-me nas

---

72 WHITE, T. H. *The once and future king*. Nova York: Ace Books, 1987. p.183. Reimpressão autorizada por The Putnam Publishing Group. Copyright © 1939, 1940 by T. H. White; © renovado em 1958 pelo proprietário dos direitos de T. H. White.

provações da prática docente e a sabedoria cumulativa e coletiva sobre o ofício que pode ser encontrada em cada professor universitário digno desse nome.

Os recursos que poderiam nos ajudar a ensinar melhor estão disponíveis nos outros — se pudéssemos ter acesso a eles. Mas há, evidentemente, o atrito. A cultura acadêmica constrói barreiras entre colegas até mais altas e maiores do que aquelas entre nós e os alunos. Essas barreiras se originam, em parte, da competição que nos mantém fragmentados pelo medo. Mas talvez elas também se originem do fato de que ser professor talvez seja a profissão de caráter mais privado de todas as profissões públicas.

Embora ensinemos diante dos alunos, quase sempre ensinamos sozinhos, sem que os colegas vejam — em contraste com cirurgiões ou advogados em julgamentos, que trabalham na presença de outros que conhecem bem seu ofício. Os advogados discutem os casos na frente de outros advogados e as lacunas de suas habilidades e conhecimento são evidentes e podem ser vistas por todos. Os cirurgiões operam sob o olhar atento de especialistas, que percebem se a mão treme, tornando a negligência médica menos provável. Mas os professores podem perder tampões de gaze ou amputar o membro errado sem nenhuma testemunha, a não ser as vítimas.

Quando entramos na sala de aula, nosso ambiente de trabalho, fechamos as portas para os nossos colegas. Quando reaparecemos, raramente falamos sobre o que aconteceu ou o que precisa acontecer em seguida, pois não temos experiências comuns sobre as quais falar. Então, ao invés de dar a isso o devido nome — isolacionismo — e tentar superá-lo, afirmamos que é uma virtude chamada de "liberdade acadêmica": minha sala de aula é meu castelo e os soberanos dos outros feudos não são bem-vindos aqui.

Pagamos um alto preço por esse caráter privado. Leve em consideração o modo como a prática docente é avaliada. Quando não podemos observar a prática de ensino uns dos outros, temos práticas de avaliação distantes, desmoralizadoras e até vergonhosas. Como não temos informações em primeira mão sobre o trabalho dos demais, permitimos que o produto dos questionários aos alunos substituam os fatos que só podemos conhecer pessoalmente.

O modo comum de "avaliar" a prática de ensino é dar aos alunos, ao fim do curso, um questionário padronizado que reduza esse complexo ofício a dez ou quinze dimensões, medidas em uma escala de cinco pontos: "dá instruções claras e concisas", "organiza bem as explanações", "estabelece critérios objetivos para atribuir notas".

Há um bom motivo para que os professores sejam desmoralizados por uma abordagem tão simples: as nuances da prática docente não podem ser apreendidas dessa forma. Nenhum conjunto uniforme de perguntas poderá ser aplicado com o mesmo valor às muitas variedades nas quais se apresenta a prática docente. Mas se insistirmos em fechar a porta quando trabalhamos, como os outros vão nos avaliar, senão passando alguns questionários repentinos, pouco antes do fim do trimestre? Avaliações desse tipo não são apenas o resultado de um mau desempenho administrativo, como os professores universitários às vezes reclamam, e sim o resultado de uma cultura do corpo docente universitário que não oferece alternativa.

Lamentavelmente, as limitações dessas avaliações são aceitas de modo cético, e recorremos a seus resultados de modo tão seletivo que os dados são usados com facilidade em um jogo de trapaça institucional. Se quisermos demitir alguém que tenha boas avaliações quanto à sua prática de ensino, mas poucas publicações, argumentamos que o questionário apenas mede a popularidade. Se quisermos promover alguém que tenha avaliações ruins quanto à sua prática de ensino, mas muitas publicações, argumentamos que o questionário não tem relevância no tocante à erudição minuciosa que ele, ou ela, transmite.

Há somente um modo honesto de avaliar as muitas variedades de boa prática docente com a sutileza necessária: chama-se estar lá. Devemos observar uns aos outros dando aula, pelo menos de vez em quando — devemos passar mais tempo conversando uns com os outros sobre o ensino. Então, quando chegar a hora de tomar decisões sobre promoção e detenção de cargo, teremos informações reais com as quais trabalhar, e não as fictícias estatísticas com as quais manipulamos as decisões.

Entendo que os horários muito ocupados impeçam os professores de estarem nas aulas uns dos outros com mais frequência. Mas, se tivéssemos conversas periódicas com os demais sobre o ensino por um longo período de tempo, saberíamos o bastante para fazer perguntas verdadeiras e dar respostas também verdadeiras quando chegasse o momento de avaliar.

- Essa pessoa leva o ensino a sério, conforme expresso pelo seu envolvimento nas conversas sobre o assunto?
- Por qual tipo de processo essa pessoa passa ao planejar um curso?
- Como ela identifica os problemas que surgem durante o curso e reage a eles?

- Essa pessoa aprende com erros do passado para planejar e implementar cursos futuros?
- Ela tenta ajudar colegas que têm algum problema em sua prática docente?

O envolvimento com uma comunidade de diálogo pedagógico é mais do que uma opção voluntária para indivíduos que procuram apoio e oportunidades de crescimento. É uma obrigação profissional que as instituições educacionais devem esperar daqueles que ensinam, pois o caráter privado da prática docente não só impede os indivíduos de crescerem em seus ofícios, mas também promove a incompetência institucional. Quando tornamos a prática docente uma prática privada, fica difícil para as instituições educacionais se tornarem competentes em realizar sua missão.

O crescimento de qualquer ofício depende de uma prática compartilhada e de um diálogo honesto entre as pessoas que o praticam. Crescemos por meio de provações privadas e erro, com certeza. Mas nossa disposição em tentar e fracassar como indivíduos é intensamente limitada quando não somos apoiados por uma comunidade que encoraje tais riscos. Quando qualquer função é privada, o resultado mais provável é de que as pessoas irão realizá-la de modo conservador, recusando-se a se afastar do consenso silencioso sobre o que "funciona" — mesmo quando é óbvio que não funciona.

Esse conservadorismo avesso a riscos descreve muito bem o estado do ensino. Comparado a outras profissões, o magistério se desenvolveu de maneira muito lenta por conta de seu caráter privado. Se a cirurgia e o direito fossem praticados de modo tão privado quanto o ensino, ainda trataríamos a maioria dos pacientes com sanguessugas e julgaríamos os condenados com base em métodos arcaicos.

Os recursos de que necessitamos para crescer como professores existem em abundância dentro da comunidade de colegas. Como podemos abandonar esse caráter privado e criar um diálogo contínuo sobre pedagogia que nos permita tirar proveito dessa abundância? Uma boa conversa sobre a prática docente é o que precisamos para melhorar tanto a nossa prática profissional quanto a individualidade de onde ela vem.

Quero explorar três elementos essenciais para encorajar esse tipo de conversa: *tópicos* que nos levem além da técnica e das questões fundamentais do ensino; *regras básicas* que nos impeçam de malograr a conversa antes que ela possa se aprofundar muito; e *líderes* que esperem que participemos da conversa e nos convidem a fazê-lo.

NOVOS TÓPICOS PARA CONVERSAR

Nossa tendência de reduzir a prática docente a questões de técnica é uma das razões pelas quais não temos diálogos de grande duração ou profundidade entre colegas. Embora as conversas sobre técnica prometam soluções "práticas" que pensamos querer e das quais achamos que precisamos, a conversa definha quando a técnica é o único tópico: as questões humanas no ensino são ignoradas; então, os seres humanos que ensinam também se sentem ignorados. Quando a prática docente é reduzida à técnica, diminuímos os professores e seu ofício — e as pessoas não voltam de bom grado a uma conversa em que são diminuídas.

Se não falarmos apenas de métodos, sobre o que falaremos? Nossas opções são muitas, e já exploramos algumas delas aqui. Podemos falar sobre os mentores e as disciplinas que despertaram o professor dentro de nós, como no Capítulo 1. Podemos falar sobre a condição humana dos professores e dos aprendizes, como quando exploramos o medo no Capítulo 2. Usando o conceito de paradoxo, podemos falar sobre os pontos altos e baixos da sala de aula, os nossos dons e limites e a criação de espaços de aprendizagem, como no Capítulo 3. Podemos falar sobre modos de conhecimento e sobre como eles moldam nosso modo de ensinar, como nos Capítulos 4 e 5.

Neste capítulo, quero explorar mais dois tópicos que podem gerar boas conversas sobre a prática docente e a identidade de onde ela vem: momentos críticos no ensino-aprendizagem e metáforas e imagens que possam enriquecer nossa noção de individualidade que ensina.

"Momentos críticos" se referem a uma simples abordagem que uso em *workshops* para professores universitários ao convidar as pessoas a compartilharem sua prática de maneira aberta e honesta. Começo desenhando uma longa linha horizontal em um quadro negro, representando o movimento de um curso do começo ao fim. Então, peço às pessoas que citem momentos críticos que vivenciam ao longo dessa linha do tempo, conforme prossegue o curso. Por momento crítico, quero dizer aquele em que uma oportunidade de aprendizado para o aluno se abre ou se fecha, dependendo, em parte, de como o professor lida com isso. "Em parte" é uma ressalva importante, pois um dos desafios da prática docente é o fato de que nem todos os momentos críticos podem ser controlados pelo professor.

Os momentos citados são muitos. À medida que eles são revelados, coloco cada um deles na linha do tempo no ponto, ou nos pontos, onde tendem a acontecer conforme o curso prossegue, marcando-os com uma ou duas palavras.

Em pouco tempo, a linha está pontilhada com episódios familiares a todos os professores: a primeira aula e a forma como ela dá o tom ao resto do semestre; a primeira pergunta "idiota" feita; o primeiro exercício valendo nota, que revela como são poucos os alunos que entendem a matéria; o primeiro desafio à sua competência ou à sua autoridade; a primeira discussão que surge entre os alunos; o primeiro comentário sexista ou racista.

Nem todos os momentos críticos envolvem tensão ou desavença. Alguns são mais inspiradores: quando seus alunos entendem um tópico tão bem que você precisa começar outro antes do previsto; quando eles conversam uns com os outros com tanta facilidade que você tem dificuldade de se meter na conversa; quando algo inesperado, mas importante, acontece na aula e você tem de se livrar daquilo que já tinha estabelecido como ordem do dia. Cada um desses momentos está cheio de potencial educacional — mas cada um deles pode ser desperdiçado por professores que derem um passo em falso.

Conforme a reflexão sobre os momentos críticos continua, uma coisa simples, porém fundamental, acontece: os professores universitários começam a falar abertamente sobre acontecimentos que os deixaram perplexos ou os derrotaram, bem como aqueles resolvidos sem dificuldades. Isto é, eles fazem o que devemos fazer se quisermos ajudar uns aos outros a crescer como professores: falar de maneira aberta e honesta sobre as nossas lutas e os nossos bons resultados.

Se eu pedisse às pessoas para citar o mais rápido possível seus dilemas em sala de aula, não alcançaríamos esse nível de sinceridade tão rapidamente, se é que alcançaríamos. Mas a natureza aberta e não-diretiva desse exercício encoraja a honestidade, pois nos permite identificar os altos e baixos de uma forma voluntária, descritiva e livre de julgamentos.

Ao conduzir esse exercício, tento deixar claro que as pessoas devem falar sobre suas experiências de sala de aula, e não aconselhar colegas quanto ao que deveria acontecer na sala de aula *deles*. E, nas raras ocasiões em que alguém tenta distribuir conselhos, peço que pare. No diálogo sobre momentos críticos, temos a chance de contar as coisas como se estivéssemos contando para nós mesmos, e um senso de comunidade se desenvolve conforme descobrimos o quanto temos em comum. Fico especialmente comovido quando jovens professores universitários, que acreditam que suas lutas são únicas, encontram alívio na revelação de que membros mais velhos do corpo docente ainda lutam contra os mesmos problemas.

Conforme a linha do tempo cresce, ela deixa de se parecer com uma seta e começa a parecer mais com um mapa. Algumas linhas se enrolam, conectando um momento em sala de aula com outro, enquanto outras linhas registram dinâmicas que ocorrem fora da sala de aula e que se relacionam com ela (tensões na moradia, uma tragédia no campus, a iminência de um grande jogo). Com esse mapa complexo diante de nós, entendemos algo que torna nosso mundo mais assustador, porém, mais intrigante: embora a prática de ensino às vezes se pareça mais com um fluxo linear de experiência de um período escolar a outro, ela é, na verdade, uma intrincada formação de padrões de vida, com ritmos, texturas e formas às quais devemos prestar atenção; um tipo de caos criativo de que podemos aprender a gostar.

A questão sobre como prestar atenção a essa complexidade leva ao próximo passo do exercício. Ao estudar a linha do tempo e as informações da nossa experiência, agrupamos momentos afins: aqui está um agrupamento relacionado a conflitos na sala de aula; aqui está um que trata da autoridade do professor; aqui está outro que envolve a ligação entre teoria e prática.

Eu peço que as pessoas escolham um agrupamento de seu interesse e formem pequenos grupos em torno dele, oferecendo a cada membro a oportunidade de falar sobre o que fez, para o bem ou para o mal, em relação aos momentos críticos em apreço. Nosso propósito nos grupos pequenos não é criticar a abordagem pedagógica um do outro, mas falar de maneira honesta a partir de nossa própria experiência e ouvir abertamente enquanto os outros fazem o mesmo. Conforme fazemos isso, estamos explorando a técnica, mas de um modo não redutor. Estamos aprendendo sobre uma variedade de métodos de ensino sem que um ou outro seja promovido como o *melhor*.

Mas a investigação que acontece nesses pequenos grupos nos leva a um ponto mais profundo do que a metodologia. Enquanto ouvimos as histórias dos outros, em geral refletimos, de forma silenciosa, sobre a nossa própria identidade e integridade como professores. Quando a pessoa A fala, percebo que o método que funciona para ela não funcionaria para mim, pois não se baseia em quem sou. Mas enquanto ouço a pessoa B, percebo que o método que ela usa é um que eu gostaria de aprender, pois parece intrínseco à minha natureza. Criamos um diálogo que funciona como a triangulação feita por navegadores, permitindo que nos localizemos de modo mais preciso no território interior do ensino, observando a posição dos outros — sem que se diga que esse ou aquele deveria ir a outro ponto.

Quero propor mais um tópico para uma boa conversa sobre uma boa prática docente, um que nos leve mais diretamente ao mistério da individualidade do professor: gerando e explorando metáforas e imagens sobre quem somos quando estamos dando o melhor de nós durante a aula.

Em *workshops* com professores universitários, dependendo da disposição do grupo, às vezes peço às pessoas que preencham o espaço em branco: "Quando estou dando o meu melhor durante a aula, sou como ______________". Peço que façam isso rápido, aceitando a imagem que surgir dentro deles, resistindo à tentação de censurá-la ou editá-la.

O propósito do exercício é permitir que o inconsciente traga à tona uma metáfora, não importa quão boba ou estranha ela seja, contendo um *insight* que a mente racional nunca permitiria. Nem todos os grupos têm acesso suficiente à sua imaginação ou não se sentem suficientemente à vontade consigo mesmos para correr esse tipo de risco. Mas quando as pessoas estão dispostas a se sentirem um pouco tolas entre colegas, a recompensa em termos de autocompreensão pode ser considerável.

Posso ilustrar tanto o risco quanto a recompensa explorando a minha própria metáfora. Ela me ocorreu há mais de vinte anos, em condições há muito esquecidas: quando estou dando o melhor de mim durante a aula, sou como um cão pastor — não do tipo grande, peludo e amável, mas como o border collie, que não brinca em serviço e pode ser visto pastoreando os rebanhos nas regiões onde há criação de ovelhas.

Uma vez, vi dois desses cães em ação nas zonas rochosas da Escócia. E pode ter sido aí que essa imagem criou raízes dentro de mim, embora eu não estivesse pensando em ser professor naquela época. Mas, à medida que esclareci o significado da minha metáfora — coisa que peço aos professores que façam com suas metáforas nos *workshops* —, comecei a entender como oferecia pistas para a minha identidade e integridade como professor.

Na minha imaginação — sem as restrições do conhecimento especializado sobre a coisa em si — o cão pastor tem quatro funções vitais. Ele mantém um espaço onde o rebanho pode pastar e se alimentar; mantém o rebanho junto nesse espaço, muitas vezes trazendo de volta aqueles que se perdem; protege os limites desse espaço para manter os predadores perigosos longe; e, quando o pasto fica escasso, vai com o rebanho para outro espaço onde podem conseguir o alimento de que necessitam.

Suponho que seja óbvio aonde quero chegar com isso, embora não estivesse claro para mim quando comecei a explorar a imagem. A partir da metáfora crua e desconfortável de mim mesmo como um cão pastor, elaborei uma imagem mais refinada de ensino que tenho explorado em vários capítulos: ensinar é criar um espaço onde a comunidade da verdade é praticada.

Minha tarefa na sala de aula, como me dei conta, equipara-se a essa interpretação imaginativa da tarefa do cão pastor. Meus alunos precisam se alimentar — isso se chama de aprendizagem ativa. Se eles devem fazer isso, eu devo levá-los a um lugar onde haja alimento: um bom texto, um exercício bem planejado, uma pergunta generativa, uma conversa disciplinada. Então, quando eles tiverem aprendido o que há para aprender naquele lugar, devo levá-los ao próximo pasto e manter o grupo dentro desses espaços, prestando atenção particular aos indivíduos que se perdem ou fogem. E, ao mesmo tempo, devo proteger o grupo de predadores mortais, como o medo.

É dessa forma que os outros deveriam ensinar? Não faço ideia. A metáfora por trás dessa abordagem vem do meu inconsciente. Ela reflete, então, de um modo ingênuo e primitivo, algo sobre a minha identidade e integridade. Em *workshops* que ministrei, as pessoas pensaram em metáforas proveitosas para si mesmas, mas nenhuma delas funciona para mim — pessoas para as quais dar o melhor de si no ensino é ser como uma cachoeira, um guia de regiões montanhosas, um jardineiro ou um sistema climático. A boa prática docente não pode ser reduzida à técnica: ela vem da identidade e integridade do professor.

Podemos explorar um pouco mais essa identidade e integridade dando dois passos com relação à metáfora. Em primeiro lugar, podemos olhar para a sombra que ela pode insinuar em nós, bem como os pontos fortes que revela. Como já foi visto, a identidade e a integridade nem sempre são coisas extraordinárias.

A sombra que a minha metáfora insinua parece óbvia: tenho a tendência de considerar meus alunos como "cordeiros", do modo desagradável que a palavra pode implicar. Às vezes fico irritado com a aparente docilidade ou alienação deles, ou com a maneira como baixam a cabeça. Se eu permitir que essa sombra fique entre mim e meus alunos, não posso ensinar bem. Se a metáfora do cão pastor não fizer nada além de me manter alerta quanto ao aparecimento da minha própria sombra, ela terá sido útil para mim e para os meus alunos.

Em segundo lugar, podemos pegar nossa metáfora e, com a ajuda dos outros, descobrir a orientação que ela pode oferecer aos momentos difíceis em nossa prática docente. Leve em consideração o segundo estudo de caso que ofereci no Capítulo 3, envolvendo minha briga desastrosa de sala de aula com a Turma das Três. Posso me perguntar (com a expressão mais impassível que puder): "O que um cão pastor teria feito nessas circunstâncias?". E então, tente responder essa pergunta de um modo que, na medida do possível, não se distancie da metáfora, evitando o literalismo da resolução de problemas e da técnica.

Esse exercício, baseado em uma imagem que surge de alguma parte da minha psique, salva-me do conserto técnico instantâneo que eu sempre quero quando analiso um mau momento na prática docente. Ele me devolve, por meio da imaginação, à paisagem interior da identidade e integridade, onde minha orientação mais profunda deve ser encontrada.

No meu caso, minha orientação parece ser bem específica. Ao invés de deixar a aula se desembaraçar, como eu fiz, um cão pastor teria latido para os cordeiros rebeldes e mordiscado-os antecipadamente e com frequência suficiente para impedir que se estabelecesse a desordem. Se eles insistissem, após repetidos avisos, em afastar-se do caminho, é provável que o cão pastor tivesse permitido que encarassem seu destino com os lobos ao invés de sacrificar o resto do rebanho, como eu fiz.

Um cão pastor teria praticado uma forma de "amor exigente" ao invés de desempenhar o papel de "bonzinho" até as coisas fugirem do controle. Posso traduzir esses significados metafóricos em todo tipo de ações práticas, desde confrontar os alunos de maneira mais direta quanto a seu comportamento até usar as notas *in extremis* para uma modificação comportamental. Mas a orientação de que preciso, e o poder para segui-la, está na energia psíquica da metáfora em si.

REGRAS BÁSICAS PARA O DIÁLOGO

Novos tópicos podem ajudar a criar uma boa conversa sobre a boa prática docente, mas não são o bastante. Esses tópicos, diferentemente das conversas mais distantes sobre a técnica, tendem a nos tornar vulneráveis. Precisam, então, estar acompanhados de novas regras básicas para o diálogo — regras essas que nos ajudarão a respeitar a vulnerabilidade uns dos outros e evitar desencorajar a conversa antes mesmo de ela começar.

Sem novas regras básicas, retornaremos às normas implícitas a qualquer cultura que nos dizem como devemos conversar com os demais. Em nossa cultura, essas normas incluem a cortesia, a proibição de perguntar sobre coisas que "não são da nossa conta" e a boa vontade em dar ao outro o benefício da dúvida. Em ambientes acadêmicos, essas regras convencionais são revestidas com outro grupo de regras que encoraja a competição: devemos questionar as afirmações uns dos outros, pensar colocando-nos em oposição quanto ao que estamos ouvindo e estar prontos, com uma resposta rápida.

É claro que essa mistura é uma receita para a confusão. A norma convencional de "sermos simpáticos" uns com os outros, incorporada à norma profissional da competição, cria um *ethos* no qual parece perigoso falar ou ouvir. E então continuamos multiplicando essa confusão e a sensação de perigo que vem com ela ao intercalar um terceiro grupo de normas implícitas tanto à cultura convencional quanto à acadêmica: nascemos para aconselhar, consertar e salvar uns aos outros, e toda vez que uma oportunidade se apresenta, devemos agarrá-la!

Essa reação de querer consertar entra em ação quase que automaticamente quando alguém se liberta do primeiro e do segundo grupos de normas e consegue dar nome a um problema real que está tendo, por exemplo, na prática docente. No exato momento em que se sentir mais vulnerável — tendo violado normas segundo as quais devemos nos manter protegidos e competitivos —, a pessoa de repente se sente invadida pelos conselhos: "Eu costumava ter esse problema, mas foi assim que o resolvi", ou "você tem que ler o livro de Fulano de Tal. Ele diz exatamente como lidar com uma situação dessas".

Às vezes, o conselho é dado com a finalidade de ajudar; às vezes, ele é dado para fazer a pessoa que dá o conselho se sentir superior. Mas a motivação não importa, pois o resultado é quase sempre o mesmo: consertos instantâneos fazem a pessoa que compartilhou o problema sentir que não foi ouvida, que foi menosprezada.

Se quisermos dar apoio às vidas interiores uns dos outros, devemos nos lembrar de uma simples verdade: a alma humana não quer ser consertada, quer apenas ser vista e ouvida. Se quisermos ver e ouvir a alma de alguém, há outra verdade da qual devemos nos lembrar: a alma é como um animal selvagem — forte, resistente e, no entanto, tímida. Quando avançamos pela mata dizendo aos gritos para que esse animal saia para podermos ajudá-lo, a alma continua escondida. Mas, se estivermos dispostos a nos sentarmos em silêncio e esperarmos um pouco, pode ser que ela se mostre.

Precisamos de regras básicas para o diálogo que nos permitam estar presentes diante dos problemas de uma pessoa de um modo silencioso e receptivo, que encoraja a alma a dar um passo adiante, um modo que não presuma saber o que é certo para o outro, mas que permita que a alma do outro encontre suas próprias respostas no seu próprio nível e ritmo.

Eu tive um pouco de experiência com esse modo de estar junto. Ela vem de uma ramificação da comunidade Quaker que, por mais de três séculos, tem prescindido do benefício de uma liderança eclesiástica. Para fazer o trabalho que a maioria das igrejas faz por meio de líderes ordenados — como, por exemplo, ajudar as pessoas a lidarem com seus problemas —, esses Quakers tiveram que inventar estruturas sociais que permitissem a seus membros fazerem tal trabalho uns com os outros, e uns pelos outros.

As regras básicas para todas as estruturas sociais que eles inventaram tinham que respeitar duas poderosas e paradoxais crenças dos Quaker: cada um tinha um professor interior, que é um árbitro da verdade, *e* cada um precisa da cooperação da comunidade a fim de ouvir esse professor interior falar. Então, as estruturas sociais dos Quaker oferecem a comunidade para ajudar uma pessoa a descobrir a orientação que vem de dentro *e* as regras básicas para impedir que a comunidade invada o espaço interior do indivíduo com agendas exteriores e conselhos.

A estrutura Quaker que adaptei para usar com professores universitários se chama "comitê de esclarecimento". Esse nome faz pensar em algo que veio dos anos 60, e veio — de 1660. É um processo tradicional e respeitado que convida as pessoas a ajudarem umas as outras com os problemas pessoais ao mesmo tempo em que praticam uma disciplina que protege a inviolabilidade da alma[73].

Suponha que eu esteja me debatendo com um problema relacionado à minha prática docente — desde o planejamento de um curso a ser dado no próximo semestre até a luta contra a minha raiva dos alunos que se comportam mal na aula (o primeiro é o tipo de problema que a maioria dos professores pode explorar junto, porque requer apenas uma confiança moderada; o último é o tipo de problema sobre o qual as pessoas vão arriscar falar apenas entre aquelas nas quais tenham uma confiança verdadeira).

Tendo meu problema em mente, eu — que sou chamado de a pessoa em foco nesse processo — convido quatro ou cinco colegas para se tornarem membros do meu comitê de esclarecimento. Antes de nos encontrarmos, escrevo algumas páginas sobre o problema para que os meus colegas leiam. Meu relato pode ser feito em qualquer formato, mas costuma ajudar se o organizarmos em três partes: em primeiro lugar, uma definição clara da natureza do problema em si; em segundo lugar, apontamentos sobre antecedentes relevantes, tais como situações anteriores nas quais tive uma experiência semelhante; e em terceiro lugar, notas sobre o que for relevante quanto ao seu primeiro plano ou o que eu vejo no horizonte

---

73 Sete anos após a publicação deste livro, escrevi uma descrição consideravelmente mais detalhada sobre os princípios e as práticas do comitê de esclarecimento. Veja o capítulo VII em: PALMER, P. J. *A hidden wholeness:* The journey toward an undivided life. San Francisco: Jossey-Bass, 2004. Esse capítulo foi reproduzido como anexo no livro *The courage to teach: guide for reflection and renewal,* de Parker J. Palmer e Megan Scribner.

quando temos esse problema em conta — por exemplo, que eu acho o problema tão desanimador que pensei em deixar o meu emprego.

As pessoas dizem que o primeiro passo para o esclarecimento se apresenta quando colocamos o problema no papel. Fazer isso nos força a peneirar sentimentos e fatos, permitindo que a palha seja soprada para longe e deixando-a sair de nossas cabeças e ficar exposta à luz do dia, onde eles parecem diferentes do que quando nós os reprocessamos infinitas vezes através de nossos medos e dúvidas.

Então o comitê se reúne por duas ou três horas ininterruptas. Sentados em círculo com a pessoa em foco, seus membros praticam a disciplina de dar atenção exclusiva àquela pessoa e à sua questão. Por duas ou três horas, a pessoa em foco se torna a coisa importante no centro dessa pequena versão da comunidade da verdade, o sujeito sagrado, digno de respeito.

Atenção exclusiva significa deixar a pessoa em foco e o seu problema estarem no centro do círculo sem tentar, como membro do comitê, colocar-se no centro. Isso significa não chamar a atenção para si mesmo rindo ruidosamente quando algo engraçado acontece, apressando-se em consolar a pessoa em foco quando ela sofre ou promovendo uma falsa união com a preocupação apresentada ("eu sei como se sente"). Atenção exclusiva significa esquecer-se de si mesmo e, só por algumas horas, agir como se você não tivesse nenhum outro propósito na vida a não ser cuidar daquele ser humano.

A reunião começa com a pessoa em foco fazendo uma breve reapresentação do problema. Então, os membros do comitê começam seu trabalho, orientados e coagidos pela regra básica e inegociável desse processo: *eles estão proibidos de falar com a pessoa em foco de qualquer forma a não ser para fazer perguntas honestas e abertas*. O ritmo do questionamento deve ser lento — trata-se de um processo de esclarecimento, não de uma defesa de tese ou interrogatório. Em geral, a pessoa em foco responde cada pergunta em voz alta, mas sempre com o direito de não responder, levando à pergunta seguinte, à outra e à outra. Ao permitir um amplo silêncio entre a resposta e a próxima pergunta, o grupo mantém o processo respeitoso e tranquilo.

A regra básica quanto a fazer perguntas apenas é simples, mas suas implicações são difíceis. Significa sem conselhos, identificações excessivas ("eu tive esse problema uma vez e foi isso o que fiz"), transferências do problema a outra pessoa ("você tem que falar com X sobre isso") e sugestões de livros para ler, técnicas para usar, meditações para praticar ou terapeutas para consultar. Os membros do comitê só podem fazer à pessoa em foco perguntas honestas e abertas — aquelas que não promovam as intenções do questionador, mas que ajudem a pessoa em foco a descobrir a sabedoria interna.

Antes de um comitê de esclarecimento se reunir, devemos lembrar uns aos outros o que é uma pergunta honesta e aberta, já que somos tão habilidosos em fazer perguntas que são, na verdade, um conselho disfarçado. Se eu perguntar "você já pensou em ir a um terapeuta?", a honestidade provavelmente requer que eu diga que, na minha opinião, você deveria ir a um terapeuta. Minha pergunta não pode ser honesta e aberta se, mesmo enquanto faço a pergunta, estiver esperando uma resposta específica que considere "correta". Mas se eu perguntar "esse tipo de coisa já aconteceu com você antes?" e, em caso afirmativo, "como você se sentiu?", é possível que minhas perguntas sejam abertas e honestas. Com perguntas desse tipo, é improvável que eu esteja esperando ouvir uma resposta em particular ou acredite saber qual é a resposta "correta".

Em um período de duas horas, esse ciclo de perguntas e respostas pode ter um efeito cumulativo extraordinário. À medida que a pessoa em foco conta suas experiências, as camadas de interferência entre ela e o seu professor interior vão sendo retiradas aos poucos, permitindo que ela ouça de modo mais claro a orientação que vem de dentro.

Com o desenrolar do processo, lembramo-nos de uma simples verdade: porque não podemos entrar na alma de outra pessoa ou saber a resposta para o seu problema. Na verdade, não podemos sequer saber com exatidão qual é o problema. Lembro-me desse fato com frequência, quando atuo como membro de um comitê de esclarecimento. Com dez minutos do processo em curso, tenho certeza de que sei o que há de errado com a pessoa em foco e como consertar isso. Mas, depois de ouvir atentamente por duas horas, fico estarrecido com a minha arrogância inicial. Vejo agora que eu não tinha entendido — e, mesmo que tivesse, meu conceito abstrato do problema é insignificante até que surja a compreensão dentro da pessoa que tem esse problema.

Como membro de muitos comitês de esclarecimento, tive o privilégio de testemunhar uma coisa impressionante: seres humanos em diálogo com seus professores interiores. Observar a pessoa em foco nesse ambiente proporciona a evidência mais vívida que já vi de que existe um professor dentro de cada um de nós — tudo o que precisamos são as condições que nos permitam ouvir, falar e aprender.

O que os membros de comitês de esclarecimento aprendem sobre si mesmos fica implícito, mas é importante. Conforme praticamos a disciplina de apenas fazer perguntas, abrimos um espaço interior para receber outra pessoa —

um espaço que se fecha quando estamos preocupados em corrigir alguém ou preparando o próximo comentário que queremos fazer. Os membros do comitê dizem que essa abertura receptiva que desenvolvem durante o processo passa a integrar as suas relações com os cônjuges, filhos, amigos e alunos.

Entretanto, nesse espaço recebemos não só ao outro, mas também a nós mesmos. Quando procuramos perguntas que ajudarão a pessoa em foco a se aprofundar em sua própria verdade, acabamos nos sentindo atraídos de uma maneira mais profunda à nossa verdade. Quando o processo termina, nós, que fielmente demos atenção a outra pessoa, lembramo-nos de dimensões essenciais das nossas vidas.

Quinze minutos antes do horário previsto para o término do comitê, alguém pergunta à pessoa em foco se ele, ou ela, quer continuar com a regra de apenas fazer perguntas ou se aceitaria que os outros "espelhassem" o que ouviram, além de fazer mais perguntas.

O *espelhamento* não significa uma oportunidade para dar conselhos, e sim espelhar coisas que a pessoa em foco disse, ou fez, mas que pode não ter percebido: "Quando perguntaram A, você disse B" ou "quando você falou de X, seu tom de voz ficou baixo e você parecia cansado(a), mas quando falou sobre Y, sua energia aumentou e seus olhos brilharam".

Nós, seres humanos, temos uma prepotência curiosa: só porque dissemos alguma coisa, nós a entendemos. Mas nem sempre é assim. Pode ser que não tenhamos nos ouvido falar. E, mesmo se tivermos, pode ser que ainda não saibamos o que significa. O espelhamento nos dá uma chance de recuperar pistas verbais e não-verbais para a resolução dos nossos dilemas a partir de um texto que nós mesmos produzimos.

Quando um comitê de esclarecimento termina, dois lembretes são relevantes. Em primeiro lugar, o valor do processo não deve ser julgado pelo fato de o problema da pessoa em foco ter sido "resolvido". A vida real não funciona dessa maneira. Esse processo tem a ver com plantar sementes — como na Educação autêntica —, e não há como saber quando, onde e como essas sementes vão florescer.

Em segundo lugar, tudo o que aconteceu no processo está resguardado por duas regras de confidencialidade. A primeira é a regra convencional de que tudo o que é dito no grupo deve permanecer nele. A segunda é uma regra incomum de profunda confidencialidade: quando o comitê de confidencialidade termina, os membros não podem se aproximar da pessoa em foco com comentários ou sugestões, pois fazer isso seria violar a alma do processo. Quando essas regras são compreendidas desde o princípio, a pessoa em foco se sente mais segura para contar suas experiências — e o resto de nós se lembra de respeitar a solidão da alma dessa pessoa muito tempo após o término do comitê.

Toda vez que uso o comitê de esclarecimento em um *workshop* com professores universitários, mesmo com problemas tão comuns quanto planejar um curso novo, muitos participantes dizem que conseguiram ouvir os colegas, e até a si mesmos, em níveis que eles não acreditavam ser possível. Essa capacidade de "ouvir o que o outro tem a dizer" é a chave para criar comunidades de diálogo que podem nos ajudar a aprofundar a identidade e a integridade de onde vem a boa prática docente.

É óbvio que existem modos menos dramáticos e difíceis de mudar as regras básicas de uma conversa — o comitê de esclarecimento não é o método certo para todas as situações! Mas, exatamente por conta do seu drama, esse modelo pode aumentar nossa percepção sobre por que as regras precisam ser mudadas, como poderiam ser essas mudanças e as oportunidades de estar em comunidade que perdemos porque consentimos com as normas convencionais de uma conversa.

A NECESSIDADE DE LIDERANÇA

Quando falamos sobre liderança, temos a tendência de contrastar *comunidades*, que não deveriam ter líderes, com *instituições*, que precisam deles. Mas é possível argumentar em contrário. As instituições podem sobreviver por algum tempo sem a figura do líder, simplesmente seguindo regras burocráticas. Mas a comunidade é uma circunstância dinâmica que exige liderança o tempo todo.

A comunidade não surge de forma espontânea a partir de um reflexo relacional, menos ainda nas complexas e, em geral, conflituosas instituições onde a maioria dos professores trabalha. Se devemos ter comunidades de diálogo sobre o ensino-aprendizagem — aquelas que têm um propósito quanto aos tópicos a serem seguidos e as regras básicas a serem praticadas —, precisamos de líderes que possam chamar a atenção das pessoas para essa visão.

É pouco provável que uma boa conversa sobre a boa prática docente aconteça se reitores e diretores, decanos e chefes de departamento, além de outros que tenham influência mesmo sem ocupar um cargo específico, não a *esperam* e nem a *convidam* a começar a existir. Esses verbos são importantes, pois os líderes que tentam forçar uma conversa fracassarão. A conversa deve ser uma escolha livre — mas na Academia de caráter privado, ela só se inicia quando os líderes nos convidam a sair do isolamento e entrar em formas generativas de usar nossa liberdade.

Esse tipo de liderança pode ser definido com certa precisão: envolve oferecer às pessoas desculpas e permissões para fazer as coisas que elas querem, mas não podem começar. Posso exemplificar melhor o que quero dizer saindo, por um momento, da Academia.

Uma vez trabalhei como organizador de uma comunidade em um bairro de classe média que tinha sido habitado só por brancos e estava passando a ter uma diversidade racial. Alguns dos habitantes brancos mais antigos eram resistentes a essa mudança e alguns sinais de racismo declarado apareceram. Meus colegas e eu, junto com outros líderes de comunidade mais experientes, precisávamos encontrar um modo de mostrar a essa comunidade uma visão de pluralismo, na qual a promessa supera a ameaça.

Como muitos organizadores, fui treinado em um estilo de liderança baseado em aliados e inimigos: encontre seus aliados e tenha uma causa em comum com eles; então, use o seu poder coletivo para marginalizar e derrotar o inimigo. Mas conforme conheci a comunidade, descobri um fato que me deu esperança: nem todos os habitantes brancos eram o inimigo.

Muitos deles tinham evitado a diversidade racial pelo menos uma vez na vida. Cansados de fugir, entenderam que não havia para onde correr, e estavam procurando formas de aceitar essa diversidade e encontrar a melhor perspectiva nessa situação de mudança. Na verdade, alguns deles tinham uma visão de possibilidades do pluralismo bem mais positivas do que se imaginava.

Por mais resistentes que eles parecessem na superfície — ou no estereótipo —, muitas dessas pessoas queriam encontrar uma maneira de fazer sua comunidade funcionar. Eles tiveram um "interesse próprio iluminado" ao acreditar nos potenciais do pluralismo. Se pudessem cultivar essa crença e trabalhar em prol de resultados positivos, eles não precisariam ficar exaustos de fugir para uma miragem isolacionista.

O que precisávamos, como organizadores, não era uma estratégia do tipo aliados *versus* inimigos, pois isso se tornaria apenas uma profecia se cumprindo. Precisávamos de uma estratégia baseada nas esperanças mais profundas e silenciosas das pessoas, oferecendo-lhes desculpas e permissões para fazer o que quisessem, sem que soubessem fazer sozinhos.

De todas as desculpas e permissões que oferecemos, uma das mais eficazes foi uma enquete na comunidade. Sabíamos que o medo some quando as pessoas conhecem os estranhos e descobrem não só que eles não têm chifres, mas também que podem até trazer presentes. Assim, acreditávamos que os habitantes mais antigos ficariam menos apreensivos quanto ao futuro se pudessem bater na porta de um recém-chegado, apresentar-se, dar as boas-vindas e perguntar como iam as coisas. No entanto, pedir às pessoas que fizessem isso era como pedir-lhes algo impossível.

Com o pretexto de reunir informações sobre a comunidade, recrutamos veteranos das igrejas e sinagogas a saírem com pranchetas e questionários em mãos. Sua tarefa era bater na porta de um recém-chegado, apresentar-se, dar as boas-vindas e perguntar como iam as coisas — com uma série de perguntas a serem respondidas com uma escala de cinco pontos! Colocar as pessoas no papel de pesquisadores, com pranchetas e questionários, deu-lhes a desculpa e a permissão de que precisavam para fazer a coisa mais comum do mundo: conhecer seus vizinhos.

Quando os pesquisadores voltaram, as informações que forneceram tinham valor intrínseco. Mas eles trouxeram algo ainda mais valioso: contato cara a cara com outros seres humanos e histórias sobre as pessoas que tinham conhecido: "ela tem filhos lindos"; "eles queriam saber mais sobre a nossa igreja"; "acontece que ele também está envolvido com a *Little League*". Esses encontros e histórias deram energia à comunidade religiosa para angariar dinheiro suficiente para iniciar uma fundação, cujos programas deram à comunidade novas oportunidades de estabelecer laços.

Minha história pode parecer distante da Educação, mas mostra algo importante sobre o tipo de liderança que ela precisa. Se os líderes devem ajudar a criar uma boa conversa sobre a boa prática docente, eles precisam discernir a diferença entre o que os professores universitários dizem sobre si mesmos e quais são suas necessidades reais. Então, os líderes devem fornecer desculpas e permissões para que se satisfaçam as necessidades reais.

Alguns professores universitários falam como se não valorizassem nem o magistério nem o diálogo sobre ele. Pesquisa e publicação, envolvimento com associações profissionais, diálogo com estudiosos da área, essas são coisas importantes. A prática docente, dizem eles, é uma tarefa necessária, o preço que se paga por uma oportunidade de desenvolver sua erudição. Assim, é improvável que oportunidades de desenvolver a prática de ensino que requerem mais do que o mínimo de tempo e energia interessem a esses estudiosos.

Embora alguns membros de corpos docentes universitários falem dessa forma, não acredito que todos eles pensem assim, como não acreditava que todas as pessoas da comunidade com a qual trabalhei fossem resistentes à diversidade. Acredito que muitos professores universitários atribuam muito sentido à prática docente — tanto sentido que, quando essa não vai bem, eles adotam uma autoalienação protetora.

Sim, muitos professores universitários investem pesado em atividades profissionais fora da sala de aula. Mas muitos passam uma parte considerável de suas vidas nessas salas. Portanto, eles têm um interesse iluminado em fazer o máximo com essa parte. Alguns deles têm um interesse próprio ainda mais persuasivo de se conectar de modo significativo à vida dos jovens e escolher a generatividade ao invés da estagnação.

A liderança na Academia significa olhar por trás das máscaras que colocamos e perceber nossa verdadeira condição. Significa ver mais nos professores do que os professores às vezes veem em si mesmos — da mesma forma que os bons professores veem mais nos alunos do que os alunos sabem que têm. Significa oferecer permissões e desculpas para os professores universitários que querem enriquecer suas experiências, mas não sabem como fazer isso por si mesmos.

Algumas dessas permissões são lugares-comuns hoje. Em muitos campi, líderes promovem um *workshop* anual que dá aos professores universitários uma desculpa para falar sobre o ensino-aprendizagem — um bom começo, mas que está longe de ser o suficiente. Em um número cada vez maior de lugares, líderes criaram centros de ensino-aprendizagem com os mesmos propósitos do *workshop* anual, mas com mais constância e efeito cumulativo. Essas estruturas têm um grande potencial, contanto que tópicos significativos sejam abordados segundo regras básicas que encorajem um autêntico diálogo.

Eu já vi outras formas menos comuns de permissão que poderiam ser reproduzidas em muitos campi. Uma faculdade estabeleceu o cargo de "consultor de ensino", ocupado a cada ano por um professor respeitado do corpo docente, que recebe uma carga horária menor durante o ano em exercício.

O trabalho é feito em duas partes. A primeira é simplesmente estar disponível para os colegas que procuram ajuda em suas práticas docentes, seja desenvolvendo o programa de uma disciplina, lidando com um problema imediato ou querendo um observador em sala de aula que possa refletir com eles sobre sua prática. A segunda é perceber o que está acontecendo no campus capaz de afetar o ensino-aprendizagem e proporcionar ocasiões, desde um encontro informal até *workshops* formais, onde os professores, entre eles ou com os alunos, possam discutir suas preocupações.

O investimento da instituição nesse cargo é relativamente pequeno, mas a recompensa pode ser grande. O simples fato de um colega respeitado concordar em dizer "vamos conversar" se eu entrar na sua sala preocupado com a minha prática docente me dá a permissão para fazer o que preciso fazer.

Outra faculdade descobriu como colocar os colegas de trabalho nas salas de aula uns dos outros sendo mais do que observadores casuais, sem sobrecarregar a vida das pessoas ocupadas. No meio de um curso e depois, quando o mesmo estiver chegando ao final, um colega que selecionei vem à minha sala de aula por mais ou menos meia hora, e eu saio. Esse colega — que conversou comigo sobre as minhas preocupações e expectativas para o curso — conduz uma entrevista aberta com os meus alunos sobre como estão indo as coisas, uma entrevista na qual ele ou ela não só faz perguntas e obtém respostas, mas também examina a nuance, a complexidade e o detalhe. Mais tarde, meu colega se senta comigo e me ajuda a colocar em ordem as respostas dos alunos.

Essa abordagem não apenas dá aos colegas uma maneira de penetrar na prática docente uns dos outros, mas também os coloca em diálogo com a experiência do aluno. Além disso, ela dá aos alunos uma voz mais vívida e cheia de nuances do que um questionário permite, pois seus verdadeiros sentimentos podem ser obtidos por meio de uma realização sensível de entrevistas. Por fim, ela requer que os alunos ouçam uns aos outros, uma ação que pode reestruturar suas experiências: o aluno na fileira de trás que não suporta o curso deve ouvir aquele que se senta na frente e acha que o curso é uma experiência maravilhosa.

Em outra faculdade, encontrou-se uma forma de envolver os alunos ainda mais profundamente em uma boa conversa sobre a boa prática docente. Aqui, os alunos são treinados para serem participantes-observadores em aulas que não estão cursando; seus créditos e notas vêm de uma aula de Educação, na qual aprendem como observar e avaliar o que está acontecendo na sala de aula.

A cada uma ou duas semanas, o aluno se senta com o professor da disciplina que está sendo observada e pode falar sobre como é assistir essas aulas — seja de um ponto de vista pessoal ou de acordo com o que está circulando como boato. O aluno pode comentar o processo ("você parece fazer contato visual apenas com alguns alunos") e também questões substanciais ("pode ser que você queira retomar aquilo que estava argumentando hoje — acho que nem todos entenderam"). Alguns professores acham esse diálogo tão enriquecedor que procuram, de modo ativo, a ajuda do participante-observador: "O que você acha que aconteceu ontem, quando tivemos aquele conflito em sala?" ou "Alguma sugestão sobre como posso fazer a transição para o próximo tópico sem fazer os alunos que ainda não entenderam o último tópico ficarem perdidos?"

Uma boa conversa sobre a boa prática docente pode tomar muitas formas e envolver muitos interlocutores — e transformar o ensino-aprendizagem. Mas isso só irá acontecer se os líderes esperarem por isso, encorajarem isso e proporcionarem um espaço receptivo para que a conversa ocorra. Líderes que trabalham dessa maneira entendem que a boa liderança às vezes assume a forma de prática docente. Eles lideram a partir do mesmo modelo que estamos explorando para o ensino, criando um espaço centrado na coisa importante chamada ensino-aprendizagem, em torno da qual uma comunidade da verdade pode se reunir.

Tornar-se um desses líderes — um que abre ao invés de ocupar espaço — requer a mesma jornada interior que temos explorado para os professores, que vá além do medo e alcance uma autêntica individualidade; uma jornada em direção ao respeito pela alteridade e à compreensão de como estamos conectados e quantos recursos todos nós temos. Conforme essas qualidades interiores se aprofundam, o líder se torna mais capacitado para abrir espaços nos quais as pessoas se sintam convidadas a criar comunidades de apoio mútuo.

Essa comunidade não é alcançada com facilidade na vida acadêmica por conta de tudo que nos divide. É mais provável que aconteça quando os líderes nos chamam de volta para o cerne do ensino-aprendizagem, para o trabalho que compartilhamos e para a paixão compartilhada por trás desse trabalho. Se pudermos criar essas comunidades de diálogo entre colegas, elas podem oferecer mais do que apoio no desenvolvimento de habilidades relacionadas ao trabalho. Elas poderiam curar a dor da desconexão da qual muitos professores universitários padecem hoje em dia.

Na citação no início desse capítulo, de *The once and future king*, Merlin fala, cumprindo seu papel de mentor de Arthur, um líder em formação, e oferece a ele uma cura para a tristeza e o sofrimento. Vale a pena ler de novo, pois as patologias mencionadas são tão familiares para qualquer um que conheça a vida no ensino superior, e a cura que prescreve não é mais nem menos que a missão da Educação:

> *"'A melhor coisa quando se sente triste', respondeu Merlin... 'é aprender algo. Essa é a única coisa que nunca falha. Você pode envelhecer e seu corpo pode começar a tremer, você pode ficar acordado à noite ouvindo a confusão das suas veias,... você pode ver o mundo ao seu redor assolado por lunáticos cruéis ou saber que sua honra está sendo enlameada no esgoto das mentes vis. Nesse caso, só há uma saída: aprender. Aprenda por que o mundo se move e o que o faz se mover. Essa é a única coisa da qual a mente nunca se cansa, que nunca a torna alienada, que nunca a tortura, que a mente nunca teme, da qual nunca desconfia e da qual nunca nem sonha em se arrepender. Aprender é o que você precisa'".*
>
> — T. H. WHITE, *The once and future king*".[74]

74 WHITE, T. H. *The once and future king*. Nova York: Ace Books, 1987. p. 183.

Se nós que lideramos e ensinamos levássemos esse conselho a sério, todos na Educação, diretores, professores e alunos, teríamos uma chance de ser curados e de ter uma nova vida. Aprender — e aprender juntos — é o que todos precisamos.

7

NÃO MAIS DIVIDIDO:
ENSINAR A PARTIR DE UM CORAÇÃO COM ESPERANÇA

Começa com um de cada vez
quando há cuidado ao
agir, quando se faz isso
outra vez ao ouvir não
e se diz nós sabendo
de quem se fala e que a cada
dia esse nós é mais um.

— *Marge Piercy, "The Low Road"*[75]

PARALISIA, DESESPERO E ESPERANÇA

O foco neste capítulo final muda da prática de ensino para a questão da reforma educacional: é possível incorporar nossos melhores *insights* sobre o ensino-aprendizagem em um movimento social que poderia revitalizar a Educação?

A questão é mais do que teórica para mim — ela surge de um dilema pessoal. Conforme viajo pelo país conversando com os professores sobre sua prática, encontro muitas pessoas que se importam com a Educação e têm visões estimulantes para uma mudança. Mas, depois de falarmos um pouco, a conversa costuma passar por uma reviravolta desanimadora.

Não importa quão cheio de esperanças o nosso diálogo tenha sido, não importa quantos dos nossos colegas tenham abraçado uma nova visão, não importa quantas possibilidades práticas tenhamos explorado, alguém dirá: "São ideias maravilhosas, mas cada uma delas será derrotada pelas condições na minha escola".

Essa afirmação é seguida por uma ladainha quanto aos impedimentos institucionais da reforma: um reitor, ou diretor, que entenda mais de negócios do que de Educação; cargas horárias tão pesadas ou turmas tão grandes que a qualidade não

---

75 PIERCY, M. "The low road", in: PIERCY, M. *The moon is always female*. Nova York: Knopf, 1981. p. 44-45. Copyright © 1980 by Marge Piercy. Reimpressão autorizada por Alfred A. Knopf Inc.

possa ser mantida; um sistema institucional de recompensa que afirme valorizar a prática docente, mas promova apenas professores que publicam; o fluxo escasso de dinheiro para longe da Educação, para a administração ou para a pesquisa, ou em recursos materiais.

Quando percebo o desespero que alguns professores universitários sentem quando falam dessas forças é difícil não partilhar dele. Então, fui forçado a me perguntar se os pessimistas estão certos. Se estiverem, a integridade exigiria que eu parasse de propagar uma falsa esperança quanto à renovação do ensino-aprendizagem.

Admita, por enquanto, que as instituições são tão poderosas e resistentes quanto os pessimistas dizem que ela é. Então, a questão passa a ser: "Alguma mudança social significativa já foi alcançada diante de uma oposição institucional em massa?". A resposta parece clara: *apenas* diante dessa oposição é que mudanças sociais significativas foram alcançadas. Se as instituições tivessem capacidade para uma evolução constante, nunca teria havido uma crise exigindo uma transformação.

O contraponto à resistência institucional assume a forma de movimentos sociais, que são o foco deste capítulo. Mas, antes que eu polarize a discussão e coloque em oposição movimentos e instituições (caindo assim em outra questão do tipo *ou-isso-ou-aquilo*), quero celebrar a relação paradoxal dos dois, afirmando a simbiose *tanto-isso-quanto-aquilo* que uma sociedade saudável requer.

Tanto as organizações quanto os movimentos desempenham papéis criativos, mas com finalidades bem diferentes. As organizações representam o princípio da ordem e da conservação: elas são os recipientes nos quais a sociedade guarda tesouros do passado conquistados a duras penas. Os movimentos representam o princípio do fluxo e da mudança: eles são os processos por meio dos quais uma sociedade canaliza sua energia para a renovação e a transformação. Uma sociedade saudável encorajará a interação entre os dois. Líderes organizacionais com orientação reformista em geral acolherão as energias do movimento, apesar do caos que elas trazem, e os líderes de movimento devem entender que precisam de estruturas organizacionais para sustentar quaisquer reformas que eles consigam alcançar.

Mas quando as suposições organizacionais são impostas a problemas que requerem sensibilidade de movimento, porque se pensa que as organizações definem os limites dentro dos quais a mudança social pode acontecer, o resultado costuma ser o desespero. A questão agora passa a ser: "Como o poder contido nas estruturas dessa organização pode ser reorganizado ou redirecionado para atingir um objetivo desejado?". É uma boa pergunta — quando feita dentro de um contexto. Mas ela é ruim quando supõe que as organizações são a única saída. Nessa situação, visões frágeis e não verificadas de mudança, acalentadas por uma minoria de indivíduos, são colocadas em oposição a padrões arraigados e sólidos de poder corporativo, e perde-se o jogo da reforma antes que ele comece.

Coagidas por suposições organizacionais, pessoas com visões para uma mudança gastam energia tentando persuadir as autoridades a verem as coisas de outro modo. Se funcionar, é uma boa estratégia. Mas ela costuma sair pela culatra: as autoridades não dão sua bênção, os visionários se sentem traídos e um sorvedouro de energias de ressentimento é tudo o que resta. Quando as organizações mostram estar menos interessadas na mudança do que na preservação da ordem vigente — o que é, afinal de contas, o seu trabalho —, é provável que os reformistas pulem fora e mergulhem em um mar de desânimo se a abordagem organizacional de mudança for a única que conhecem.

Mas há outro caminho — o do movimento. Minha compreensão quanto aos movimentos começou com uma observação e uma pergunta: muitas pessoas desistem diante da resistência institucional, mas outras parecem encontrar nessa resistência uma fonte de energia para fazer campanha. Por quê?

Comecei a ver que há uma "mentalidade de movimento", na qual a resistência é recebida como o lugar onde tudo começa, e não onde tudo termina. Segundo essa mentalidade, não só a mudança acontece apesar da resistência institucional, mas a resistência ajuda para que a mudança aconteça. A própria resistência aponta a necessidade por algo novo. Ela nos encoraja a imaginar alternativas e dá energia àqueles que são chamados a trabalhar para alcançar essas finalidades.

A luta pelos direitos civis e o movimento de liberação da mulher teriam morrido antes de nascer se as organizações racistas e sexistas tivessem tido permissão para definir tanto o campo de batalha quanto as regras do combate. Mas algumas minorias e mulheres efetuaram uma alquimia interior na resistência organizacional, transformando-a de desencorajamento e derrota social em inspiração e poder pessoal. Nos dois movimentos, os defensores da mudança usaram a resistência organizacional como trampolim para se libertarem das organizações. Eles encontraram fontes de contrapoder fora dessas estruturas, depois consolidaram esse contrapoder de um modo que lhes deu, por fim, influência dentro dessas mesmas estruturas.

O caráter dos movimentos sociais é paradoxal: eles renunciam a lógica das organizações para poder reunir o ímpeto necessário para alterar a lógica das organizações. Tanto o movimento pelos direitos civis quanto o de liberação da mulher tiveram que se libertar das organizações racistas e sexistas a fim de gerar poder. Então, com esse poder, voltaram para mudar o funcionamento, a lei e o cotidiano.

Se quisermos um movimento em prol da reforma educacional, devemos aprender a abraçar esse paradoxo. Devemos também aprender a lógica de um movimento, como ele se desenrola, em parte para sabermos o lugar onde estamos dentro dele, e em parte para que possamos ajudá-lo. Nos movimentos que estudei — o movimento pelos direitos humanos, o movimento de liberação da mulher, os movimentos de libertação no Leste Europeu, na África do Sul e na América Latina e o movimento pelos direitos dos homossexuais —, vejo quatro etapas bem definidas.

Como acontece com qualquer modelo, todas essas etapas são tipos ideais. Elas não se desenrolam de maneira tão organizada como o modelo sugere: sobrepõem-se, voltam ao ponto inicial e, às vezes, pulam umas às outras. Mas, ao apontá-las, mesmo que de modo abstrato, podemos extrair a dinâmica essencial de um movimento a partir de seu caótico campo energético:

- Etapa 1: indivíduos isolados tomam uma decisão interior de "não viver mais divididos", encontrando um centro para suas vidas fora das instituições.
- Etapa 2: esses indivíduos começam a descobrir uns aos outros e formam comunidades de harmonia que oferecem apoio mútuo e oportunidades para desenvolver uma visão compartilhada.
- Etapa 3: essas comunidades começam a vir a público, aprendendo a converter suas preocupações particulares nas questões públicas que elas são e recebendo críticas essenciais no processo.
- Etapa 4: surge um sistema de recompensas alternativas para sustentar a visão do movimento e pressionar por uma mudança no sistema institucional de recompensas que tem servido como padrão.

Quero examinar cada uma dessas etapas, mas não apenas lembrando coisas do passado. Ao entender como os movimentos funcionam, podemos descobrir que já somos atores em um movimento pela reforma educacional. Podemos descobrir que, se uma pessoa está em uma jornada, ela está no limiar — o poder da autenticidade pessoal que, manifesto nos movimentos sociais, tem levado a efeito uma verdadeira mudança no nosso próprio tempo. Quando sabemos que esse poder está ao nosso alcance, pode ser que nos sintamos menos tentados a sucumbir à paralisia organizacional e a sermos indulgentes conosco mesmos na doçura do desespero.

UMA VIDA NÃO DIVIDIDA

O ponto inicial de um movimento, embora silencioso e quase invisível, pode ser descrito com certa precisão. Acontece quando indivíduos isolados, sofrendo com uma situação que precisa de mudança, decidem "não viver mais divididos". Essas pessoas chegam a um ponto em que têm de escolher entre permitir que a individualidade morra e reivindicar a identidade e a integridade de onde vem o bom viver, bem como a boa prática docente.

Muitos de nós sabemos, por experiência pessoal, como é viver uma vida dividida. Por dentro, vivenciamos um imperativo para as nossas vidas. Por fora, respondemos a outro bem diferente. Essa é a condição humana, é claro — nossos mundos interior e exterior nunca estão em perfeita harmonia. Mas há extremos dessa condição que se tornam intoleráveis, quando não se consegue mais viver sem colocar as próprias ações em harmonia com a vida interior. Quando isso acontece dentro de uma pessoa, depois de outra, de outra e de outra, em relação a uma questão social significativa, pode-se conceber um movimento.

A condição a ser superada ao não viver mais dividido tem uma etiologia específica. Habitamos ambientes institucionais, incluindo a escola, o trabalho e a sociedade civil, pois eles abrigam oportunidades que valorizamos. Mas as reivindicações que essas instituições nos fazem às vezes estão em conflito com as nossas essências — por exemplo, a exigência de lealdade à instituição, esteja certa ou errada, contra o imperativo interior de ser verdadeiro. Torna-se patológico quando a essência transforma-se em uma subsidiária de propriedade total da organização, quando internalizamos a lógica organizacional e permitimos que ela domine a lógica da nossa vida.

Não viver mais dividido é encontrar um novo centro para a nossa vida, exterior à instituição e às suas exigências. Isso não quer dizer deixar fisicamente a instituição — pode-se permanecer no cargo — e sim despedir-se espiritualmente. Pode-se encontrar, fora da instituição, uma base sólida onde permanecer — a base do próprio ser — e, a partir dela, ter mais capacidade de resistir às deformações que ocorrem quando os valores organizacionais se tornam a vocação e a vida interior de uma pessoa.

A decisão de viver uma vida não dividida, tomada por um número suficiente de pessoas por um longo período de tempo, pode acabar por ter impacto social e político. Mas essa não é uma decisão estratégica, tomada para atingir algum objetivo político. É uma decisão muito pessoal, feita devido à própria identidade e integridade de uma pessoa. Decidir não viver uma vida dividida é mais uma insurreição da necessidade elementar de que as crenças de uma pessoa orientem e guiem sua vida do que uma estratégia para atacar as crenças dos outros. O poder de um movimento autêntico se encontra no fato de que ele se origina na menção e na reivindicação da sua própria identidade e integridade — ao invés de acusar seus "inimigos" de não ter o mesmo.

Eu chamo isso de decisão de Rosa Parks, pois ela é nosso ícone mais vívido de uma vida não dividida. De fato, ela é um ícone que devemos continuar a ter diante de nós, pois o movimento que desencadeou ainda tem muito que caminhar. No dia 1º de dezembro de 1955, em Montgomery, Alabama, Rosa Parks decidiu não viver mais dividida —não podia mais agir como se fosse menos do que um ser humano pleno, que era o modo como o racismo institucional a tinha definido. Ela decidiu que deveria, ao contrário, agir de acordo com o conhecimento que seu coração tinha sobre sua humanidade. Então, fez uma coisa simples: sentou-se em um banco da frente de um ônibus segregado e se recusou a ceder seu lugar a um homem branco.

Rosa Parks tinha se preparado para esse momento. Ela estudou estratégias de não violência na Highlander Folk School e trabalhou como secretária na divisão da National Association for the Advancement of Colored People (NAACP, algo como "Associação Nacional para o Progresso de Pessoas de Cor"), em Montgomery. Seu ato precipitou um boicote ao transporte público, liderado por Martin Luther King Jr., resultando em uma decisão da corte federal de que as leis de segregação em ônibus eram inconstitucionais, dando ímpeto ao movimento pelos direitos civis.

Mas quando os grandes momentos da História são reconstruídos com a intencionalidade que vem apenas com uma visão retrospectiva, nós nos esquecemos do indivíduo solitário no momento de sua decisão e a ansiedade ou dúvida que ele pode ter sentido. E quando nos esquecemos disso, esquecemo-nos também do nosso próprio poder.

Myles Horton, fundador da Highlander Folk School, fala sobre a época em que apresentou Rosa Parks a Eleanor Roosevelt:

> A Sra. Roosevelt perguntou:
>
> — A senhora já foi chamada de comunista, Sra. Parks?

Quando Rosa respondeu que sim, a Sra. Roosevelt disse:

— Suponho que Myles tenha dito à senhora, quando estava na Highlander, que seria chamada de comunista.

Rosa disse que eu não a tinha prevenido, e a Sra. Roosevelt me criticou por isso. Eu disse:

— Se eu soubesse o que ela ia fazer, eu teria lhe dito. Mas quando ela estava na Highlander, disse-me que não ia fazer nada. Ela disse que... os brancos não iam deixar os negros fazerem nada e, além disso, os negros não estavam dispostos a manterem-se unidos. Então ela achava que não ia fazer nada. Não vi nenhum motivo para dizer a uma pessoa que não ia fazer nada que ela seria classificada como comunista. Se soubesse que ela ia começar o movimento pelos direitos civis, eu teria lhe dito.

E Rosa disse:

— Sim, ele me disse mais tarde, depois que eu fui presa.[76]

Evidentemente, Rosa superou suas dúvidas e decidiu agir. Mas ela fez isso sem garantias de que seu treinamento daria frutos, de que as estratégias de não violência funcionariam, de que seus colegas compartilhariam desse risco com ela ou de que desencadearia uma insurreição nacional. De fato, outras pessoas tinham cometido atos semelhantes sem resultado, a não ser a punição. Se Rosa Parks tivesse se sentado lá calculando a probabilidade de fazer história, ela poderia ter ido para a parte de trás do ônibus. A decisão que ela tomou se baseou no único lugar seguro que temos, não importa quão vacilantes nos sintamos: a profunda natureza interior de uma integridade que nos diz que temos que fazer essa coisa.

Por que Rosa Parks ficou no seu banco aquele dia? A melhor resposta é dada em suas próprias palavras: "As pessoas sempre dizem que não desisti de ficar no meu banco porque eu estava cansada. Mas isso não é verdade. Eu não estava fisicamente cansada, nem mais cansada do que costumava estar ao final de um dia de trabalho. Eu não era velha, embora algumas pessoas tenham essa imagem de mim, como uma velha senhora naquela época. Eu tinha quarenta e dois anos. Não, o único cansaço que eu sentia era o de me submeter"[77].

Com essas palavras, Rosa Parks chama a nossa atenção para a humanidade simples e sem estratégias do seu ato. Ela estava apenas cansada, cansada no coração

---

76 HORTON, M. *The long haul*. Nova York: Doubleday, 1990. p. 190.

77 PARKS, R. *Rosa Parks: my story*. Nova York: Dial Books, 1992. p. 116.

e na alma, não só do racismo, mas de sua cumplicidade na sensação de diminuição causada pelo racismo, de todas as vezes em que tinha cedido seu banco a um branco, do sofrimento que ela impôs a si mesma, com o qual ela colaborou.

Oculta nessa análise está uma verdade sobre os movimentos que costuma ser ignorada: ao decidir não viver mais dividido, o indivíduo faz mais do que criticar uma instituição e se torna autocrítico também. Ao escolher uma vida não dividida, reconheço, de modo implícito, que a instituição não teria tido poder sobre mim se eu tivesse me recusado a cooperar com ela. "Aquelas pessoas" ou "aquele lugar" não são mais meu problema imediato. Meu problema imediato sou eu e a conspiração silenciosa que fiz com a instituição, a conspiração que permitiu que essa instituição regesse a minha vida.

Escolher uma vida não dividida é consolidar o princípio de Pogo: "conhecemos o nosso inimigo, e somos ele". No momento em que decidimos parar de ser o nosso inimigo, libertamo-nos das restrições institucionais e obtemos poder para confrontar a instituição. Mas devo falar com cuidado sobre a relação dos movimentos para com as instituições.

Pensamos nos movimentos como o odioso e presunçoso martelar nas más estruturas para que elas caiam — e nós as contrastamos, em geral injustamente, com o "lento, constante e responsável" processo de se importar com uma instituição e trabalhar em prol de uma mudança que venha de dentro. Mas essa descrição pode ser invertida com facilidade. As pessoas confinadas à briga organizacional interna costumam ficar obcecadas com inimigos internos e possuídas pelos demônios da instituição. As pessoas que iniciam movimentos não fazem isso porque odeiam uma instituição, mas porque a amam demais para permitir que esse barco afunde.

Era assim que Rosa Parks se sentia quanto à instituição da democracia americana, que permitiu que o racismo florescesse. A democracia não devia ser desprezada e substituída pela fantasia de um totalitarismo sem raça, e sim resgatada da degradação e trazida de volta aos seus propósitos mais nobres. Tendo reconhecido que o inimigo não está apenas "lá fora", mas, em primeiro lugar e acima de tudo, "aqui dentro", em nossa colaboração pessoal com o mal, Rosa Parks foi capaz de agir a partir do amor, e não do ódio — o amor que quer redimir o inimigo e pode ser encontrado dentro e em torno de nós.

E o que tudo isso tem a ver com a reforma educacional? À medida que entendi a natureza dos movimentos de forma mais clara, percebi que encontro professores por todo o país que me fazem lembrar de Rosa Parks: eles amam demais a

Educação para deixar que ela chegue ao fundo do poço e, quer eles saibam disso ou não, estão desencadeando um movimento pela reforma educacional ao decidirem não viver mais divididos.

Esses professores se lembram das paixões que os levaram a se tornar docentes e não querem perder a energia original da sua vocação. Eles afirmam sua profunda preocupação com a vida dos alunos e não querem estar desconectados deles. Entendem a identidade e a integridade que investiram no ensino e querem investir de novo, mesmo que não renda juros ou dividendos institucionais.

Esses professores decidiram que o ensino é para eles aquela coisa de estar-na-frente-do-ônibus, muito embora suas instituições queiram que eles estejam na parte de trás. Eles pararam de culpar as condições institucionais pelo baixo nível da Educação e também de conspirar com essas condições. Ao contrário, eles agem de um modo que respeita seu compromisso com a importância do ensino. O que esses professores fazem costuma ser tão simples quanto recusar-se a ceder o lugar no ônibus: ensinam todos os dias de um modo que respeita seus valores mais profundos, e não de um modo que se adapta à norma institucional. Às vezes, correm um tipo mais declarado de risco, promovendo visões alternativas de Educação em fóruns com professores universitários, onde a política pedagógica é feita.

O que orienta a decisão de não viver mais dividido, com os riscos que isso envolve? Como as pessoas encontram coragem para colocar a convicção interior em harmonia com o ato exterior, sabendo que, quando o fizerem, a força da instituição pode puni-los, arriscando-se a perder imagem, *status*, segurança, dinheiro ou poder? A diferença entre as pessoas que vão para a parte de trás do ônibus e as que decidem se sentar na frente provavelmente se perde no mistério da essência humana. Mas vejo uma pista para a resposta em Rosa Parks e em pessoas como ela: quando se percebe que não se pode mais colaborar com algo que viola a própria integridade, a compreensão do que é castigo de repente se transforma.

Quando a polícia veio até Rosa Parks no ônibus e a informou que teriam que colocá-la na prisão se ela não se movesse dali, ela respondeu: "Pode fazer isso"[78]. Foi uma maneira muito educada de dizer: "Como a sua prisão pode se comparar à prisão na qual tenho estado presa todos esses anos ao colaborar com esse sistema racista?".

A coragem de não viver mais dividido e de encarar a punição que pode vir em seguida vem de uma simples percepção: *nenhuma punição imposta a você pelos outros poderia ser pior do que aquela que você se impõe, conspirando para o seu próprio rebaixamento*. Com essa percepção vem a habilidade de abrir as portas de

78 Ibid., p.116.

celas que, em primeiro lugar, nunca estiveram fechadas e encontrar novas possibilidades que respeitem as reivindicações da essência de cada um.

COMUNIDADES DE HARMONIA

A decisão de viver uma vida não dividida, por mais poderosa que seja a sua motivação, é, em princípio, algo frágil. Ela precisa de reforço contínuo porque a pessoa que toma essa decisão começa logo a sentir angústia e a duvidar de si mesma — como era de se esperar, pois vivemos em uma cultura que nos diz que uma vida dividida é saudável; mas uma vida não dividida é tola, na melhor das hipóteses, e irresponsável, na pior delas.

Uma vida não dividida é tola, pois, se você deixar que os outros vejam o que está acontecendo lá dentro, eles podem rejeitá-lo e magoá-lo. Então, é melhor manter seus sentimentos escondidos. É irresponsável porque, se você revelar sua verdade interior, não poderá mais cumprir friamente sua tarefa — tarefas como ensinar a partir de um posicionamento imparcial e "objetivo". Então, é melhor desempenhar o seu papel e manter a verdade interior escondida.

Na segunda etapa de um movimento, as pessoas que escolheram uma vida não dividida, mas ainda têm dúvidas quanto a isso, reúnem-se em comunidades de harmonia cujo primeiro propósito é apenas o reconforto mútuo. Na companhia de outros que estão no mesmo caminho, ajudam essas pessoas a entenderem que o comportamento "normal" pode ser louco, mas a busca pela integridade é sempre saudável.

No movimento desencadeado por Rosa Parks, essas comunidades de harmonia encontraram um lar nas igrejas frequentadas por negros. Por todo o sul dos Estados Unidos, as igrejas serviram como locais de encontro para pessoas que precisavam saber que não estavam sozinhas em sua escolha por uma vida integral. Mas as igrejas ofereciam mais do que um espaço físico onde as pessoas podiam se reunir. Elas ofereciam um espaço conceitual onde a substância do movimento podia ser desenvolvida e sustentada.

Eis a segunda função das comunidades de harmonia: ajudar as pessoas a desenvolverem uma linguagem que pudesse representar a visão do movimento, dando a essa linguagem a força necessária para sobreviver e prosperar na desordem do domínio público. Quando o diálogo se inicia entre pessoas que libertaram suas almas recentemente, a linguagem parece frágil — a fragilidade que surge quando falamos de sonhos em uma sociedade obcecada com a praticidade, sobre comunidade em uma sociedade obcecada com a competição ou sobre correr riscos em uma sociedade obcecada em agir com cautela. As pessoas que usam essa linguagem, a do coração, precisam de um lugar para praticá-la, para habituar-se a ela; um lugar onde ela possa ser ratificada por pessoas com a mesma opinião antes de ser usada diante de um público maior, que pode variar de cético a hostil.

Quando Martin Luther King Jr. chegou a esse público maior com imagens do seu "sonho" ou do "topo do monte", ele estava trazendo consigo um reservatório de símbolos que já tinham sido explorados repetidas vezes nas comunidades de harmonia. Essas imagens não eram propriedade particular de King, o grande orador. Eram a língua franca de pessoas comuns; por meio do uso constante nas igrejas frequentadas por negros, elas obtiveram acessibilidade e poder.

Essas igrejas desempenharam um terceiro papel característico de comunidades de harmonia: elas proporcionaram um campo de treinamento onde pessoas que viviam uma vida não dividida podiam desenvolver as habilidades e os hábitos necessários para levar seus valores ao mundo todo. Certa vez, tive uma vívida experiência dessas. Eu estava visitando uma área rural do estado da Geórgia e fui convidado a participar de um culto com uma pequena congregação afroamericana. Cheguei a tempo de assistir a uma aula da escola dominical para adultos e me encontrei em uma sala com outras três pessoas que estavam se preparando para discutir uma passagem da Bíblia. Para a minha surpresa, eles realizavam suas aulas segundo o livro *Robert's rules of order*[79], e cada um deles tinha um papel a desempenhar: um era o dirigente, um era o secretário e um era o parlamentar.

Mais tarde, falei sobre minha sensação de perplexidade com o amigo que tinha me levado à igreja, morador das redondezas e participante dessas atividades com frequência. Por que a aula tinha acontecido com essa formalidade quando havia apenas três pessoas presentes? Não faria mais sentido sentar e conversar?

Ele disse: "Você não entendeu o que acabou de ver. Esta igreja é um lugar onde as pessoas que foram privadas de um papel no governo de nossa sociedade têm uma chance de aprender algumas ferramentas de governança. Um dia, essas pessoas vão reivindicar seu legítimo papel e, quando fizerem isso, terão capacidade para desempenhá-lo".

As comunidades de harmonia são fundamentais para a reforma educacional, mas criá-las se torna difícil devido ao caráter privado da vida acadêmica. Eu me lembro com frequência desse fato quando visito um campus por dois ou três dias. Quando termina a minha fala de abertura, alguém se aproxima e confidencia:

---

79 Nota da Tradutora: livro escrito pelo general Henry Martyn Robert, contendo regras de conduta para autoridades parlamentares.

"Concordo com tudo o que você disse sobre o ensino, mas eu sou o único no campus que pensa assim". No final da segunda sessão, mais três ou quatro pessoas se aproximam de mim, uma a uma, para revelar o mesmo segredo.

Quando vou embora, conheci dez ou quinze pessoas que têm uma visão comum para a Educação — e cada um deles tem certeza de que é o único. Mais de uma vez, tentei apresentar essas pessoas umas às outras, esperando plantar as sementes da comunidade de harmonia que poderiam criar raízes e crescer naquele lugar. Essas comunidades surgem quando duas ou três pessoas se reúnem e assumem um compromisso com as demais. No ambiente acadêmico, vi isso acontecer em especial entre as mulheres, engajadas em dois movimentos ao mesmo tempo: um em prol da boa prática docente, outro em prol do lugar da mulher na Academia.

Mas, se as comunidades de harmonia devem se desenvolver em uma escala significativa, pode ser que necessitem de suporte estrutural. As igrejas frequentadas por negros proporcionaram esse suporte no movimento pelos direitos civis: elas eram a estrutura externa que abarcava uma grande e preocupada clientela, baseada em um sistema de símbolos que forneciam uma retórica de libertação. Há estruturas na Academia que poderiam abrigar comunidades de harmonia para professores que não querem mais viver divididos?

Não há estruturas externas com a credibilidade e o poder das igrejas frequentadas por negros, mas isso não significa que o jogo esteja perdido. Conheço pelo menos duas estruturas educacionais que têm algum potencial para movimentos e que já estão servindo a esse propósito, embora de forma modesta. Uma delas é o crescente número de "centros de ensino-aprendizagem" em campi grandes e pequenos. Os programas desses centros costumam focar o treinamento de técnicas para professores universitários que querem esse treinamento ou precisam dele. No decorrer do tempo — às vezes intencionalmente, às vezes não —, esses centros oferecem aos professores comprometidos um lugar para se encontrarem, conversarem e descobrirem maneiras de dar uns aos outros apoio contínuo.

A segunda estrutura é o número crescente de associações regionais e nacionais que foram organizadas em torno dos valores de uma profunda reforma. No mundo do ensino superior, estou falando de grupos como a *Association for General and Liberal Studies* ("Associação para Estudos Gerais e Liberais"), a *American Association of Higher Education* ("Associação Americana de Educação Superior") e a *Professional and Organizational Development Network in Higher Education* ("Rede para o Desenvolvimento Profissional e Organizacional na Educação Superior"). Pessoas que se sentem isoladas em seu próprio campus podem frequentar reuniões de grupos como essas e voltar para casa encorajados por terem aliados e amigos, embora em lugares distantes.

Pessoas envolvidas em movimentos em geral têm mais amigos longe do que em casa; a agenda da reforma, tão inspiradora em escala nacional, acaba sendo ameaçadora em âmbito local. Mas quando encontro professores visionários que se sentem isolados no próprio campus e pergunto a eles o que fizeram para que outros soubessem sobre a sua visão, a resposta é nada — motivo pelo qual eles estão isolados. Aqueles que estão perdidos nunca serão encontrados se não acionarem um sinal luminoso.

Há apenas uma maneira de encontrar amigos perto de casa, de plantar uma semente a partir da qual uma comunidade de harmonia possa crescer: é preciso tornar visível a decisão de não viver mais uma vida dividida. A visibilidade não é fácil porque pode trazer recriminação. Mas, quando declararmos nossos valores de um modo visível e viável, pode ser que fiquemos impressionados com a forma como os aliados se achegam a nós.

VIR A PÚBLICO

A força da segunda etapa de um movimento é que pessoas que têm a mesma opinião se reúnem em comunidade para reforçar crenças frágeis. Mas há duas maneiras pelas quais esse ponto forte é também um ponto fraco: quando falamos apenas uns com os outros, e não para um público maior, nenhum movimento pode surgir — e a probabilidade de cairmos em ilusão ou erro é maior.

Quando um movimento vem a público, ele não só tem a chance de influenciar os outros com seus valores como também encontra desafios que o forçam a verificar e corrigir tais valores. Há tanta "força da alma" em tomar a decisão de viver uma vida sem divisões e tanto apoio quando as pessoas que tomaram essa decisão se reúnem que é quase certo que a sombra da presunção surgirá. O único modo de minimizar a sombra e maximizar a luz é expor o movimento à crítica pública — e levar a crítica a sério.

Quando exploro o modelo de movimento com os outros, muitas vezes ele é criticado por ser neutro. O modelo pode, por exemplo, descrever movimentos conservadores dos quais o crítico não gosta, bem como movimentos liberais que ele aclama. Pior ainda, qualquer modelo que comece com uma decisão do tipo "não mais dividido" se aplica facilmente a movimentos fascistas, nos quais as pessoas decidem colocar suas ações em harmonia com o mal que há em seus corações — tais como o nazismo, a Ku Klux Klan e a Nação Ariana.

Minha primeira reação é a de que o cenário da mudança social não oferece nenhum porto seguro para a pureza de pensamento e de ação tão cara aos intelectuais. Não há garantias de que os movimentos serão implementados para fins que eu considero dignos. Do mesmo modo que não há garantias de que as organizações seguirão esses fins. A vida nesse mundo é uma bagunça, uma fonte de sofrimento e criatividade. Se quisermos trabalhar em prol de uma mudança, devemos aprender a conviver com a bagunça.

Mas a minha segunda reação é fazer uma distinção entre um movimento, quer eu concorde com seus objetivos ou não, e um pseudomovimento. A distinção depende da disposição de um movimento de entrar nesta terceira etapa e vir a público. Um "movimento" fascista se recusa a vir a público — e, nessa recusa, ele degenera de um movimento para um exercício de poder coercitivo.

Os líderes de movimentos autênticos vão a público de bom grado e se envolvem na cooperação, sabendo que esse diálogo é um caminho em direção à autoridade, que vem do entendimento e da persuasão. Mas em um "movimento" fascista os líderes não têm interesse na exposição pública e na crítica. Na verdade, o fascismo depende do fechamento da esfera pública de forma que não se possa desafiar os valores fascistas e não se possa criar um poder contrário a eles.

Em uma sociedade totalitária, a esfera pública é fechada pela força da coação: sem reuniões em locais públicos, sem associações voluntárias, sem liberdade de imprensa e sem uma política digna desse nome. Mas mesmo em sociedades como a nossa, na qual a esfera pública é tênue, porém aberta, os pseudomovimentos encontram uma maneira de escapar ao escrutínio público e à responsabilidade. Eu penso, por exemplo, na direita religiosa radical e em seus candidatos "dissimulados" que não revelam suas verdadeiras crenças até serem eleitos a um cargo público. Mesmo quando a esfera pública é aberta, é possível escapar ao escrutínio público, pelo menos por enquanto. Mas quando um grupo faz isso, ele deixa de ser um movimento de autoridade moral e se torna uma simples manipulação de poder.

Quando o atual movimento pela reforma educacional é visto pelas lentes do ato de tornar público, vemos que um movimento pode crescer de forma tão lenta e tão intrínseca que mal temos consciência do seu impacto. Embora o movimento pela reforma educacional ainda tenha que atingir objetivos maiores, as imagens e os símbolos da reforma educacional estão bem ativos hoje no cenário público.

Escrevem-se livros sobre o assunto, e alguns se tornam *best-sellers*. Oradores vagueiam pela terra plantando as sementes da mudança em *workshops* e assembleias. Novas associações fazem a causa progredir em reuniões nacionais e regionais — e os professores que se sentem isolados em seus campi as procuram como a um oásis no deserto. Associações nacionais antigas abraçam a causa como um caminho para a própria renovação.

Mais importante ainda, ao movimento pela reforma educacional se uniram públicos que estavam do lado de fora dos muros da Academia. Pais, empregadores, legisladores e colunistas pedem mais atenção ao ensino-aprendizagem, pedidos insistentes e, às vezes, eficazes. Eis aqui um caso em apreço, de uma área que não costuma ser vista como uma incubadora de reformas, a contabilidade:

> Muitos formandos de contabilidade pretendem, e encontram, o primeiro emprego nas "seis grandes empresas de contabilidade" (Big Six[80] — as grandes firmas internacionais). Essas sociedades contratam 10.000 graduados por ano e doam mais de 20 milhões de dólares como apoio à educação superior.
>
> Em 1989, os presidentes executivos das maiores firmas internacionais de contabilidade publicaram em conjunto um documento em que detalhavam o que achavam que os profissionais precisavam dos educadores. O documento descrevia, com algum pormenor, o conhecimento e as habilidades desejados que eles queriam ver nos graduados que contratavam [o que incluía o contexto social e cultural das organizações, resolução criativa de problemas, comunicação eficaz e habilidade de trabalhar... "em grupos com membros diferentes e a habilidade de se opor aos conflitos e resolvê-los".
>
> O relato dos presidentes executivos afirmava: "Passar no exame da CPA (Certificado de Contabilistas dos Estados Unidos) não deveria ser o objetivo da formação na área de contabilidade. O foco deveria ser o desenvolvimento do pensamento analítico e conceitual — *versus* a memorização rápida de padrões profissionais em expansão".
>
> Em seu livro branco, as grandes firmas prometeram 4 milhões de dólares, ao longo de cinco anos, para ajuda na criação das mudanças que elas buscavam no currículo... "com a condição de que o dinheiro seja usado no planejamento e na implementação de currículos inovadores e novos métodos de ensino"[81].

---

80 Nota da Tradutora: as empresas denominadas Big Six são hoje em dia conhecidas como Big Four por conta de fusões entre algumas delas.

81 WYER, J. C. "Accounting education: change where you might least expect it", *Change*, jan-fev 1993, p. 15-17.

Quando a linguagem da reforma pedagógica se torna um assunto comum entre os líderes das seis maiores empresas de contabilidade — que então usam sua considerável influência para pressionar as escolas de negócios a mudarem —, vê-se que o movimento saiu em disparada, embora de forma silenciosa e despercebida.

O modo como o movimento pela reforma educacional veio a público revela como a realidade é desorganizada se comparada ao meu modelo de etapas de movimento. Por exemplo, a reforma educacional atingiu uma proporção na Etapa 3, desproporcional à proporção da Etapa 2: fala-se mais sobre a reforma na esfera pública do que se poderia prever pelo pequeno número de comunidades de harmonia no mundo de caráter privado da educação tradicional.

Mas essa discrepância, em vez de desmerecer o modelo, mostra como ele pode ser de grande valor, pois os desvios do modelo nos mostram coisas que requerem explicação. Talvez a discrepância entre as Etapas 2 e 3 resulte do fato de que o estímulo para a reforma vem menos de professores ensinando em escolas tradicionais e mais de pessoas que ensinam em outros ambientes — em especial no mundo dos negócios e da indústria, área em que pelo menos metade dos estudos do ensino superior está sendo feita hoje em dia.

A maioria das companhias tem "universidades" que atuam dentro delas para ajudar seus funcionários a acompanharem as rápidas mudanças da sociedade, na tecnologia e nos mercados. Por exemplo, cada uma das seis grandes empresas de contabilidade "administra sua própria divisão de Educação para proporcionar educação contínua e de nível universitário aos profissionais que emprega". Não é raro que uma empresa administre mais de 1 milhão de horas de formação por ano"[82]. Tampouco é raro que esses programas não tradicionais empreguem abordagens pedagógicas mais inventivas do que as que encontramos na maioria das faculdades e escolas.

A energia desse imenso setor de educação não tradicional poderia ajudar a impulsionar a reforma educacional, se soubéssemos aproveitá-la. Mas isso só acontecerá quando os educadores em ambientes tradicionais conseguirem transpor o caráter privado de sua profissão e defender uma causa comum com os educadores de âmbitos diferentes. Nas palavras de Marge Piercy, começará "quando você diz Nós/ e sabe de quem está falando, e a cada/ dia fala de uma pessoa a mais"[83].

A necessidade dessa transposição pode ser exemplificada por um problema que encontro em quase todos os campi que visito. Os professores que usam

---

82 Ibid., p.15.

83 PIERCY, M. *The moon is always female*. Nova York: Knopf, 1981. p. 44-45.

métodos não tradicionais se sentem prejudicados pelo tradicionalismo dos seus alunos, dos pais dos alunos e de alguns colegas: "Pare de fazer essa coisa melosa com os alunos. Cubra todas as bases, faça-os memorizar os fatos e mostre-lhes como competir. Se não fizer isso, você os coloca em desvantagem no mundo real do trabalho".

A ironia é clara: o mundo "real" do trabalho é a fonte de boa parte da experimentação e das mudanças pedagógicas, exatamente porque as práticas de ensino convencionais, do tipo de cima para baixo, não preparam bem os alunos para as realidades desse mundo. Mas alguns alunos, pais e acadêmicos são envolvidos pelo atraso cultural. Eles precisam ouvir as novidades.

É claro que eles não vão acreditar nas novidades se elas vierem apenas das pessoas que ensinam: elas devem vir de vozes fidedignas do próprio mundo do trabalho. Mas muitos educadores, até — e talvez em especial — os mais inovadores, veem as pessoas da área de negócios e indústrias como inimigos, não aliados. Poucas vezes pedimos a eles para nos ajudar a dar a notícia — ou confiamos neles para dar essa notícia — de que a mudança pedagógica deve acontecer se for para os alunos terem êxito no mundo real.

Se nós que ensinamos entendêssemos como funciona um movimento e experimentássemos uma mentalidade de movimento, talvez nos parecesse mais fácil defender uma causa comum a pessoas na esfera pública que pudessem ajudar o movimento. Algumas delas estão inteiramente ao nosso alcance e nos dariam as mãos de bom grado: são os ex-alunos das nossas instituições e os membros dos nossos conselhos de administração.

Quando procurarmos aliados entre os nossos empregadores, vamos descobrir que nem todas as nossas reservas são infundadas: no mundo dos negócios, a abertura à reforma pedagógica serve ao simples objetivo de aumentar os lucros finais. Nem todos os nossos aliados em potencial entenderão, quanto menos honrarão, as aspirações das artes liberais, embora seja claro que alguns o façam. Nem todos vão concordar com a premissa central deste livro, de que a técnica não pode ser reduzida, pois a área de negócios é ainda mais fascinada com a técnica do que a Educação.

Mas defender uma causa comum em um movimento não requer parceiros que tenham a mesma visão que temos. Conforme estabelecemos ligações, somos puxados a direções perigosas, mas como estamos ligados, vamos ter a chance de dar uns puxões. Defender uma causa comum abre a possibilidade de ensinar e aprender em campos antes desconhecidos.

À medida que um movimento vem a público, a identidade e a integridade de seus participantes são testadas face à grande diversidade de valores e visões em ação no cenário público. Não devemos nos afastar da nossa integridade nesse complexo campo de forças, no qual podemos perder facilmente o rumo. Mas também devemos nos abrir a influências conflitantes, pois, dessa forma, tanto o movimento quanto a nossa integridade podem crescer.

A RECOMPENSA DO CORAÇÃO

A quarta e última etapa revela a trajetória completa dessas energias de movimento geradas na primeira etapa, quando indivíduos isolados renunciaram à lógica das organizações e decidiram não viver mais divididos. Essas energias — que se tornaram comunitárias na segunda etapa e vieram a público na terceira — voltam agora ao ponto onde começaram, retornando para alterar a lógica das próprias organizações das quais elas se libertaram de início.

Eu digo "alterar" ao invés de "transformar" ou "revolucionar" a lógica das organizações porque os resultados da maioria dos movimentos são modestos. A maioria dos movimentos não subverte a ordem vigente, e sim faz alterações graduais, na proporção proposta por Thomas Merton quando disse: "Não precisamos nos ajustar ao mundo; podemos ajustar o mundo"[84]. Os movimentos têm maiores chances de ajustar a realidade do que de criar um admirável mundo novo.

Mais despretensioso ainda: essas modestas alterações, uma vez institucionalizadas, tornam-se o *ancien régime*, o nada admirável mundo velho. Elas se tornam a forma da resistência institucional contra a qual os movimentos da próxima geração devem pressionar. No entanto, são alterações e, se o movimento tiver princípios sólidos, as alterações também serão sólidas, pelo menos por enquanto.

Movimentos têm o poder de alterar a lógica das organizações porque uma organização é, na realidade, um sistema de sanções sociais: faça isso e você será punido, faça aquilo e será recompensado. Contanto que a instituição controle o sistema de recompensas em dado campo de atividades — como o ensino-aprendizagem —, ela tem poder sobre a vida de todos que querem se dedicar a essa atividade.

Mas tão logo essas pessoas decidam que as punições da instituição são irrelevantes (o que é a chave para a primeira etapa) e o movimento desenvolve um sistema alternativo de recompensas em torno das atividades valorizadas por essas pessoas (o que é a chave para a quarta etapa), o poder da instituição começa a declinar. Quando isso acontece, as instituições em geral despertam para a

84 Comunicação pessoal do irmão Patrick Hart, secretário pessoal de Thomas Merton.

necessidade de mudança, para que a ação não vá para outro lugar e elas se tornem irrelevantes para a vida das pessoas.

Por exemplo, quando quase toda a educação superior dos Estados Unidos era feita por faculdades e universidades tradicionais, e essas instituições não precisavam mudar, qualquer um que quisesse ser aluno ou professor era forçado a jogar segundo suas regras. Mas agora que metade, ou mais da metade, da educação superior americana está sendo feita nas áreas de negócios, indústria e no setor militar, o ensino superior tradicional está sentindo a crise e se abrindo à renovação.

Quais são as recompensas alternativas que pressionam as organizações a reescreverem sua lógica? Conforme um movimento cresce, ele oferece recompensas intangíveis, porém poderosas, em cada estágio de desenvolvimento. Na Etapa 1, há a recompensa de saber mais sobre a própria identidade; na Etapa 2, a recompensa de estar em comunidade com pessoas solidárias, que têm a mesma opinião; na Etapa 3, a recompensa de viver uma vida pública mais ampla. Conforme cresce um movimento; o significado que não se encontra trabalhando para uma instituição é encontrado trabalhando pelo movimento; a corroboração que não se recebe dos colegas na organização onde se trabalha é recebida de amigos que se conhecem no movimento e carreiras que não satisfazem mais a alma são redirecionadas a finalidades inspiradas pelo movimento.

Os movimentos oferecem recompensas materiais e espirituais. Algumas pessoas têm rendas modestas por trabalhar para eles, como os organizadores, por exemplo. Pode-se ter recompensas econômicas em outros setores: alguns acadêmicos dedicados à reforma educacional publicaram livros e artigos sobre o movimento e seus objetivos, o que lhes valeu promoção ou estabilidade no emprego em instituições tradicionais.

Em última análise, conforme um movimento cresce, é cada vez maior a probabilidade de as organizações convencionais criarem espaços onde um trabalho ao estilo do movimento possa ser feito e pago. Quarenta anos atrás, pessoas que trabalhavam abertamente em prol da diversidade racial no ambiente de trabalho tinham dificuldade de encontrar qualquer tipo de trabalho remunerado. Hoje, muitas organizações pagam pessoas especialistas em diversidade, trabalhando pela harmonia racial e de gênero e pela justiça entre os funcionários. Quarenta anos atrás, as mulheres e os afroamericanos eram tratados como se fossem inaptos para uma vida erudita. Na atualidade, eruditos negros e feministas costumam ser admitidos com avidez.

No final das contas, as diversas recompensas oferecidas nessa etapa final de um movimento são os reflexos da mesma recompensa básica — aquela que vem de viver uma vida sem divisões. Na Etapa 1, as pessoas compreendem que nenhuma punição imposta a elas por alguém poderia ser pior do que o modo como elas se punem por conspirar com o seu próprio rebaixamento. Na etapa 4, compreendem que nenhuma recompensa oferecida por outros pode ser maior do que o modo como se recompensam por viver a sua própria verdade. Quando um número substancial de pessoas abraça essa compreensão, as instituições são forçadas a negociar — pois os corações das pessoas não estão mais imobilizados por elas.

As recompensas alternativas oferecidas por um movimento podem parecer frágeis se comparadas aos aumentos, às promoções e ao *status* que as organizações concedem aos lealistas. E assim é. A integridade, como dizem os céticos, não coloca comida na mesa. Mas as pessoas atraídas para um movimento geralmente acham que estocar comida não é a questão crucial de suas vidas, não porque tenham toda a comida que querem, mas porque têm um tipo mais básico de fome. Elas entendem que nem só de pão vivem os seres humanos.

A via do movimento é uma alternativa à paralisia organizacional e ao desespero que ela cria, uma alternativa com precedente histórico e poder. Mas, tendo passado este capítulo mapeando movimentos e analisando suas implicações para a reforma educacional, preciso fazer uma advertência: mesmo com um mapa em mãos, podemos aderir à abordagem organizacional por motivos mais sinistros do que por ignorar outras vias.

Às vezes, sentimos um conforto perverso ao insistir que as organizações ofereçam o único caminho para a mudança. Então, quando o caminho está bloqueado, e costuma estar, podemos nos basear no ressentimento e colocar toda a culpa nas forças externas ao invés de assumirmos a nossa responsabilidade. Alguns de nós preferem não ter esperanças a correr o risco de viver uma vida nova: se acreditássemos que uma vida nova é possível, só Deus sabe o que seríamos chamados a fazer! Não é raro que os acadêmicos se sintam atraídos por esse "desejo de morte", até, e às vezes em especial, os mais idealistas de nós. A resistência mais vigorosa à opção pelo movimento pode vir de visionários que foram derrotados em um *front* e estão muito cansados para abrir outro.

Sou um professor de coração e não me sinto naturalmente atraído pela confusão da mudança social. Eu preferiria dar aula a gastar minhas energias ajudando um movimento e enfrentar as dificuldades que vêm com ele. Entretanto, se me importo com o ensino, devo me preocupar não só com os alunos e com a minha disciplina, mas também com as condições internas e externas que influenciam o trabalho feito pelos professores. Encontrar um lugar no movimento para a reforma educacional é um modo de exercitar essa preocupação mais ampla.

As quatro etapas de um movimento podem nos ajudar a encontrar esse lugar. Alguns de nós podem decidir não viver mais divididos, alinhar nossas ações como professores com o significado que associamos ao nosso trabalho. Alguns de nós podem procurar outros que compartilhem desses valores, juntando-se a comunidades de harmonia que possam apoiar nossa transformação. Alguns de nós podem tornar públicas suas crenças, dando voz à nossa visão e sendo desafiados como resposta. Alguns de nós podem descobrir que as recompensas convencionais perdem a cor à medida que vivenciamos a satisfação de viver sob a melhor luz.

Conforme encontrarmos nosso lugar no movimento, descobriremos que não há um conflito essencial entre amar o magistério e trabalhar pela reforma educacional. Um movimento autêntico não é um jogo pelo poder — é o ensino-aprendizagem em evidência. Agora o mundo se torna a nossa sala de aula, e o potencial de ensinar e aprender se encontra em toda parte. Só precisamos estar nesse mundo com as nossas verdadeiras essências, com o coração e a mente abertos.

Assim, fechamos o círculo e voltamos ao ponto onde este livro começou: ao poder dentro de cada um que, em comunhão com os poderes que estão além de nós, cria o mundo em conjunto, para o bem ou para o mal. Diz o poeta Rumi: "Se você não está sinceramente conosco, está nos causando um dano terrível"[85].

Evidências dessa afirmação estão à nossa volta, inclusive na Educação: quando não somos sinceros com o professor interior e com a comunidade da verdade, causamos um dano lastimável a nós mesmos, aos nossos alunos e às coisas importantes do mundo guardadas pelo nosso conhecimento.

Mas Rumi com certeza concordaria que o inverso é igualmente verdadeiro. Se você está de verdade aqui conosco, traz numerosas bênçãos. Trata-se de uma benção conhecida por gerações de alunos cujas vidas foram transformadas por pessoas que tiveram a coragem de ensinar — a coragem de ensinar a partir dos lugares mais verdadeiros da vocação da individualidade e do mundo, a coragem de convidar os alunos a descobrirem, explorarem e habitarem esses lugares ao viverem a própria vida.

---

85 JALAL AL-DIN RUMI, M. "Say yes quickly", in: JALAL AL-DIN RUMI, M.; MOYNE, J. *Open secret: versions of Rumi*. Traduzido por Coleman Brooks. Brattleboro, Vermont: Threshold Books, 1984. p. 27.

Posfácio da edição de décimo aniversário

O NOVO PROFISSIONAL:
EDUCAÇÃO PARA A TRANSFORMAÇÃO

É cruel e talvez a raiz de toda crueldade
saber o que ocorre e não reconhecer.
Então eu apelo a uma voz, a algo sombrio,
uma remota e essencial parte de quem fala:
podemos nos enganar, mas devemos ponderar —
para que o desfile de nossas vidas mútuas não se perca.
É importante que os despertos permaneçam assim,
ou uma ruptura pode impedir que voltem a dormir;
os sinais que damos — sim ou não, ou talvez,
deveriam ser claros; a escuridão ao nosso redor é intensa.

— *William Stafford, "A ritual to read to each other"*
("Ritual para ler um para o outro")[86]

O MODELO DE MOVIMENTO EM AÇÃO

Nos dez anos que se passaram desde que terminei o último capítulo do livro, não vi nada que desafiasse seu esboço de como os movimentos pela mudança social se desenvolvem. Mais importante que isso, tenho visto o bastante para sugerir que um movimento a favor de levar a sério a "vocação na vida de um professor" tem ganhado força.

Essas afirmações podem não provar nada além da minha eterna lealdade às minhas próprias ideias! Mas acredito que existam evidências concretas de que um movimento para reivindicar a relevância da vida interior dos professores e dos estudantes se tornou mais visível, confiante e persuasivo desde 1997.

É claro que esse movimento não começou nessa época. E sua história se recusou — como a História de forma tão persistente se recusa — a seguir qualquer modelo de como "deveria" se desenvolver. Com relação às quatro etapas de movimento que delineio no Capítulo 7: "Todas essas etapas são 'protótipos ideais'. Elas não se desenvolvem de modo tão ordenado quanto o modelo sugere: Sobrepõem-se, voltam ao ponto inicial e às vezes pulam umas às outras. Mas, ao

86 STAFFORD, W. "A ritual to read to each other", in: STAFFORD, W. *The way it is: new and selected poems*. St. Paul, Minnesota: Graywolf Press, 1998. p. 75-76.

apontá-las, mesmo que de modo abstrato, podemos extrair a dinâmica essencial de um movimento a partir de seu caótico campo energético".

Contudo, em meio à confusão da História, é possível fazer uma retrospectiva da última década e identificar momentos que sinalizem uma mudança em direção ao tipo de Educação previsto neste livro.

Por exemplo, em setembro de 1998 dei uma conferência intitulada "Educação como Transformação", junto com professores pesquisadores de instituições tão diversas quanto Amherst, Antioch, Columbia, Harvard e da Universidade do Sul da Califórnia, patrocinada pela *Wellesley College*, "para explorar questões de pluralismo religioso e espiritualidade na educação superior"[87]. É provável que dez ou vinte anos antes a instituição patrocinadora e muitos daqueles representados na mesa de conferência e na plateia se associassem relutantemente a esse tópico, se o fizessem.

Na conferência, uma educadora disse em público o que outros estavam dizendo em particular: "vim aqui porque sabia que um movimento estava começando"[88]. Quando fiz minha apresentação para uma plateia de oitocentas pessoas oriundas de duzentas e cinquenta instituições — uma plateia que incluía reitores, professores de ensino superior, administradores, estudantes, profissionais do campo religioso e provedores —, senti que as palavras dessa educadora eram proféticas.

Na verdade, essa conferência ocasionou o surgimento de um movimento nacional chamado Educação para a Transformação, que segue a missão daquela conferência até hoje[89].

Conferências que exploram a vida interior de professores e alunos são sinais significativos de um movimento relacionado aos temas deste livro. Mas tantas conferências desse tipo ocorreram nos últimos anos que uma lista detalhada, embora comprovasse o argumento, seria também entediante. Então, quero citar apenas dois outros encontros nacionais que marcaram novas etapas na expansão e legitimação deste movimento.

Em junho de 2000, uma conferência inspirada no encontro da Wellesley foi realizada na Universidade de Massachusetts, em Amherst, organizada pelo então

---

87 "EasT: The National Gathering", EDUCATION as Transformation [http://www.wellesley.edu/RelLife/transformation/edu--nationalgathering.html].

88 Cheryl Keen, faculdade Antioch College, citada em "Education Overview", EDUCATION as Transformation, [http://www.wellesley.edu/RelLife/transformation/edu-ngoverview.html].

89 "EDUCATION as Transformation é uma organização internacional que trabalha com faculdades, universidades, escolas de ensino fundamental e médio e instituições relacionadas, explorando o impacto da diversidade religiosa na educação e estratégias para abordar essa diversidade, o papel da espiritualidade nas instituições educacionais, e particularmente sua relação com a abordagem pedagógica do ensino-aprendizagem, o cultivo de valores, o desenvolvimento moral e ético e a promoção de comunidades mundiais de aprendizagem e de cidadãos mundiais responsáveis". "Index", EDUCATION as Transformation, Dec. 8, 2006 [http://www.wellesley.edu/RelLife/transformation/index.html].

reitor David Scott, com o nome de *Going public with spirituality in work and higher education* (Poderíamos traduzir como "vir a público sobre a espiritualidade no trabalho e na educação superior"). Vale a pena prestar atenção a esse encontro porque (ao contrário do evento na Wellesley) foi oferecido por uma universidade mantida com o dinheiro de impostos, que estava disposta a vir a público com o assunto da espiritualidade de uma forma que tais instituições historicamente sempre abominaram fazer[90].

Em fevereiro de 2007, uma conferência intitulada *Uncovering the heart of higher education: integrative learning for compassionate action in an interconnected world* (Descobrindo a essência da educação superior: a aprendizagem integradora para uma ação compassiva em um mundo interconectado) atraiu mais de seiscentas pessoas de duzentas e sessenta instituições a San Francisco[91]. Esta — cujos patrocinadores incluíam a *Association of American Colleges and Universities*, o *Council of Independent Colleges*, a *League for Innovation in the Community College* e a *Association of Student Personnel Administrators* — é digna de registro, pois associações nacionais desse tipo não se colocam ao lado de tópicos que as instituições membro acham intragáveis.

Outro sinal significativo de que um movimento está em curso é o crescente conjunto de pesquisas e publicações dedicadas a um ensino-aprendizagem integrador, forte evidência de que o debate nacional está se ampliando a fim de incluir questões da vida interior.

Vinte anos atrás, esforços para estudar a "relevância" educacional da religião e da espiritualidade teriam sido vistos como estranhos pela maioria dos acadêmicos. Parece claro que uma mudança radical está em curso quando uma publicação chamada *Journal of College and Character* (publicada por uma universidade mantida com o dinheiro de impostos), revisada por especialistas da área, atrai um vasto número de leitores com questões atuais como a que está no site enquanto eu escrevo: *Inward Journeys: Forms and Patterns of College Student Spirituality* (Jornadas interiores: formas e padrões da espiritualidade de alunos universitários)[92].

Fica ainda mais claro que essa tendência está crescendo quando Arthur W. Chickering, um dos acadêmicos mais experientes e respeitados da educação superior, escreve um livro chamado *Encouraging authenticity and spirituality in higher education* (Algo como "Encorajando a autenticidade e a espiritualidade na

---

90 Going public with spirituality in work and higher education, [http://www.umass.edu/spiritual_conf].

91 Uncovering the heart of higher education: integrative learning for compassionate action in an interconnected world, [http://www.heartofeducation.org].

92 DALTON, J. C.; EBERHARDT, D.; BRACKEN, J.; ECHOLS, K. "Inward journeys: forms and patterns of college student spirituality", journal of college and character, 2006, 7(8) [http://www.collegevalues.org/pdfs/Dalton.pdf].

educação superior")[93]. E o ápice dessa tendência não deve estar muito distante em um momento em que o *Higher Education Research Institute* ("Instituto de Pesquisas do Ensino Superior") na UCLA (Universidade da Califórnia, em Los Angeles) realiza estudos com títulos tais como *Spirituality and the professoriate: a national study of faculty attitudes, experiences and behaviors* ("A espiritualidade e o professorado: um estudo nacional das atitudes, experiências e comportamentos do corpo docente universitário") e *Spirituality in higher education: a national study of college students' search for meaning and purpose* ("A espiritualidade na educação superior: um estudo nacional sobre a busca dos alunos universitários por significado e propósito"), cujos principais pesquisadores são os distintos doutores Alexander W. Astin e Helen S. Astin[94].

O que tudo isso tem a ver com educadores de escolas de ensino fundamental e médio? Muita coisa. Muitos esforços em prol da reforma na educação superior e profissional envolvem problemas que começam "de cima" e, portanto, requerem a colaboração com educadores que trabalham no ponto onde tudo começa. As pessoas mais ponderadas de cada nível de ensino entendem que devemos transcender as fronteiras artificiais que nos separam para podermos colaborar em espírito e prática, a fim de que possamos fazer um bom trabalho com os alunos.

No decorrer da última década, os ensinos fundamental e médio se equipararam ao ensino superior no movimento para criar programas de apoio à vida interior do professor. Isso me parece particularmente extraordinário, já que, durante essa mesma década, o ensino público passou a ser dominado e guiado pela legislação federal chamada *No Child Left Behind* (NCLB).

Essa legislação tem um objetivo vital e indiscutível: assegurar que a rede pública ofereça a *todas* as crianças uma chance de sucesso nos estudos, tornando os educadores responsáveis por esse sucesso. Mas ela tem muitas falhas, em especial porque se trata de uma série de mandatos não financiados. De fato, de tempos em tempos me ocorre que essa legislação é um esquema para criar fracasso escolar em massa no ensino público, de forma que a privatização se torne uma opção atraente para um número maior de americanos.

Mesmo que fosse financiada de modo adequado, a *No Child Left Behind* falhou em seu enfoque exclusivo no tipo de aprendizagem que pode ser medido

---

93 CHICKERING, A. W.; DALTON, J. C.; STAMM, LIESA. *Encouraging authenticity and spirituality in higher education*. San Francisco: Jossey-Bass, 2005.

94 "Spirituality and the professoriate: a national study of faculty attitudes, experiences, and behaviors", spirituality in higher education [http://spirituality.ucla.edu/about/facsurvey.html]; "The survey", Spirituality in higher education [http://spirituality.ucla.edu/about/survey.html].

com testes padronizados. Isso, é claro, marginaliza todas as matérias e habilidades que não contribuem para a geração de notas altas — incluindo matérias "inúteis", como música e arte, além de habilidades "inúteis", como explorar questões que não estão no livro e encontrar respostas que não estão no manual do professor.

A NCLB coloca uma grande pressão nos educadores dos ensinos fundamental e médio para "ensinarem para a prova", ao invés de observarem as verdadeiras necessidades do aluno. Com frequência, ela faz os professores competirem entre si: tanto indivíduos quanto escolas são penalizados se seus alunos "fracassarem" segundo os padrões simplistas dessa legislação. Isso não apenas mina a confiança relacional que sabemos ser decisiva ao aprendizado do aluno — mesmo aquele medido por testes padronizados —, mas também pode tornar os professores tão frenéticos, centrados em si mesmos e desconfiados que nada que se pareça com um trabalho interior, a sós ou em grupo, será possível[95].

Então, para mim, é de se admirar que nesse solo cada vez mais tóxico que é o ensino público uma semente envolvendo "trabalho interior" para educadores de ensino fundamental e médio tenha germinado, criado raízes, crescido e começado a florescer desde a publicação de *A coragem de ensinar*. Em alguns lugares, as plantas que cresceram a partir dessa semente estão ajudando a limpar a toxicidade do solo.

Na edição de outono de 2006 da revista *Educational Forum*, Sam Intrator e Robert Kunzman pesquisam e resumem dezessete estudos empíricos sobre "programas de renovação de professores e seu impacto nos educadores", realizados entre 1997 e 2005, incluindo vários participantes do programa *A coragem de ensinar*. Dar atenção à vida interior do professor, afirmam eles, tornou-se um assunto cada vez mais proeminente na agenda de professores e gestores de escolas públicas, bem como na de seus formadores.

Ao escrever que "ainda temos muito a aprender" sobre programas de apoio à vida interior de professores, Sam Intrator e Robert Kunzman acrescentam que parece:

> *"... cada vez mais claro que os educadores abraçam a ideia de que o ensino e a liderança devem incorporar as dimensões pessoal, espiritual e emocional, como evidenciado pela popularidade de trabalhos recentes de Parker Palmer (1998, 2004), Margaret Wheatley (2006), Lee Bolman e Terrence Deal (2001) e Andy Hargreaves e Michael Fullan (1998). Muitos desses teóricos defendem um desenvolvimento profissional que dê atenção às dimensões interiores da vida de um professor. Periódicos da área de Educação*

---

95 Veja: BRYK, A. S.; SCHNEIDER, B. L. *Trust in schools*. Nova York: Russell Sage Foundation, 2002.

dedicaram edições especiais à importância de um compromisso sincero para com a boa prática docente. Por exemplo, a edição de janeiro da revista Educational leadership, cujo enfoque era a espiritualidade na Educação, consta como a reimpressão mais requisitada do periódico."[96]

Como autor do principal ensaio daquela edição de *Educational leadership*, posso afirmar, com base nos comentários que continuo recebendo, que o tema da espiritualidade na Educação e o tratamento imparcial dado pelos editores sensibilizaram muitas pessoas[97].

ESTUDO DE CASO DE UMA MUDANÇA INSTITUCIONAL

Conferências e pesquisas realizadas e a ampla publicação de artigos, periódicos e livros são evidências suficientes de que há um movimento. Mas o indício mais forte se mostra quando líderes — sejam eles posicionais ou de outro tipo, de dentro ou de fora — criam campos de força que desafiam as instituições a mudarem. Após a publicação do livro, vi muitas histórias, pequenas e grandes, desenrolarem-se. Aqui está uma das grandes.

Em junho de 2000 recebi uma ligação de David Leach, um médico e diretor executivo do *Accreditation Council for Graduate Medical Education* ("Conselho de Regulamentação para Pós-graduação Médica" — ACGME). Com sede em Chicago e uma equipe de mais de cem funcionários, a ACGME monitora e sanciona os mais de oito mil programas de residência médica neste país, pelos quais médicos em treinamento recebem pelo menos três anos de formação com supervisão e prática antes de se tornarem médicos certificados.[98]

O Dr. Leach me disse que o ACGME estava trabalhando com educadores de programas de residência para renovar o "profissionalismo médico" ou a prática médica humanista, que eles definem da seguinte maneira:

Os residentes devem demonstrar compromisso com o cumprimento de suas responsabilidades profissionais, adesão a princípios éticos e sensibilidade a variados tipos de pacientes. Espera-se que eles:

---

96 INTRATOR, S. M.; KUNZMAN, R. "The person in the profession: renewing teaching vitality through professional development", *Educational Forum*, 2006, 71 (Outono), 16-33 [http://www.kdp.org/pdf/publications/forumarchives/forum06_intrator.pdf], p. 24.

97 Veja: PALMER, P. J. "Evoking the spirit in public education", *Educational leadership*, 1998, 56 (4), 6-11.

98 "O ACGME é um conselho particular, sem fins lucrativos, que certifica 8.100 programas de residência em vinte e sete especialidades, afetando 103.000 residentes. Sua missão é melhorar a qualidade da assistência médica nos Estados Unidos, assegurando e melhorando a qualidade da educação médica em nível de pós-graduação para médicos em treinamento". Accreditation Council for Graduate Medical Education [http://www.acgme.org/acWebsite/newsReleases/newsRel_10_20_06.asp].

- demonstrem respeito, compaixão e integridade; sensibilidade às necessidades dos pacientes, da sociedade e da profissão; compromisso com a excelência e com um desenvolvimento profissional contínuo;
- demonstrem compromisso com princípios éticos referentes a prover ou negar cuidados médicos, confidencialidade de informações dos pacientes, consentimento informado e práticas comerciais; e
- demonstrem sensibilidade e receptividade para com a cultura, a idade, o gênero e as deficiências dos pacientes.[99]

Como a definição torna claro, o profissionalismo médico depende muito da qualidade da vida interior de um médico. Respeito, compaixão, integridade, sensibilidade e transcendência do interesse próprio não são técnicas, e sim estados interiores — se souberem como chegar lá.

O Dr. Leach disse que ele, a equipe de funcionários e a diretoria tinham estudado o livro e assistido a uma palestra que dei em 1998, em uma conferência nacional do *Institute for Healthcare Improvement* ("Instituto para a Melhoria da Assistência Médica"), onde explorei o modelo de movimento por uma mudança social e sua relação com a reforma da medicina.[100] Ele me disse que eles também sabiam o que o Centro para Coragem e Renovação estava fazendo com educadores de escola pública, ajudando-os a "reconectar a alma e o papel que se exerce"[101].

O ACGME acreditava, mencionou o Dr. Leach, que o nosso trabalho poderia oferecer apoio à agenda de profissionalismo do conselho, ajudando os residentes médicos e seus professores a se reconectarem com as convicções que os levaram a tornarem-se médicos. Na verdade, disse que eles estavam desenvolvendo um plano para procurar conseguir tudo isso, no qual esperava envolver a mim e aos meus colegas. Depois de me explicar o plano e responder às minhas perguntas, perguntou-me se eu estava interessado em falar sobre colaboração.

Bem, vejamos, pensei comigo mesmo. Aqui está um líder da área do ensino médico que parece compassivo, brilhante e eficiente. Sua organização tinha autoridade sobre uma parte essencial da educação médica. Ele, a equipe de funcionários e a diretoria entenderam nosso trabalho e desenvolveram um plano de ação viável, sustentado com recursos próprios, que ligava a agenda do conselho à nossa. Será que valia a pena gastar tempo e energia com isso?

---

99 "Advancing education in medical professionalism: an educational resource from the ACGME outcome project". Accreditation Council for Graduate Medical Education, [http://www.acgme.org/outcome/implement/Profm_resource.pdf], p. 3.

100 Veja o Institute for Healthcare Improvement [http://www.ihi.org/ihi].

101 A história e a missão do Centro para Coragem e Renovação são discutidas no Prefácio.

Depois de levar em consideração por um microssegundo essas complexidades, gritei para o Dr. Leach: "quando podemos começar?". Dessa conversa surgiram relações de trabalho e amizades que estão entre as mais preciosas da minha vida pessoal e da profissional.

O plano da ACGME, implementado há seis anos, é a alma da simplicidade e uma tacada de mestre. Desde 2002, o conselho tem oferecido um prêmio de destaque chamado *Courage to Teach Award* a dez diretores de programas de residência "que se destacam em seu papel como professores, instrutores, mentores e pais, por seus sermões e sua franqueza e por tantos outros papéis que um diretor de programa de residência bem-sucedido deve adotar". Diretores esses cujos programas oferecem apoio exemplar ao profissionalismo médico.[102]

Indicações ao prêmio são solicitadas a todos os membros da comunidade ACGME. Depois de passar pelo crivo da equipe de funcionários, os dez premiados são escolhidos pela diretoria do Conselho, divulgados em seu boletim, homenageados em um banquete em Chicago e reunidos em um programa de estudos cujos facilitadores são médicos do Centro para Coragem e Renovação. A cada programa de estudo, beneficiários de anos anteriores se misturam aos da safra atual, e, em encontros nacionais da ACGME, os vencedores do prêmio se reúnem para estabelecer diálogos que alimentem o movimento.

Eu já vi muitos programas de prêmios de "Professor do ano". Via de regra, eles dão a educadores dignos o enaltecimento ao qual têm direito, mas com pouco ou nenhum impacto institucional. O programa de prêmios da ACGME é diferente. Seu objetivo final não é apenas homenagear dez educadores da área médica a cada ano. Ele está explorando esse programa como forma de estimular um diálogo mais profundo sobre o profissionalismo médico com o intuito de ajudar a transformar a Educação em programas de residência.

Por meio do *Courage to Teach Award*, esse Conselho está constituindo apoio para a evolução de um novo conjunto de padrões de regulamentação que exigirá que todos os oito mil programas de residência adotem novos padrões de profissionalismo na medicina. Como escreveu o presidente da diretoria do ACGME no relatório anual de 2002-2003, "todo o [nosso] trabalho tem o intuito de nos levar ao que o Dr. Leach chama de 'o sistema de regulamentação do futuro' — um que dê muito mais enfoque aos resultados e muito menos ao processo"[103].

---

102 RICE, C. L. "Message from the Chair", Accreditation Council for Graduate Medical Education 2002-2003 Annual Report. [http://www.acgme.org/acWebsite/annRep/an_2002-03AnnRep.pdf], p. 2-3. Informações sobre o prêmio ACGME Courage to Teach Award podem ser encontradas no site http://www.acgme.org/acWebsite/home/home.asp clicando no item "ACGME Awards" do menu.

103 Ibid., p. 2.

(Os "resultados" se referem ao desenvolvimento de um comportamento profissional nos alunos. Por muito tempo, o foco da regulamentação educacional estava nos estímulos que oferecia ao "processo" educacional — quantos cursos são oferecidos, a porcentagem de docentes com doutorado ou titulação maior, o número de livros na biblioteca, entre outros —, como se o que uma escola oferecesse a seus alunos fosse uma medida da capacidade de seus graduandos).

Em parte, conto essa história para oferecer mais evidências de que a preocupação com as questões da vida interior na Educação está ajudando a canalizar esforços para uma grande reforma educacional. David Leach e seus colegas entendem que um corpo docente da área médica não pode encorajar o profissionalismo sem dar atenção à paisagem interior de suas próprias vidas como professores.

Também conto essa história por outro motivo. A medicina é um território novo para mim, e explorá-lo — com guias sábios como o Dr. Leach e o Dr. Paul Batalden — ajudou-me a ter novos pensamentos[104]. Entre outras coisas, meu trabalho com o ACGME me levou para além das generalidades do modelo de movimento (abstrações que são sua força e sua fraqueza), a uma agenda mais focada em prol da mudança a qual eu chamo de "a Educação do novo profissional".

NOSSA NECESSIDADE DE UM NOVO PROFISSIONAL

Na primavera de 2002, no primeiro programa de estudos da ACGME, trabalhamos com um estudo de caso de um colapso na assistência médica que resultou na morte evitável de um doador de órgãos. Como essa morte envolveu as ações, ou a falta de ação, de uma residente, ele também poderia ser visto como um colapso na Educação em programas de residência.

Obviamente, o caso está cheio de detalhes específicos da medicina, mas ilustra de forma vívida uma crise em todas as profissões: da medicina ao magistério, do campo religioso ao do direito, as próprias instituições onde exercemos nosso ofício apresentam algumas das ameaças mais graves aos padrões profissionais e à integridade pessoal. No entanto, o ensino superior faz pouco, se é que faz algo, para preparar os alunos para confrontar, desafiar e ajudar a mudar as condições institucionais sob as quais eles estarão trabalhando em breve.

Por favor, mantenha essa tese em mente e reflita sobre os paralelos em nossa área enquanto conto os fatos referentes a esse caso, que são clínicos, escassos e perturbadores:

---

104 Paul Batalden, o diretor do programa do Dartmouth-Hitchcock Leadership Preventive Medicine Residency Program, do Centro Médico Dartmouth-Hitchcock, da Escola de Medicina Dartmouth, e vice-presidente sênior para o desenvolvimento de profissionais de saúde do Institute for Healthcare Improvement.

> No dia 10 de janeiro de 2002, um homem saudável de cinquenta e sete anos passou por um procedimento de doação de fígado que fez uma resseção bem-sucedida de aproximadamente 60% do lobo direito de seu órgão para prepará-lo para ser transplantado em seu irmão, um homem de cinquenta e quatro anos com uma doença degenerativa do fígado.
>
> Depois do que foi descrito como um transplante sem intercorrências técnicas, o paciente doador parecia estar bem no primeiro dia de pós-operatório. Ele começou a manifestar um pouco de taquicardia [atividade anormal com batimentos rápidos] no final do segundo dia. No início do dia seguinte, ele começou a soluçar e reclamar de náusea e recebeu tratamento sintomático. Mais tarde, nesse mesmo dia, começou a vomitar uma substância marrom. Ele teve dessaturação de oxigênio [falta de níveis adequados de oxigênio no sangue] e recebeu aplicação de 100% de oxigênio por meio de máscara. Foi pronunciado morto no terceiro dia de pós-operatório[105].

Três meses depois, o comissário do estado para a saúde publicou um relatório de incidente que dizia: "o hospital permitiu que esse paciente passasse por um procedimento complicado e de alto risco e, depois, deixou seus cuidados pós-operatórios ficarem nas mãos de um funcionário em princípio de carreira e sobrecarregado, sem a supervisão adequada. A supervisão dos residentes era muitíssimo negligente, resultando em cuidados pós-operatórios lamentavelmente inadequados"[106].

Não duvido que o hospital, o quadro de funcionários insuficiente, a falta de experiência e a supervisão negligente sejam todos responsáveis. Não duvido da importância de identificar e corrigir esses problemas do sistema. Mas estou espantado com a qualidade abstrata e impessoal dessa linguagem, como se nenhum dos envolvidos tivesse nome. A análise atribui culpa não às pessoas, mas a expressões nominais: *o hospital, o quadro de funcionários, a falta de experiência* e *a supervisão.*

Quando a análise dos sistemas é o único modo para tratarmos de uma catástrofe dessas, isso se torna mais uma forma de permitirmos que a lógica das instituições, que se relaciona à autopreservação, subjugue a lógica da essência

---

105 Paul Batalden escreveu sobre esse caso usando informações disponíveis em fontes públicas. Veja: "State Health Department cites Mt. Sinai Medical Center for deficient care in living liver donor death", *New York State Department of Health News*, 12 mar 2002 [http://www.health.state.ny.us/press/releases/2002/mtsinai.htm].

106 Ibid.

humana, que se relaciona ao amor e ao dever. Enquanto isso, a análise de sistemas pode contribuir com o declínio, em longo prazo, da compaixão, da responsabilidade e da coragem em nossa cultura.

Quando li o estudo de caso, tentando colocá-lo em uma escala humana, dois detalhes me chamaram a atenção. Em primeiro lugar, no momento da morte do doador deixaram uma residente de cirurgia com apenas doze dias de experiência no instituto de transplantes sozinha para assistir aquele homem — junto com outros *trinta e quatro* pacientes de terapia intensiva — durante um período crítico de três horas em que o doador desenvolveu sintomas graves. É claro que a residente não conseguiu dar às suas obrigações a atenção que exigiam, e mais tarde descreveu (no que pode ser considerado um eufemismo) que "se sentia 'massacrada' pela responsabilidade de cuidar de tantos pacientes"[107].

Em segundo lugar, a mulher do doador estava no hospital durante todo o período pós-operatório, tentando interceder por ele. A descrição que ela fez das últimas horas do marido é comovente: "Eu estava presente enquanto meu marido cuspia sangue por duas horas até que ele enfim engasgou e morreu. Implorei que dessem atenção a ele, e não deram"[108].

Penso com frequência nessa mulher e no pesadelo pelo qual ela passou, com o qual convive até hoje. Penso ainda na jovem residente, abandonada por seus colegas naquele momento tão crítico, e sinto empatia por ela também. Certamente ela tem seus próprios pesadelos.

Mas uma resposta moral a essa catástrofe não termina nem com empatia pessoal, nem com as penalidades que o Departamento de Saúde do Estado de Nova York impôs ao hospital. Devemos nos perguntar como os residentes poderiam ser educados para confrontar esse tipo de desumanidade institucional ao invés de colaborar com ela por meio da ação, ou da falta dela. Se essa pergunta fosse respondida, poderia, de certa forma, redimir o sofrimento de todos os envolvidos — o homem que morreu, aqueles que o amavam e os profissionais da assistência médica que aceitaram o fardo da responsabilidade por sua morte.

O poeta William Stafford, citado no início deste posfácio, diz: "Chamo de cruel e talvez a raiz de toda crueldade/ saber o que ocorre, mas não reconhecer o fato". Com certeza essa residente sabia que o sistema ao redor dela estava entrando em colapso. Na corrida frenética de leito a leito, ela deve ter percebido o custo humano que poderia ser cobrado de seus pacientes, dos parentes e de si mesma.

---

107 Ibid.

108 Comunicação pessoal com a esposa do falecido.

O que a manteve representando o papel de obediente subalterna nessa tragédia, ao invés de optar pela verdade face ao poder? Como ela poderia ter agido para conseguir apoio? Há um equivalente moral para emitir um sinal luminoso, soar o alarme, tocar o apito, fazer um escarcéu? E o que é necessário para agir dessa forma nesses momentos, quando ainda há algo a ser salvo, ao invés de esperar uma comissão de revisão para perguntar o que deu errado?

É claro que podemos ver a residente como mais uma vítima do sistema, como o peão de superiores que ela não podia confrontar, pois eles tinham poder sobre sua carreira. É assim que muitos de nós nos desculpamos por lapsos de moralidade no ambiente de trabalho. Mas, se dermos a ela um desconto, em termos morais, por esse motivo, deixamos de respeitar a essência da curadora que existe dentro dela, sem falar que deixamos de respeitar o homem que morreu, a família e os amigos que devem continuar sem ele.

Não foi só o sistema que falhou nesse caso. A essência de um curador falhou também; uma essência que, com certeza, sabia o que estava acontecendo, mas se recusou a reconhecer o fato. É a essência do curador, e não o sistema, que a Educação tem mais chances de tocar e transformar.

O que causou a "perda da essência" nessa residente, deixando-a aparentemente com a sensação de que não tinha opção a não ser jogar com as cartas marcadas que deram a ela? Podemos pensar nela não como uma vítima, mas como uma agente moral exclusivamente posicionada para desafiar e ajudar a mudar a instituição antes, durante e depois dos momentos de crise?

Em caso afirmativo, o que poderia acontecer nos programas de residência para dar apoio à essência do curador — e a coragem de segui-la — quando as condições sob as quais a medicina é praticada ameaçam os imperativos do coração? E como se pode fazer perguntas como essas sobre educação de todo tipo, em qualquer nível, enquanto preparamos alunos para trabalhar em instituições que, em geral, mostram-se tóxicas aos seus valores mais profundos?

O INDÍVIDUO E A INSTITUIÇÃO

Deixemos a residente servir como evidência A no meu argumento sobre a educação de um "novo profissional", isto é, uma pessoa que não apenas é competente em sua área, mas também tem habilidade e vontade de resistir e ajudar a transformar as patologias institucionais que ameaçam os mais altos padrões da profissão.

Não conheço nenhuma área em que o novo profissional não seja necessário. A medicina nos chama a atenção porque as deformações institucionais podem levar ao final dramático da morte física. Mas outros tipos de morte acontecem todos os dias na maioria das profissões:

- As oportunidades de vida das crianças pobres são quase nulas quando as escolas são mais receptivas aos ricos e deixam de encorajar e apoiar bons professores que se dediquem a ensinar aos pobres.
- Clientes procurando por simples justiça descobrem que o dinheiro, e não a justiça, é a melhor defesa. E advogados que querem se dedicar ao trabalho em regime *pro bono* encontram dificuldades em sustentar sua vocação.
- Trabalhadores do campo religioso querem que suas comunidades de fé tomem partido dos necessitados e têm seus objetivos e almas frustrados por exigências institucionais para conseguir fiéis e dinheiro. São pressionados a agir mais como diretores executivos do que como pastores, profetas ou padres.

Por trás do meu apelo por um novo profissional que consegue confrontar, desafiar e ajudar a mudar o ambiente de trabalho estão duas importantes realidades.

Em primeiro lugar, as grandes e complexas instituições da nossa sociedade estão cada vez mais indiferentes à pressão externa, mesmo nas raras ocasiões em que um público bem informado e organizado exige mudança. Assombra-me a imagem da mulher do doador dizendo a quem pudesse encontrar que seu marido estava piorando rapidamente, implorando repetidas vezes por ajuda e sendo ignorada. Deixemos que ela represente o público em geral — cujas súplicas quanto às falhas da assistência médica, da Educação e das mais importantes instituições do governo caem em ouvidos moucos —, que não tem o conhecimento necessário para alavancar a mudança social. E deixemos que aquela residente de cirurgia e seus colegas representem todos os que fazem parte do sistema e que poderiam fazer a diferença — se tivessem habilidade e vontade para puxar as alavancas da transformação.

Não estou sugerindo que a população possa ficar despreocupada caso mais médicos, professores, advogados e contadores passem a defender a mudança interior; profissionais com vontade e capacidade de desempenhar esse papel são sempre minoria. A maioria vai continuar calada com medo de represálias ou está tão sobrecarregada que não tem tempo ou energia para isso. Um público atento, que opte pela verdade face ao poder, sempre será necessário.

Todo profissional disposto a se manifestar precisa de apoio da população; da mesma forma que a população precisa dessa pessoa a fim de alcançar seus objetivos. Na atualidade, quando a população está despreocupada ou conformada demais — em parte porque a nossa sociedade mina qualquer coisa que se assemelhe a uma vida pública que possa ameaçar a hegemonia do poder —, a presença de agentes de mudança interior que prestem atenção à população e precisem dela poderia ajudar a reavivar nosso fraco senso de cidadania.

A segunda realidade por trás do meu apelo por um novo profissional é menos estratégica, mais filosófica e, com certeza, tão importante quanto a primeira.

No cerne de cada profissão está uma afirmação implícita de que sua missão nunca deve ser confundida com as estruturas institucionais nas quais se procura segui-la. O fato de termos escolas não quer dizer que tenhamos educação. O fato de termos hospitais não quer dizer que tenhamos assistência médica. O fato de termos tribunais não significa que tenhamos justiça. O fato de termos igrejas, sinagogas e mesquitas não quer dizer que tenhamos fé[109].

A iconoclastia não vem de estranhos cínicos, mas das raízes das próprias profissões. Por exemplo, no caso da igreja, o clero tem sido lembrado por dois milênios de que "temos, porém, este tesouro em vasos de barro" (2 Coríntios 4:7). O tesouro é o mistério apontado pela fé. O vaso de barro é, entre outras coisas, a igreja institucional, cuja função é codificar, apresentar e propagar a fé.

Quando o vaso distorce ou obscurece o tesouro, a função mais importante do profissional é remodelar o barro. Mas os membros do clero que conduzem a igreja são, com muita frequência, inclinados a ignorar essa parte de sua tradição, assim como profissionais de outras áreas ignoram seus equivalentes seculares. O vaso de barro se torna um fim em si mesmo, e protegê-lo — bem como o lugar que cada um ocupa nele — torna-se mais importante do que viver os valores centrais que o vaso deveria transmitir.

Precisamos de profissionais que "estejam nas instituições, mas não pertençam a elas", cuja fidelidade aos valores centrais de suas áreas exige que resistam ao rebaixamento institucional desses valores.

EDUCANDO O NOVO PROFISSIONAL

Como seria a educação do novo profissional? Como poderíamos preparar os alunos de todos os níveis educacionais para serem professores, advogados, médicos

---

109 Uma versão desta discussão foi feita em: ILLICH, I. Deschooling Society, Ch.1 [http://www.davidtinapple.com/illich/1970_deschooling.html].

e membros de instituições religiosas — e, não menos importante, para serem pais, vizinhos e cidadãos —, para que possam desafiar e ajudar a transformar as instituições que têm tanta influência em nossas vidas?

Fiel ao espírito deste livro, não vou explorar técnicas de desenvolvimento organizacional. Esse conhecimento é valioso. Mas é secundário às questões da vocação que mais me interessam: como a Educação pode ajudar os profissionais a manterem a essência viva em ambientes onde, com demasiada frequência, as pessoas caem em desânimo? O que poderia ajudá-los a opor-se e a resistir às instituições de onde vêm seus salários, e talvez suas identidades?

Tenho cinco propostas imodestas com relação à educação do novo profissional:

- Devemos ajudar nossos alunos a desmascararem o mito de que a instituição possui um poder autônomo, e até supremo, sobre as nossas vidas.
- Devemos validar a importância tanto das emoções quanto do intelecto dos nossos alunos.
- Devemos ensinar aos nossos alunos como "explorar" suas emoções em busca de conhecimento.
- Devemos ensinar aos nossos alunos a cultivar a comunidade tanto por causa do saber quanto do fazer.
- Devemos ensinar aos nossos alunos o que significa estar em uma jornada em direção a "uma vida sem divisões" — e dar o exemplo.

Quero analisar cada uma dessas propostas.

1. Devemos ajudar nossos alunos a descobrir, analisar e desmascarar o mito de que as instituições são externas a nós e nos limitam, como se elas possuíssem poderes autônomos que nos tornassem impotentes — essa suposição é, em grande parte, inconsciente e totalmente falsa.

Nós, profissionais que estamos seguindo quaisquer padrões entre as pessoas mais poderosas do planeta, temos o péssimo hábito de nos fazer de vítimas para desculpar nosso comportamento antiprofissional: "o demônio (o chefe, as regras, a pressão) me fez fazer isso". Fazemos isso não só porque nos dá uma saída ética fácil, mas também por estarmos condicionados a pensar dessa forma.

O currículo oculto da nossa cultura retrata as instituições como poderes distantes de nós, sobre os quais temos, na melhor das hipóteses, mínimo controle; poderes que vão nos prejudicar se o contrariarmos. É verdade que podemos pagar um preço por censurar as instituições, sentindo-nos marginalizados, difamados, rebaixados ou rejeitados. Mas, como argumento no Capítulo 7, o preço mais alto que pagamos não vem de fora, e sim de dentro. Ele vem do fato de violarmos a nossa integridade, de não vivermos de acordo com as nossas convicções e vocações mais profundas.

Até que ponto as instituições que controlam as nossas vidas depende do nosso cálculo interior do que mais valorizamos? Essas instituições não são exteriores a nós, nem nos limitam; não se separam de nós, nem nos alienam. Na verdade, as instituições *somos* nós! As sombras que as instituições lançam sobre nossas vidas éticas são manifestações exteriores das nossas sombras interiores, individuais e coletivas. Se as instituições são rígidas, é porque tememos a mudança. Se as instituições são competitivas, é porque valorizamos a vitória acima de todo o resto. Se as instituições são desatentas para com a necessidade humana, é porque algo dentro de nós é desatento também.

Se somos pelo menos parcialmente responsáveis por criar a dinâmica institucional, temos certo grau de controle para alterá-la. A educação de um novo profissional ajudaria os alunos a entenderem as inúmeras maneiras pelas quais podemos criar em conjunto e recriar patologias institucionais e a assumirem a responsabilidade por elas. Essa educação exigiria que identificássemos e analisássemos nossa própria sombra, como eu tento fazer no Capítulo 2, no qual examino a sombra chamada medo. Apenas quando nomeamos e reivindicamos nossas sombras e nos tornamos responsáveis pela escuridão que criamos é que seremos capazes de despertar "os melhores anjos da nossa natureza", fontes interiores de luz que tornam tanto os indivíduos quanto as instituições mais humanos.

Pense em qualquer movimento importante de mudança social: a emancipação negra nos Estados Unidos, a Revolução de Veludo da Tchecoslováquia, o fim do *apartheid* na África, o movimento de libertação da mulher no mundo todo. Todos eles foram instigados por pessoas que tinham sido privadas de toda forma de poder exterior. Mas essas pessoas aparentemente impotentes moveram obstáculos valendo-se dos poderes da essência humana — um poder que ninguém poderia tirar deles —, de modo disciplinado e dedicado.

O novo profissional saberá sobre esses capítulos negligenciados do drama humano, a dinâmica da essência humana, as extraordinárias formas pelas quais homens e mulheres "sem poder" utilizaram o poder interior para refazer nossas instituições e nosso mundo.

2. Se vamos educar um novo profissional, devemos levar a sério tanto a inteligência emocional quanto a inteligência cognitiva dos alunos [110].

---

110 Veja: GOLEMAN, D. *Emotional intelligence: why it can matter more than IQ*. Nova York: Bantam Books, 2006.

De maneira inconsciente, damos às instituições mais poder do que elas têm por conta do que nos ensina esse currículo oculto. Mas, de forma consciente, temos pelas emoções menos respeito do que elas merecem, por conta do que nos ensina o currículo explícito: "de coração aberto" e "esconder o jogo". A mensagem é simples: se você quer manter-se seguro, esconda seus sentimentos da opinião pública. E a educação convencional eleva essa sabedoria popular [*sic*] ao *status* de verdade filosófica [*sic*] exigindo que reprimamos a subjetividade em favor do conhecimento objetivo.

Mas os filósofos nos dizem que não há um conflito necessário entre a subjetividade humana e o conhecimento objetivo. Na verdade, como argumentei desde o início deste livro, o conhecimento surge a partir de uma interação complexa entre o interior e o exterior. E o bom senso nos diz que a história das mudanças sociais positivas foi feita *somente* por pessoas que agiam de coração aberto — veja Rosa Parks, Václav Havel, Dorothy Day e Nelson Mandela —, aquelas cuja capacidade de nomear, reivindicar e ter em vista seus objetivos não apenas moldaram suas ações, mas também atraíram milhões de pessoas às suas causas.

Então, a educação de um novo profissional anularia a insistência da Academia de que os alunos reprimam suas emoções a fim de se tornarem técnicos. Isso ajudaria os estudantes a respeitarem seus sentimentos e darem atenção a eles, em especial aos sentimentos dolorosos como ansiedade, raiva, culpa, mágoa e esgotamento. Os alunos aprenderiam a explorar sentimentos quanto a si mesmos, o trabalho que fazem, as pessoas com quem trabalham, os ambientes institucionais nos quais trabalham e o mundo em que vivem. Eles aprenderiam que sentimentos dolorosos não são sinais de fraqueza pessoal, fontes de vergonha ou fatores irrelevantes aos complexos desafios do saber, do trabalhar e do viver.

No caso do doador que morreu, a médica no primeiro ano de residência cirúrgica disse à comissão de revisão que ela se sentia "massacrada". Porém, ao invés de transformar esse sentimento em ação, aparentemente ela permitiu que ele a silenciasse e a fizesse se retrair. A educação de um novo profissional não ensinaria o distanciamento emocional como estratégia de sobrevivência. Ao contrário, ela ensinaria os alunos a ficarem perto das emoções que pudessem se tornar fontes de energia para desafiar e mudar as instituições.

Os acadêmicos às vezes rejeitam esse tipo de apelo às emoções como algo "sentimentalóide". Parecem imaginar que esse desdém vai resolver a questão! Mas a noção de que a boa prática pedagógica requer atenção às emoções tem sido demonstrada repetidas vezes ao longo de meio século de pesquisas na área educacional.

Como é irracional quando os acadêmicos — que se orgulham de serem guiados por fatos, e não por sentimentos extravagantes — ignoram despreocupadamente uma grande quantidade de pesquisas porque os fatos os tiram de sua zona emocional de conforto!

Como exemplo de fatos que deveriam ter resolvido essa questão, veja o ensino na área de matemática. Por muito tempo, supunha-se que as garotas fracassavam em matemática porque "seu cérebro era estruturado de forma diferente do cérebro do homem". Depois, veio uma nova geração de pedagogos que disseram, com efeito: "Pessoal, é simples! As garotas fracassam porque dizem a elas desde cedo que mulheres não conseguem 'fazer contas'. Então, elas vêm à sala de aula com a mente paralisada de medo. Ajudem-nas a libertar seus intelectos lidando com seus sentimentos e elas se sairão tão bem quanto os rapazes"[111].

E assim foi, porque muitos educadores da área da matemática e alguns da área de ciências começaram a prestar atenção tanto nas emoções quanto na razão. Em outras disciplinas, a atenção ao poder dos sentimentos de congelar ou libertar o intelecto foi mais irregular. E não conheço nenhuma disciplina que dê a devida atenção ao fato de que sentimentos como o medo paralisam tanto a *vontade* quanto a mente, dificultando a capacidade para uma liderança transformadora, que é a marca do novo profissional.

OS FATOS POR DENTRO DOS SENTIMENTOS

3. Minha terceira proposta imodesta é que comecemos a falar seriamente sobre a inteligência emocional. Devemos fazer mais do que afirmar e utilizar o poder das emoções para instigar o aprendizado e a liderança. Se os alunos forem construir um bom aprendizado e uma boa liderança, devemos ajudá-los a desenvolver a habilidade de "explorar" seus sentimentos em busca de conhecimento.

De modo geral, a cultura acadêmica respeita apenas duas fontes de conhecimento: observação empírica e raciocínio lógico. Mas não vivemos só de ciência. Para sobreviver e prosperar, também contamos com o conhecimento que integra nossos sentimentos. Na verdade, a ciência começa com os palpites, as intuições e o saber corporal subjacentes a hipóteses verificáveis. As pessoas que fazem um bom trabalho de qualquer tipo, ainda que técnico, entendem que nem tudo o que elas precisam saber pode ser encontrado em pesquisas e construtos cognitivos. Bons professores, advogados, médicos e líderes trazem tanto arte quanto ciência

---

111 Veja: TOBIAS, S. *Overcoming math anxiety*. Nova York: Norton, 1994. Publicado originalmente em 1978.

para o seu trabalho — e a arte está enraizada, em parte, no conhecimento afetivo que escapa aos nossos instrumentos e ao nosso intelecto.

Mas o subtexto em grande parte do ensino superior é o de que as emoções são inimigas da objetividade e devem ser reprimidas. Assim, as pessoas instruídas tendem a compartimentar seus sentimentos, reconhecendo-os na vida privada, talvez, mas considerando-os perigosos para a vida profissional. Os profissionais devem estar no comando o tempo todo (pelo menos é o que diz o mito) e tememos que os sentimentos profundos nos façam perder o controle.

Então, a Educação nos dá pouca, embora preciosa, experiência, sem falar em competência, para extrair dos sentimentos informações relacionadas ao trabalho. É provável que a residente que se sentiu "massacrada" quando a deixaram sozinha com trinta e cinco pacientes de terapia intensiva tenha tomado seus sentimentos como sinal de fracasso pessoal, o que a leva à culpa, ao pânico e à paralisia. É claro que esse tipo de sentimento pode ser sinal de fracasso. Mas nesse caso parece evidente que o sentimento da residente carregava tanta informação sobre as disfunções de seu ambiente de trabalho quanto sobre suas próprias limitações.

"E daí?", poderia ser uma resposta razoável a essa observação — até que percebamos que a capacidade de traduzir sentimentos particulares em questões públicas, quando garantida, foi um mecanismo de todo movimento em prol de uma mudança social.

Veja, por exemplo, o movimento de libertação da mulher, que pode ser caracterizado, em parte, como uma jornada a partir de Freud ao feminismo. Do fim do século XIX a meados do século XX, os sentimentos de isolamento, marginalidade e "loucura" da mulher eram vistos como patologias pessoais, um caso para tratamento psiquiátrico para quem podia pagar um terapeuta. Mas quando elas começaram a entender que esses sentimentos não revelavam uma psique doente, e sim informações sobre uma condição social chamada sexismo, logo ficou claro que sua verdadeira terapia estava na agitação por mudança social.

Traduzir "eu me sinto louco (ou estúpido, temeroso ou massacrado), então deve haver algo de errado comigo" para "eu me sinto louco, então só pode haver algo de errado com a instituição ou a sociedade em que vivo" torna possível a extração de informação e energia a partir das nossas emoções. O novo profissional deve saber nomear e reivindicar sentimentos, e não negar nem ser dominado por eles; discernir se e como eles refletem na realidade; perguntar se eles têm repercussões em caso de ação; e, se tiverem, explorá-las em busca de pistas para estratégias por uma mudança social.

É claro que nem todos os sentimentos produzem conhecimento sobre o mundo; alguns realmente são reflexos de patologias pessoais, e não sociais. Explorar nossas emoções em busca da verdade requer tanta disciplina quanto explorar os sentidos e o intelecto — e no cerne dessa disciplina está a seleção de informações em comunidade.

4. Então, minha quarta proposta para a Educação do novo profissional é que ofereçamos aos alunos o conhecimento, as habilidades e as sensibilidades necessárias para cultivar comunidades de discernimento. Quando exploramos nossos sentimentos em busca de conhecimento, precisamos da mesma disciplina que usamos para explorar nossas observações e pensamentos: os processos de escolher e peneirar nos ajudam a distinguir o que é real do que é ouro de tolo.

Qualquer que seja nossa fonte de informação, a questão central é sempre a mesma: quanto do que eu afirmo saber pode ser verificado por pontos de vista que não os meus, e quanto disso é projeção minha? Um processo disciplinado de reflexão em grupo — seja ele uma equipe trabalhando em um problema em longo prazo ou duas pessoas avaliando uma crise — ajuda-nos a distinguir a diferença entre as emoções que iluminam nosso ambiente e aquelas que revelam nossas sombras. Ambos os tipos de conhecimento são valiosos, mas eles convidam a reações bem diferentes.

Infelizmente, em face da afirmação de que tanto os sentimentos quanto os fatos devem ser abordados na educação do novo profissional, muitos professores universitários dirão: "Sou biólogo (ou sociólogo ou filósofo), não terapeuta. Então, não me peça para me tornar um".

Felizmente, não estou fazendo nenhum pedido desses. A terapia feita por amadores é, em geral, uma forma particularmente feia de violência psicológica. Mas uma investigação disciplinada em grupo, conduzida por um professor habilitado, é uma das maneiras mais confiáveis de se extrair informação de todo tipo de dado, inclusive dos emocionais. E quanto mais experiências tivermos com esse tipo de investigação, maiores as probabilidades de ler os nossos sentimentos com precisão quando não houver tempo para convocar um grupo, como foi o caso daquela residente acossada.

Quais são as disciplinas necessárias ao diálogo que nos ajudam a descobrir a inteligência em nossas emoções? Abordo essa questão no meu livro *A hidden wholeness: the journey toward an undivided life* ("A plenitude escondida: a jornada em direção a uma vida sem divisões"), no qual ofereço uma descrição detalhada dos princípios e das práticas que criam um "círculo de confiança", o nome que dou aos tipos de relacionamento que facilitam o aprendizado profundo e difícil[112].

Há outro motivo, além do discernimento, para ensinar nossos alunos a cultivar a comunidade se quisermos educar um novo profissional. Todo esforço sério em prol de uma mudança social requer grupos organizados de pessoas que apoiem umas às outras nas exigências relativas aos deveres dos agentes de mudança e à geração do poder coletivo necessário para fazer a diferença. Essas são as "comunidades de harmonia" sobre as quais escrevo no Capítulo 7; comunidades que surgem na segunda etapa de um movimento, quando os indivíduos começam a sentir a vulnerabilidade que advém de viver "sem divisões" e procurar a coragem de continuar a viver desse jeito.

5. Isso me leva à quinta e última proposta imodesta para a Educação do novo profissional: devemos ajudar nossos alunos a entenderem o que significa viver e trabalhar sempre diante da questão de uma vida sem divisões.

Isso significa, evidentemente, que as nossas vidas e o nosso trabalho, como mentores, devem revelar como é viver essa questão. Não quero dizer que devemos alcançar uma vida sem divisões antes que possamos ensinar sobre ela; se esse fosse o caso, poucos de nós estaríamos qualificados. E eu não estaria entre eles! No entanto, como uma pessoa imperfeita em um mundo imperfeito, *posso* revelar aos meus alunos o que significa entrelaçar minha vida em torno dessa questão: como me mantenho próximo das paixões e dos compromissos que me levaram a esse trabalho, desafiando a mim mesmo, aos meus colegas e à instituição na qual trabalho a manter a fé nos valores mais profundos dessa profissão?

Viver essa questão pode significar satisfação, frustração ou traição — de outros ou de si mesmo. Com o tempo, geralmente significa tudo isso e mais. Nossos alunos precisam ver como nós, os mais velhos, lidamos com os caprichos do destino enquanto nos recusamos a trair nossas profissões ou nossa identidade e integridade. E eles precisam ver como nós, quando falhamos e caímos, como todo mundo, conseguimos nos levantar de novo.

Apresentar o que significa viver como um novo profissional também exige a criação de programas acadêmicos que estejam abertos às críticas, ao desafio e às mudanças advindas dos alunos. Podemos oferecer um currículo que alega preparar os alunos para serem agentes de mudança em algum outro lugar e/ou momento. Mas, se o currículo oculto do programa diz "não mexa conosco!", a

---

112 PALMER, P. J. *A hidden wholeness: the journey toward an undivided life.* San Francisco: Jossey-Bass, 2004.

lição que os alunos aprendem é manter-se seguros mantendo-se calados, o que repete o problema que o novo profissional precisa ajudar a resolver.

Quando os alunos passam ano após ano como recipientes passivos da Educação, não é de se admirar que levem essa passividade para o ambiente de trabalho. O que eles aprenderam na escola é que ficar de boca fechada é uma maneira de se manter seguro. Mas não aprenderam — porque não ensinamos a eles — que abrir a boca para desafiar o que está errado é uma maneira de manter a sanidade.

A educação do novo profissional oferecerá aos alunos oportunidades em tempo real de traduzir sentimentos em conhecimento e ação, fazendo perguntas e auxiliando a evolução do programa do qual fazem parte. Não, não estou pensando em uma revolta estudantil anual e planejada, e sim em uma cultura acadêmica que convida os alunos, de forma sistemática, a manifestarem-se sobre o programa, recompensa-os ao invés de penalizá-los por isso e encoraja o corpo docente e os diretores a se interessarem pelas preocupações dos estudantes.

Um programa educacional que surge de uma colaboração contínua de diretores, membros do corpo docente e estudantes tem muito mais probabilidade de produzir novos profissionais do que um sistema que destitui os estudantes de poder.

ÚLTIMAS PALAVRAS

Procure a origem da palavra profissional e descobrirá que ela se refere a alguém que adota uma "profissão de fé" em meio a um mundo desanimador. Infelizmente, esse significado foi sendo esquecido com o passar dos séculos. Atualmente, ele quase desapareceu. Agora entendemos por profissional alguém que possui conhecimento especializado e domina certas técnicas em assuntos estranhos demais para os leigos, além de ter recebido uma educação que, com orgulho, se diz "isenta de juízos de valor".

A noção de "novo profissional" resgata o antigo significado da palavra. O novo profissional é aquele que pode dizer: "em meio ao poderoso campo de força da vida institucional, onde tantas coisas podem comprometer meus valores centrais, encontrei uma base sólida na qual me apoiar — a minha própria identidade e integridade, a minha própria alma —, base a partir da qual posso trazer a mim mesmo, aos meus colegas e ao meu local de trabalho de volta à nossa missão".

Uma educação para a transformação criaria, em todas as áreas, profissionais com autonomia ética e coragem para agir de acordo com ela, que possuem conhecimento e habilidade e incorporam os mais altos valores de suas vocações. Como essa educação pode se tornar realidade? Sim, é claro, se nós que ensinamos pudermos pensar e agir como os novos profissionais que pretendemos educar.

Aqui coloco de novo o fragmento do poema "*Ritual to read to each other*" ("Ritual para ler um para o outro"), de William Stafford, que serve de epígrafe a este posfácio:

É cruel e talvez a raiz de toda crueldade
saber o que ocorre e não reconhecer.
Então apelo a uma voz, apelo a algo sombrio,
uma remota e essencial parte de quem fala:
podemos nos enganar, mas devemos ponderar —
para que o desfile de nossas vidas mútuas não se perca.
É importante que os despertos permaneçam assim,
ou uma ruptura pode impedir que voltem a dormir;
os sinais que damos — sim ou não, ou talvez,
deveriam ser claros; a escuridão ao nosso redor é intensa.

"Sabemos o que acontece" em nosso ambiente de trabalho quando os valores que queremos professar estão desfigurados, distorcidos, destruídos. Sabemos que costumamos tentar nos enganar, e enganar uns aos outros, quanto a esse fato. E sabemos que, como consequência, passamos muito tempo perdidos no escuro, juntos e sozinhos.

A escuridão ao nosso redor é intensa. Mas nosso grande chamado, oportunidade e poder como educadores é iluminar lugares escuros. Em um mundo que precisa de novos profissionais — verdadeiros profissionais — em todas as instituições, resistamos à tentação de responder com um temeroso "não", ou um esquivo talvez, e permitamos que nossas vidas digam um claro e sincero "sim".

O AUTOR

Parker J. Palmer é um escritor, conferencista e instrutor de *workshops* altamente respeitado. Enfoca questões de educação, comunidade, liderança, espiritualidade e mudança social. Seu trabalho estabelece diálogo com pessoas de muitas áreas, incluindo escolas públicas, faculdades e universidades, instituições religiosas, corporações, fundações e organizações comunitárias.

Palmer foi associado sênior da *American Association of Higher Education* por quinze anos. Ele agora é conselheiro sênior do *Fetzer Institute*. Fundou o Centro para Coragem e Renovação, que supervisiona o programa *A coragem de ensinar* para educadores de maternal I e II em todo o país e programas paralelos para profissionais de outras áreas, inclusive medicina, direito, campo religioso e filantropia (veja em www.CourageRenewal.com).

Publicou doze poemas, mais de cem ensaios e sete livros, incluindo vários *best-sellers* premiados: *A hidden wholeness*, *Let your life speak*, *The courage to teach*, *The active life*, *To know as we are known*, *The company of strangers* e *The promise of paradox*.

O trabalho do Dr. Palmer foi reconhecido com dez doutorados honorários, dois prêmios *Distinguished Achievement Awards* da Associação Nacional da Imprensa, um prêmio *Award of Excellence* da editora *Associated Church Press* e importantes bolsas de estudo da *Danforth Foundation*, da fundação *Lilly Endowment* e do *Fetzer Institute*.

Em 1993, Dr. Palmer ganhou o prêmio nacional do *Council of Independent Colleges* por contribuições importantes ao ensino superior. Em 1998, o *Leadership Project*, uma sondagem nacional de 10.000 administradores e faculdades, citou Palmer como um dos trinta "líderes sênior mais influentes" no ensino superior e um dos dez "*agenda setters*", ou definidores de agenda, fundamentais dos anos 1990: "Ele inspirou uma geração de professores e reformistas com visões sugestivas de comunidade, saber e plenitude espiritual".

Em 2001, o *Carleton College* deu a Palmer o prêmio *Distinguished Alumni Achievement Award*. No ano seguinte, o *Accreditation Council for Graduate Medical Education* criou o prêmio *Parker J. Palmer Courage to Teach Award*, dado todos os anos a diretores de dez programas de residência médica que exemplificam o profissionalismo centrado no paciente na educação médica.

Em 2003, a *American College Personnel Association* condecorou o Dr. Palmer como *Diamond Honoree* por suas importantes contribuições à área de assuntos estudantis. Em 2005, a Jossey-Bass publicou o livro *Living the questions: essays inspired by the work and life of Parker J. Palmer*, escrito por profissionais notáveis de várias áreas, inclusive medicina, direito, filantropia, política, desenvolvimento econômico, ensinos fundamental e superior.

Parker J. Palmer fez doutorado em sociologia na Universidade da Califórnia em Berkeley. É membro da Sociedade Religiosa de Amigos (Quaker) e vive com a esposa, Sharon Palmer, em Madison, Wisconsin.

CENTRO PARA CORAGEM E RENOVAÇÃO

Reconectando quem você é com o que você faz
Nós podemos reconectar quem somos com o que fazemos;
podemos abordar nossas vidas e nosso trabalho
com paixão, comprometimento e integridade renovados.

Desde 1997, o Centro tem estimulado a renovação pessoal e profissional por meio de programas de estudo que oferecem tempo e espaço para refletir sobre a vida e o trabalho. Esses programas, chamados A coragem de ensinar® ou A coragem de liderar®, são comandados por facilitadores hábeis e fazem uso de poemas e histórias, de reflexão de si para si, de reflexão e atenção profunda ao que o outro tem a dizer.

Desenvolvida por Parker J. Palmer e o *Fetzer Institute*, essa abordagem foi criada inicialmente para renovar, apoiar e inspirar professores de escolas públicas. Milhares de educadores nos Estados Unidos e no Canadá participaram de uma edição do programa de estudos *A coragem de ensinar*, reunindo-se a cada temporada no decorrer de um ou dois anos.

Os educadores continuam sendo o ponto central da nossa missão, mas os programas de estudo também são oferecidos àqueles de setores profissionais tais como a saúde, a religião e o direito, bem como para qualquer um que deseje passar a envolver-se de corpo e alma com a vida e o trabalho.

Centro para Coragem e Renovação
321 High School Road NE, Suite D3, PMB 375
Bainbridge Island, WA 98110
Telefone: (1) (206) 855-9140
e-mail: info@couragerenewal.org
Para saber mais, por favor, visite nosso website em:
www.CourageRenewal.org.

ÍNDICE REMISSIVO

A

B

C

D

E

F

J

K

L

M

N

O

P

R

S

T

U

V

W